비아 로마

로마 50개 도로로 읽는 3천 년 로마 이야기

마인드큐브(Mindcube) :
책은 지은이와 만든이와 읽는이가 함께 이루는 정신의 공간입니다.

비아 로마

로마 50개 도로로 읽는   3천 년 로마 이야기

VIA ROMA

빌레메인 판 데이크. 지음   별보배. 옮김

Mindcube

[일러두기]

- 번역 대본은 Via Roma(2018 by Baylor University Press)이다.
- 각주 중 역자가 단 것은 '옮긴이 주'라고 표시했고, 나머지는 영어판 편집자가 단 것이다.
- 간단한 역주는 각주로 하지 않고 본문 중에 〔 〕로 표시했다.
- 인명과 지명은 영어식 표현이 아닌 현지 발음으로 바꾸어 표기했다.
  — 예 : Tiber→테베레, Livy→리비우스 등
- 교황 호칭의 표기는 분도출판사의 《옥스퍼드 교황사전》을 따랐다.
- 피트, 마일, 갤런 등은 미터, 킬로미터, 킬로리터 등으로 환산하여 표기했다.
- 책과 신문 제목은《 》로, 그림이나 조각품, 노래, 영화 제목 등은〈 〉로 구분하여 표시했다.

[로마 숫자 읽는 법]

- 로마 숫자에서 I은 1, V는 5, X는 10, L은 50, C는 100, D는 500, M은 1,000을 나타낸다.
- 같은 수가 이어지거나 큰수 뒤에 작은수가 이어질 때는 덧셈으로 읽고, 작은수 뒤에 큰수가 이어질 때는 뒤의 큰수에서 앞의 작은수를 뺀 값을 절댓값으로 읽는다.
  — 예 : VI은 V(5)에 I(1)을 더한 6을 나타내고, IV는 뒤의 V(5)에서 I(1)을 뺀 4를 나타낸다.
  — 예 : XL은 뒤의 L(50)에서 앞의 X(10)을 뺀 40을 나타낸다.

차례

도시는 어떻게 생겨나는가?

> "로마의 전부가 폐허가 되었는데도,
> 로마와 견줄 수 있는 도시는 여전히 어디에도 없다."
> ― 마기스트리 그레고리 ■(12세기 로마 여행자)

도시는 어떻게 생겨나는가? 많은 여행안내서에 로마는 기원전
753년 4월 21일에 세워졌다고 씌어 있다. 이 미심쩍은 정보가 제대
로 검토되지 않은 채 퍼뜨려져왔다. 로마인들 스스로도 매년 4월 21
일을 로마 건립일로 기려오고 있는 터다. 하나의 도시가 어떤 특정
한 날에 지어졌다는 이 부조리한 관념에, 주의를 기울이는 사람은
별로 없는 듯하다. 물론 과거에 식민지 도시의 경우 아무런 사전 준
비 없이 건설된 사례가 없지는 않다. 하지만 그 경우에도 실제의 건
립이란 역사적 과정이지 역사적 사건이 아니었다. 게다가 로마는 식
민지도 아니었다. 로마는 하루아침에 지어지지 않았다. 바로 이 말

■ 마기스트리 그레고리(Magistri Gregorii), 《로마의 경이》(The Marvels of Rome(Mirabilia Urbis Romae)), 뉴욕, 1986

에서 우리는 "세계의 수도"^{caput mundi} 로마의 건립을 둘러싼 많은 이야기들이 허구임을 감지할 수 있다. 기원전 753년 4월 21일에, 로마는 존재하지 않았다.

다시 말해, 로마라는 도시는 아직 없었다. 로마의 건립 연도가 기원전 753년이라는 말은 단지 고대인들이 꾸며낸 허구, 주먹구구에서 나온 허구일 뿐이다.

하나의 장소는 언제부터 도시라고 불릴 수 있을까? 이는 학자들도 참 대답하기 곤란한 질문이다. 움막 집단은 언제부터 마을이 되고, 마을은 언제부터 도시가 되는가? 도시의 공식 문서들이 공공 기록원에 보존되기 이전의 시기에 대해서는, 고고학자들은 그 지역의 물질적 유물 쪽으로 관심을 돌릴 수밖에 없다. 그래서 그들은 대규모의 공동체적 건설 활동의 초기적 증거(주로 돌로 된)를 찾으려 한다. 하지만 그것 이전에 아무것도 없었을까? 사람들을 가정에 대한 집단적 방어나 시장에서의 교환 행위와 같은 활동에 나서게 만든 최초의 공동체적 감정의 표출을 도시의 특징으로 간주할 수 없을까?

공동체적 감정이 도시를 형성하는 매우 중요한 요인이긴 하지만, 고고학 자료 중에 "감정"이라는 유물은 당연히 있을 수가 없다. 불행하게도, 지극히 미미한 존재였던 기원전 8세기 로마의 공동체적 의식을 파악할 수 있는, 태고의 경작 기간 및 활동들에 대한 기록 자료는 남아 있는 것이 없다. 그러나 여하튼, 발굴된 유물들을 보면 로마가 대부분의 고대 당시의 역사가들이 생각했던 것보다 더 오래 되었음을 확인할 수 있다. 이 지역에서 가장 오래된 정주의 흔적은 기원전 1,000년 이전으로 거슬러 올라가기 때문이다. 비록 역사학자와 고고학자들이 이탈리아 반도의 철기시대(기원전 첫 1,000년 이전)에 싹

튼 이 테베레 강변의 작은 도시에 대해 밝혀낸 것이 아주 적긴 하지만, 로물루스와 레무스와 암늑대를 둘러싼 로마 건국 신화 를 들여다보면 로마가 어떻게 만들어지게 되었는가에 대한 하나의 표상을 얻을 수 있다. 그 이야기는, 분명 상상에 바탕을 두고 있지만, 처음부터 로마를 분명하게 세계의 중심에 놓는 것을 목표로 한다.

공동체는 어느 누가 혼자서 만들 수 있는 것이 아니다. 공동체는 한 그룹의 사람들이 서로 공통되는 특징을 가지고 있다고 생각하고, 동시에 그 특징이 다른 그룹 사람들과 구별되는 중요한 점이라고 느끼는 데서 시작된다. 자기 집단과 경계가 그어지는, 혹은 자기 집단과 비교해볼 수 있는 하나 이상의 다른 집단을 전제로 한다는 점에서, 공동체는 관계적 개념이다. 그러므로 역사를 살필 때에는 360도 파노라마처럼 전방위를 두루 살피는, 트인 안목이 필요하다. 결국, 그 "영원한 도시"의 요람은 정확히 어디였을까? 로마는 어떤 모습의 세상에서 시작되었던 것일까?

이 질문과 함께, "영원한 도시"의 도로들을 향한 나의 여정은 시작된다. 테베레 강에서 도시로 걸어 들어가면서 나는, 하나하나의 대리석 도로안내판 뒤에 어떤 이야기가 숨겨져 있는지, 그리고 그것이 로마라는 거대 유산의 어떤 퍼즐 조각을 지금껏 품어오고 있는 것

■ 로마의 건국신화에 따르면, 그들의 조상은 트로이의 영웅 중 한 명인 아이네이아스다. 그는 트로이 함락 후 가족 등의 일행을 데리고 이탈리아로 이주했다. 그의 후손 레아 실비아가 군신(軍神) 마르스와 관계하여 로물루스와 레무스라는 쌍둥이를 낳았다. 쌍둥이는 태어나자마자 정치적인 이유로 버려졌다가, 늑대의 젖을 먹고 자랐다. 그러다 한 목동에게 발견되어 그의 양자가 되었고, 자라서 테베레 강변의 양치기와 농민들의 지도자가 되었다. 로물루스는 언덕 위에 새로운 도시를 만들고, 자기 이름을 따서 도시 이름을 '로마'라고 불렀다. — 옮긴이 주

인지, 스스로 물어보고 답을 찾을 것이다. 1798년 이래 많거나 혹은 적은 시간 동안 "영속적인" 도로명을 품어온 이 동형의 안내판들이 방문자들에게 약간의 안도감을 제공한다. 언뜻 보아서는 온통 수수께끼처럼 뒤엉켜 보이는 역사의 미로에 대해, 첫 실마리라도 건네주기 때문이다.

지난 2,000년 동안 거의 모든 로마 방문객들이 그 수많은 기념물과 예술적 보물 앞에서, 그리고 그 유적들 속에 켜켜이 쌓여 있는 경이적인 역사의 단층들 앞에서, 흔히들 고개를 절레절레 흔들었다. 헤이그의 작가이자 고전 애호가인 루이스 쿠페루스Louis Couperus는 1894년 그의 여행 일기에서 이렇게 말했다. "로마를 여행하자면 우리는, 로마의 지리에 대해서도 물론 밝아야 하겠지만, 그보다 더 필요한 게 로물루스Romulus에서 베르니니Bernini에 이르기까지의 세계사와 예술사 모두를 속속들이 알아야 한다는 점이다. 가령, 당신의 두 다리가 성 베드로 대성당에 들어설 때면, 당신의 머리에는 네로 황제의 원형경기장과 콘스탄티누스 대제의 성 베드로 구舊성당이 떠올라야 하는 것이다."■

로마의 여행자들을 맞이하는 것은 유형의 기념물만이 아니다. 로마에서 여행자들은 고대, 중세, 르네상스, 그리고 바로크 시대 등의 수많은 유적과 유물들 주위에 혼령처럼 서 있는 수많은 이야기들과 만난다. 미친 황제와 교황들, 그들에게 희생된 사람들, 희망 없는 사랑과 섬뜩한 범죄들, 대천사와 악마들, 대리석에 영구히 새겨졌다는

■ 루이스 쿠페루스(Louis Couperus), 《여행기》(Reis-impressies), 위트레흐트/앤드워프, 1990

베르니니와 보로미니의 끝없는 경쟁 등, 수많은 일화와 설화와 신화가, 로마의 도처에서 솟아나고 피어오른다. 나는 대리석 안내판들을 가이드로 삼아, 수백 년 동안 만들어지고 이어져온 그 전통과 신화의 길을 걷는다. 그러면서 내가 찾는 것은 로마의 역사, 로마라는 도시의 **진짜** 이야기이다(우리가 "도시urb"라고 말할 때 그것이 사실은 오직 로마를 가리키는 말임을 있는 그대로 받아들이게 되는 도시는 지구상에서 로마가 유일하다). 티투스 리비우스Titus Livius가 기원전 1세기에 쓴 대작《로마 건립 이후》Ab urbe condita는 이런 말로 시작한다. "로마 시작 이래의 로마인들의 이야기를 여기 묘사하는 것이 과연 쓸모가 있는 일인지 잘 모르겠다. 왜냐하면 그 이야기는 고대의 이야기일 뿐 아니라 지금도 여전히 살아 있는 이야기이니 말이다."■ 이 고대 로마 역사가와 우리 사이에는 자그마치 2,000년 넘는 세월이 가로놓여 있다. 그런데도 나는 로마라는 역사에 다가가는 데 있어, 이보다 더 적절한 말은 아직 만나보지 못했다.

역사에는 끝이 없다. 그러니 완전한 로마사를 쓴다는 것은 불가능하다. 이 책에서 로마의 거리와 광장들을 소개하면서 나는 수많은 역사적 사건들과 인물들을 과감히 지나칠 수밖에 없다. 리비우스의 말을 거듭 상기하면서 내가 이 책에서 의도하는 것은, 로마에 대한 나의 무한한 관심과 애정을 당신과 나누면서 이 영원한 도시에 대하여 나만의 방식으로 경의를 표하는 것이다.

■ 티투스 리비우스(Titus Livius),《로마 건립 이후》(Ab urbe condita), 영어판은《로마의 기원》(The rise of Rome), 뉴욕, 2008.

로마의 역사에 대해 쓰려고 했던 다른 많은 사람들과 마찬가지로, 나 역시 로마의 이방인이다. 학창 시절 처음 로마에 왔을 때, 나는 십 대 소녀였다. 나는 열여섯 살에 이탈리아행 기차에 올랐었다. 로마의 테르미니 역에서 나는, 1786년 11월 1일 괴테Goethe가 자신의 일기에 묘사했던 그 희열—"자, 드디어 세계의 수도에 도착했다!"—을 고스란히 느꼈다. 내 발이 처음 로마의 땅에 닿았을 때, 나는 내가 전에 방문했던 그 어느 곳과도 다른 도시에 왔음을 분명히 느꼈다. 그리고 나는 나 자신에게 한 가지 다짐을 했다. 그것은 다음에 더 오래 머물 수 있도록 로마를 다시 찾겠다는 것이었다. 그 약속 그대로, 나는 한껏 부푼 설렘과 장학금을 안고 로마로 돌아왔고, 그 후로도 계속 로마로 거듭거듭 돌아오곤 했다. 그것은 로마가 가진 수많은 표정들과 만나는 여행이자, 특정한 목적점을 두지 않는 오랜 탐험의 시작이었다. 오늘도 여전히 이 도시는, 나의 모든 기대를 뛰어넘는다.

비록 전임자들에 비해 한참 모자란 사람이지만, 리비우스의 글을 읽으면서 나는 내가 적어도 한 가지 방법으로 그와 비슷해질 수 있다고 느낀다. 그것은 바로, 로마의 모든 거리와 광장에서 로마에 대한 기억의 보존에 기여하는 기쁨과 성취감을 맛보는 것이다. 나는 세계 어디에도, 로마의 거리를 둘러보는 것보다 더 큰 기쁨을 주는 도시는 없다고 자신 있게 말할 수 있다. 그러니 나는 이제 당신의 손을 잡고 말하겠다. 그 기쁨을 누리러 함께 가자고.

테베레 강부터 시작해보자.

테베레 강의 모습

로마의 시작을 찾아서

테베레 강 The Tiber

우리가 로마의 탄생에 물리적으로 가장 가까이 다가갈 수 있는 곳은 테베레 강 유역이다. 고대의 움막 군집이 "영원의 도시"로 발전되기까지의 최초의 흔적을 만나보기 위해, 기원전 8세기경 로마의 중심을 관통하는 유일한 "길"이었을 이 강을 따라 가보자. 나는 유유히 흘러가는 이 강을 가리발디 다리^{Ponte Garibaldi} 위에서 처음 보았다. 물론 당시에는 그 다리 이름을 알지 못했다. 로마의 나머지 지역에 대해서도 완전히 깜깜하던 때였다. 나는 가끔 내가 로마를 처음 거닐었던 그때를 떠올린다. 길을 전혀 몰랐기 때문에 아무런 방향감 없이 그냥 이곳저곳을 돌아다녔다. 그래서 로마의 무수한 기념물과 유적들이 내겐 더 인상 깊게 새겨졌었다. 지금은 강의 구비들을 속속들이 알고 있지만, 당시에는 그저 가는 곳마다 불쑥불쑥 테베레 강과 마주친다는 느낌밖에 없었다. 가리발디 다리 위에 서서 나는, 이 강이 로마의 모든 것의 시작이었음을 느낄 수 있었다.

로마가 주변의 적들로부터 보호되고 점차 주변의 경쟁자들보다 강한 힘을 갖게 된 중요한(아마 **가장** 중요한) 요인이 바로 테베레 강이었다는 데 대해, 거의 모든 학자들이 동의한다. 실제로 고고학 자료들로 보건대 당시 "로마인"들보다 더 우세한 세력은 주변에 충분히 많았다. 널리 알려진 것처럼 당시 북쪽에는 에트루리아인들이 자리 잡고 있었고, 동쪽에는 사비니인, 볼스키인, 헤르키니인, 아이퀴인들이 진을 치고 있었다. 남쪽은 그리스의 식민지들이었다. 로마가 세워질 곳은 라틴인들의 땅인 라티움 안에 있는 테베레 강 유역이었다. 이 강의 이상하게 생긴 섬 근처가 당시 농부들의 정착에 전략적인 유리함을 제공했다. 이곳은 농부들로 하여금 적의 침입을 막아내도록 해주었고, 동시에 철기시대 때부터 이어져온 길의 지리적 이점도 함께 누릴 수 있게 해주었다. 무엇보다 중요한 것이, 동쪽에서 서쪽으로 이어지는 소금길이었다. 지금도 로마인들은 그 길을 "살라리아 가도"^{Via Salaria}라고 부른다('살레'^{sale}가 소금이라는 뜻이다). 동쪽 해안의 염전에서 수송된 소금이 테베레 강의 머리 부분을 통해 내륙쪽으로 흘러들어갔다. 강의 꼬리 부분인 아펜니노 산맥 자락에서는 농부와 양치기들이 이 "하얀 금^金"의 도착을 손꼽아 기다리고 있었다. 가죽의 무두질과 육류의 저장, 기타 생필품의 처리에 소금이 필수였기 때문이다. 나중에 로마가 출현하게 되는 그 지점에서 소금길은 이탈리아 반도를 남북으로 관통하는 가장 중요한 도로를 가로질렀다. 그 도로는 남쪽의 "위대한 그리스"^{Magna Graecia}(그리스인들에 의해 식민지로 개척되었기에 이런 이름이 붙었다)에서 북쪽의 에트루리아 영토(대략 지금의 토스카나 지방)에 이르는 길이었다.

현대의 역사가들과 고대의 역사가들이 로마의 탄생에 대해 강조점을 두는 부분은 서로 좀 다르다. 그 차이는 누가 맞고 틀려서가 아니라 시대정신^{Zeitgeist}이 서로 다른 데서 생기는 차이이다. 현대의 역사가들은 테베레 강가의 언덕이 갖는 상업적 측면의 장점을 강조한다. 반면 고대의 역사가들, 특히 후기 공화정 시대(기원전 1세기경)의 역사가들은 전략적인 군사적 측면과 도덕적 측면의 장점을 강조했다. 예를 들어 키케로^{Cicero}(기원전 106~43년)는 이 지역이 이민족과 해적들의 해상 공격을 막아냄과 동시에 안일하고 나태해질 위험을 막기에도 용이하다고 썼다. 테베레 강 유역의 일곱 언덕▪ 중 하나인 팔라티노 언덕이 정주의 장소로 선택된 일차적인 이유 역시, 방어에 유리한 위치라는 점 때문이었을 것이다.

▪ 고대 로마의 중심지로서, 로마의 테베레 강 동쪽의 "세르비우스" 성벽으로 둘러싸인 아래와 같은 일곱 언덕을 말한다(순서는 북→남).

• 퀴리날레(Quirinale) 언덕 : 일곱 언덕 중 가장 북쪽에 위치하며, 이름은 원시 로마인들이 섬겼던 농업의 신 퀴리누스(Quirunus)와 관계있을 것으로 보인다.

• 비미날레(Viminale) 언덕 : 언덕 자락에 버드나무(Vimine)가 많은 데서 유래한 이름으로 보인다.

• 카피톨리노(Capitolino) 언덕 : 로마에서 가장 높은 곳으로, 로물루스가 유피테르 신에게 바친, 로마 최초이자 최대의 신전이 있던 곳이다. 이름은 '머리, 정상'을 뜻하는 'caput'에서 유래.

• 에스퀼리노(Esquilino) 언덕 : 이름은 '경작'을 뜻하는 '에쿠스코로'에서 유래된 것으로 보인다. 아우구스투스 황제가 마에케나스에게 증여하기도 했다.

• 팔라티노(Palatino) 언덕 : 로마 시 중심에 위치한 가장 오래 된 언덕으로, 이름은 가축들의 수호신인 팔레스(Pales) 신에서 유래됐다고 한다. 궁을 의미하는 영어 'palace'의 어원.

• 첼리오(Celio) 언덕 : 토스카나 사람인 카엘리우스(Caelius)의 이름에서 유래된 것으로 보인다.

• 아벤티노(Aventino) 언덕 : 로물루스가 레무스를 꺾은 곳으로, 이름은 여기에 묻힌 제13대 라티움 왕 아벤티우스(Aventius)에서 유래되었다. ― 옮긴이 주

그 끝자락이 테베레 강에 거의 인접한 팔라티노 언덕의 서쪽 경사면은 원시 로마인이라 불리는 초기 정주민들의 흔적이 고고학적으로 처음 발굴된 곳이다. 고고학자들은 이곳에서 주변 언덕 지형의 다른 정착지들과 크게 다르지 않은, 기원전 9~8세기의 것으로 추정되는 움막 유적을 발견했다. 이 유적이 갑자기 발견된 건 아니었다. 테베레 계곡에서 발견된 도자기는 기원전 10세기 것으로 추정되며, 어떤 것은 기원전 14세기까지 거슬러 올라가기도 했다. 움막 유적 근처에서는 기원전 8세기의 것으로 보이는 작은 저장소들도 발견되었다. 저장소는 제물들로 채워져 있었는데, 이는 집단적 제의 활동의 초기 형태로 짐작될 만한 것이었다. 당신에게는 이 말이 별로 흥분되는 얘기가 아닐 수 있지만, 이것은 집단 내의 연대성을 확인할 수 있는 첫 번째 고고학적 지표라는 점에서 그 의의가 무척 크다. 집단적 제의는 움막 군집 내의 어느 한 가족에만 한정되는 게 아닐 것이기 때문에 그렇다. 그들은 이제 신성하다고 여겨지는 장소에 모여 이웃들과 함께 공동의 의식 같은 것을 치렀을 것이다.

움막 주변 지역(팔라티노 언덕 외에도 벨리아 언덕과 퀴리날레 언덕 주변)—주로 오늘날 관광객들이 포로 로마노■ 유적을 둘러보는 지역—에서 발굴된 무덤에서 고고학자들은 다수의 도자기와 청동 유물을 발견했다. 이 껴묻거리는 같은 시기 동안 이탈리아 중부의 다른 많은 무덤들에서 발견된 것들과 대동소이했다. 간혹 다른 무덤에 비

■ 고대 로마 시절 도시 곳곳에는 포룸(forum, 현대어는 foro, 영어 forum)이라 불리는, 정치와 종교의 중심 역할을 하는 광장이 있었다. 포로 로마노(고대어는 포룸 로마눔)은 로마에 만들어진 최초의 광장이었다. — 옮긴이 주

해 더 많은 호화품과 사치품이 발견되는 경우가 있었는데, 이는 필경 죽은 이의 사회적 지위와 부의 차이 때문이었을 것이다. 특기할 만한 것은, 두 가지 서로 다른 장례 방식이 있었다는 점이다. 즉 수혈竪穴식 무덤은 시신을 묻는 것이었고(매장), 주혈拄穴식 무덤은 유골을 묻는 것이었다(화장). 일반적으로 고고학자들은 장례 의식의 차이는 집단의 차이를 의미하는 것으로 추정하는데, 이곳의 경우는 아마도 장례 방식의 차이가 언덕 마을의 차이를 나타낸다고 보아도 무방할 것이다.

테베레 강가에 정착한 농업 공동체는 이 시기 이탈리아 지역에 전형적으로 나타나는 마을 형태를 이루었으며, 이 지역의 독특한 토기인 진한 회색의 광택이 나지 않는 부케로bucchero 용기를 사용했다. 팔라티노 언덕과 테베레 강 사이, 훗날 포로 보아리오Foro Boario라 불린 지역에서도 비슷한 토기들이 발견되었는데, 이는 이곳의 정주민들이 외부 세계에 대해 개방적인 태도를 지녔음을 보여주는 것이라고 할 수 있다. 테베레 강 유역은 교역이 용이한 장소였다. 이곳에서 이탈리아 내의 그리스 정주민들 및 해외 주민들과 토기의 거래가 이루어졌을 것으로 보인다. 양치기 및 상인의 수호자인 헤라클레스Hercules에 대한 숭배의 증거도 발견된다. 학자들은 헤라클레스를 항해의 신 멜카르트Melqart로 인지한 페니키아 상인들에 의해 이곳에 헤라클레스 숭배가 도입되었을 것으로 추측한다. 결국 포로 보아리오는 테베레 강 정착의 시작 단계에 이미 교역의 장소, 그리고 장·단거리 무역의 장소로 성장했던 것으로 보인다.

요약해 보자면, 현재까지 알려진 것은 자급농과 몇몇 양치기들이 살았던 팔라티노 언덕의 작은 마을과 퀴리날레, 카피톨리노 및 벨리아 언덕의 몇몇 이웃 마을들이다(이곳에서 기원전 9~8세기 것으로 추정되는 고고학적 유물들이 발견되었다). 이 원시 로마인들이 땅을 일구고, 가축을 기르고, 몇몇 양치기들과 목초지를 공유했다. 언덕 비탈의 거주자들은 공동의 묘지와 시장을 가지고 있었고, 이를 통해 원격지 주민들과 접촉을 유지했다. 부와 지위에 차이가 있었다. 즉, 거주자들은 완전한 평등 사회에 살지 않았다. 유일하게 확인된 집단 행사는 특정한 숭배 활동 혹은 의식이다. 이때 희생의 의미로 가공품들이 봉헌되기도 했다.

로마 탄생의 **또다른** 이야기는 정확한 날짜(기원전 753년 4월 21일)와 흥미진진한 줄거리(암늑대의 등장, 로물로스와 레무스라는 형제간의 갈등)으로 이루어져 있어, 독자들은 좀더 매력적이라고 느낄지도 모른다. 그러나 필자가 앞에서 설명한 것이, 세계의 힘이 태동하는 실제의 방식이다. —느리고, 꾸준한, 그리고 솔직히 말해서 그다지 비범할 것 없는 방식. 그 과정은 그다지 로마스럽지romantic 않았다. 《로마 건립 이후》에서 로물루스와 레무스의 건국 신화를 광범위하고 매혹적으로 묘사한 리비우스조차도, 로마의 시작이 사실은 "작고 하찮은" 것이었음을 부인하지 않았다.

사실, 오늘날의 관광객들은 초기 로마와는 더 이상 만나지 못한다. 수 세기 된 고고학적 유물과 팔라티노 언덕에 있는 시푸른 나무들 가운데 일반인들은 어느 것이 고대 로마의 것인지 그 증거를 찾는 데 어려움을 겪을 것이고, 설사 그들이 수 세기가 서로 겹치는 그 모든 세기를 이해하는 데 성공한다 해도, 로마의 초창기부터의 실체적인 유물과 대면할 수는 없을 것이기 때문이다. 유물들은 대부분 그로부터 수 세기 후에 지어진 제국 시대의 기념비적 건축물들이며, 그것의 뼈대가 오늘날 팔라티노 언덕 여기저기에 흩뿌려져 남아 있는 것이다. 현재 남아 있는 로마의 첫 번째 거주자들의 움막이란 울타리를 세웠던 구덩이들만이 전부이며, 문자 그대로나 비유적으로나 잡초에 뒤덮였다가 수 차례 다시 지어졌다. 언덕 아래로 내려가도 마찬가지이다. 포로 보아리오에서 당신은 더 이상 로마의 초기 유적을 발견할 수 없다. 그 광장의 신전들은 아직까지 로마에 남아 있는 가장 오래된 기념물들 중 하나이지만, 그것이 최초의 농민들에 의해 지어진 건 이미 아니다. 단지 그 이름(포로 보아리오는 "소^(牛)시장"이라는 뜻)만이 초기 로마에서 행해졌던 상업상의 역할을 상기시켜줄 뿐이다.

우리와 원시 로마인을 이어주는, 약 3천 년 된 게 딱 하나 남아 있다. 그때나 지금이나 똑같이 만질 수 있고, 볼 수 있고, 들을 수 있는 유일한 것. 그것은 바로 테베레 강이다. 단지 그때와 지금의 차이가 있다면, 당시에 그 강은 제멋대로 흘렀고 그래서 자주 범람했던 반면, 지금은 깔끔하게 정비되어 로마라는 도시의 의지에 고개를 숙인다는 점이다. 마치 로마 제국의 전성기에, 세계의 절반이 그러했던 것처럼.

로마의 첫 배반자

타르페오 언덕길 Via Monte Tarpeo

카피톨리노 언덕의 남쪽 비탈에 구비가 심한 좁다란 길이 하나 있다. 이 타르페오 언덕길은 눈에 잘 띄지 않는다. 하지만 로마의 중심부에, 눈에 잘 띄지 않는다고 여행자의 발길이 닿지 않는 곳은 더 이상 남아 있지 않다. 로마의 가장 아름다운 경치 중 하나로 향하는 이 길을 오르다 보면, 세그웨이를 탄 사람들이 좌우로 지난다. 이 길은 이륜전동 휠로 카피톨리노 언덕을 오를 수 있는 유일한 길이다. 걸어서 오르기에 다소 힘은 들지만, 그 노력은 정상에서의 시원한 조망으로 충분히 보상을 받는다.

언제부턴가 사람들이 이 타르페오 언덕길의 정상에 서면 등을 돌리고 서서 난간 아래 몇 미터 거리에 있는 석조 구조물을 겨냥하여 동전을 던지곤 한다. 그러나 그러기보다는, 그 자리에서 포로 로마노를 향하는 편이 훨씬 좋다. 특히, 부드러운 황혼이 깔리는 봄날 저녁이면 웅장한 콜로세움을 배경으로 하는 이 오래된 계곡의 풍경은, 여행자들의 넋을 빼앗곤 한다. 아래로 내려가면 방문자들은 로마 역사의 잔해들 속에서 다소 의기소침해지기도 하고, 다양한 역사의 단층들이 뒤섞여 있어 이곳이 과거에 어떤 모습이었을지 감이 안 잡힐 때도 있다. 하지만 타르페오 언덕길 정상에서는 전체 모습이 한눈에 들어온다. 그 탁 트인 조망과 함께 발아래 폐허를 내려다보노라면, 기둥과 벽의 잔해, 그 사이로 난 길, 아치형 구조물과 신전의 잔존물이 모두 꿈틀거리며 살아나 하나의 형체를 이루는 것처럼 느껴진다. "끝없는 힘"을 약속하던 찬란한 로마라는 형체가.

테베레 강가의 작은 마을 군집이 어떻게 이렇게 커다란 도시로 전환될 수 있었을까? 어떻게 무덤 가득했던 골짜기가 활기 넘치는 도시의 중심지로 바뀔 수 있었을까? 과거와 현재의 역사가들이 여전히 고심하는 그 "전환기"의 현장을, 타르페오 언덕길의 오르막 곡선이 가리킨다. 바로Varro, 리비우스, 수에토니우스Suetonius 등 많은 로마 작가들이 카피톨리노 언덕의 원래 이름은 '타르페이우스 산'이었다고 전한다. 이 이름은 언덕 전체를 의미할 때도 있고, 언덕의 서남쪽 구석만을 가리킬 때도 있다. 로마의 역사가와 연대기 작가들이 모두 카피톨리노 언덕의 이 구석에 대해 언급했는데, 그 이유는 이 구석이 다소 섬뜩한 로마의 옛 관습과 관련이 있기 때문이다. 서남쪽 구석에 있는 '타르페이아 바위'는 성난 군중들이 기다리는 면전으로 "범죄자들을 집어던졌던" 곳이라고, 그리스 작가 플루타르코스Plutarchos는 자신의 저서 《술라의 삶》Life of Sulla에 무심하고 덤덤한 어투로 적어놓았다.

고대 로마의 그 어떤 장소도 우연히 선택된 곳은 없다. 모든 장소의 이름에는 수백 년을 이어온 이야기들, 적어도 로마 작가들이 우리로 하여금 믿게 만들고 싶어 하는 이야기들이 담겨 있다. 그 작가들에 따르면, 이 처형 바위는 로마 역사상 가장 이름난 배신자, 탐욕스러운 개인, 로마의 명성을 더럽힌 자의 이름을 따서 붙인 것이다. 로마의 초기 역사에 새겨진 이 태고의 범죄자는 물론 여자였고, 그녀 이름은 타르페이아였다. 겉으로는 신앙심 깊고 순진해 보였던 타르페이아는 베스타 신전의 여사제였다. "베스타 처녀"이자 로마군 사령관 스푸리우스 타르페이우스Spurius Tarpeius의 딸이었던 그녀는 엄격한 순결 서약을 했다. 그런데 당시 이웃해 있던 사비니인들의 지도자 티투스 타티우스Titus Tatius가 로마라는 신생 도시를 점령하고 싶어 했고, 이 타르페이아를 금으로 매수하는 데 성공했다. 로마 병사들이 강력하게 진을 치고 있는 카피톨리노 언덕을 공략하려면 그녀의 도움이 필요했기 때문이다. 타르페이아는 약속대로 사비니인들과 내통하여 그들의 진입을 도왔다. 그러나 그녀는 사비니인들의 진입 현장에서 바로 살해당하고 말았다(전해지기로는 자기가 불러들인 사비니 병사에게 방패로 압사당했다고 한다).

이 이야기를 읽거나 들은 모든 사람들—공화정 시대 및 제정 시대의 로마인들을 포함한—은 그 싸움의 결과를 알고 있다. 결국 로마가 이겼다. 이웃 거주민들과의 이러한 초기의 대결에서도 로마인들은 번번이 승자로 떠올랐다. 역사의 이 부분은 반박되지 않는 사실이다. 사비니인들은 격퇴되었다. 로마인들은 자신들을 패망의 나락으로 빠뜨릴 뻔했던 배신자, 타르페이아의 시체를 발견했다. 로마인들은 바위에서 그녀의 시체를 밑으로 내던졌고, 이때부터 그 바위는 그녀의 이름으로 명명되었다. 기원전 5세기에 만들어진 최초의 로마법은 향후 모든 배신자와 범죄자들은 타르페이아와 동일한 운명에 처하게 될 것이라고 선포했다. 그러나 문서와 구전에 따르면, 범죄자가 타르페이아 바위에서 내던져진 것은 서기 43년이 마지막이었다. 그 이후 그런 식의 처벌은 법으로 금지되었다. 타르페이우스 산이라는 이름은 꽤 오랫동안 살아남았을 것이다. 우리는 그것을 3세기 중반의 한 명문銘文에서 확인할 수 있다. 그리고 오늘날에는 이 타르페오 언덕길이라는 이름으로 이어져오고 있다.

타르페이아 이야기는 기원전 1세기에 태어난 두 사람, 시인 프로페르티우스Propertius와 역사가 리비우스에 의해 우리에게 전해져온다. 로마 건국 직후의 시기에 관한 수많은 다른 이야기들과 마찬가지로, 이 이야기 역시 전설의 성격을 띠고 있다. 어쨌든 수십 세기 전의 이야기이니, 그럴 만하다. 이 이야기들은 로마의 역사가들뿐 아니라 그 후속 연구자들도 마주쳤던 문제, 즉 어떻게 농민 마을의 군집이 작지만 야망 있는 로마라는 도시로 이행해갔는가라는 문제에 대한 그럴싸한 대답을 제시한다. 유피테르 옵티무스 막시무스Jupiter Optimus Maximus 신전의 축성과 공화국의 탄생 이후인 기원전 6세기 말까지는 여하한 기록문서도 보이지 않는다. 만들어지지 않은 것인지, 아니면 전승이 안 된 것인지는 알 수 없다. 우리가 이 600년 정도 된 작은 도시 로마에 대해 분명히 말할 수 있는 것은, 당시 로마는 귀족정을 중시하는 당대의 그리스 부속지역들과 외양 및 조직 면에서 실질적으로 아무런 차이가 없었다는 사실이다.

이 틈을 메우려는 노력은 가령 리비우스의 경우, 2세기 이상의 기간 동안(기원전 753년~기원전 509년) 왕라틴어로 rex, 복수형은 reges들이 로마를 이끌었다는 소위 "왕정 시대"Regal Period의 고안으로 이어졌다. 리비우스는 총 일곱 명의 왕을 생각해냈고, 이 일곱 왕들이 종교적, 정치적, 행정적, 군사적 주도권을 발휘한 덕분에 로마가 "힘 있는" 도시로 성장할 수 있었다고 설명한다. 이 스토리라인에는 타르페이아 이야기 말고도, 사비니 여인들의 납치라는 유명한 이야기도 들어 있다. 그러나 오늘날 이 이야기는 단지 상상으로 지어낸 구전 전통의 하나로 간주되고 있다.

물론 고고학자들은 기원전 6세기의 로마—즉, 초기 로마 왕국—의 지하 유적을 탐색해왔고, 그 결과 이 기간 동안 로마가 실제로 서서히 성장했으며 이웃 도시국가들보다 더 강대해졌음을 조심스럽게 밝혀내고 있다. 그 기간은 적어도 부분적으로는 고대 작가들이 왕정 시대로 규정한 시기와 겹친다. 그러나 기원전 6세기를 앞둔 시기, 그러니까 리비우스가 말한 처음 세 왕의 시기에 어떤 일이 일어났는지는 말하기 어렵다. 고고학자들의 발견에 입각해 보면, 로마는 여전히 중부 이탈리아와 심지어 그 너머의 어떤 곳과도 별 차이가 없었다. 언급될 수 있는 중요한 차이라면, 이 테베레 강가의 신흥 도시가 아직 열세였다는 점이다. 에트루리아에, 그리고 로마의 남쪽에, 로마보다 더 부유하고 더 힘센 도시 조직들이 있었으며, 더 뛰어난 귀족 엘리트들이 있었다. 사회적 위계질서는 에스퀼리노 언덕에 있는 무덤의 청동 무기고에서 확인되는 것처럼 기원전 7세기 로마에 분명히 존재했지만, 그것은 나중에 가서야 더 복잡한 구조로 발전할 것이었다. 로마가 어떻게 이웃 도시보다 우위에 서게 되었는지는 여전히 미스터리로 남아 있다. 발전은 선형적으로 이루어지지 않는다. 분명 상승과 하강이 있었을 것이다. 아마 농업 기술이 향상되고, 상업이 번창하고, 인구가 증가하면서 언덕 마을들이 함께 성장했을 것이다. 방위, 상업, 제의, 숭배 등에서의 점점 늘어나는 집단적 노력들도 같은 방식으로 발전되었을 것이다.

집단적이고 "도시적인" 인식의 첫 번째 증거는 기원전 650~575년경 나타난다. 당시 사람들은 늪지대 골짜기에서 물을 퍼내고 땅을 밟아 다졌다(이곳이 나중에 포로 로마노가 되었다). 문자적으로나 비유적으로나, 이렇게 로마 초기 역사의 새로운 국면을 위한 "길"이 마련되었다. 작은 마을 집단에서 작은 도시로 성장하기 위해, 사실상 로마는 확장과 병합 이상의 일을 할 필요가 없었다. 그렇지만, 그 작은 도시에서 세계적 강국으로 발돋움하기 위해서는, 무엇인가가 더 필요했다. 그것은 다름 아닌, 초보자를 위한 외부로부터의 약간의 도움이었다.

로마에 온 에트루리아인들

벨라브로 길 Via del Velabro

로마는 언덕 위에 지어진 것이 분명하다(언덕의 개수를 일곱으로 볼 것인지에 대해서는 논의의 여지가 있다). 고고학적 증거뿐 아니라, 비록 드물긴 하지만 기록문서 역시 그 점을 뒷받침한다. 자료에는 "산촌 주민"montani이라고 나온다. 서기 2세기경의 작가 섹스투스 폼페이우스 페스투스Sextus Pompeius Festus에 따르면, 로마의 초창기에 "산촌 주민"들이 매년 "셉티몬티움"Septimontium이라는 일곱 언덕 축제행사를 가졌다. 이는 로마가 실제로 일곱 개의 언덕에 지어졌음을 확인해주는 자료로 보인다. 그 언덕들이 포괄하는 지역은 대체로 라티움과 에트루리아(대략 오늘날의 토스카나 지방) 사이가 된다. 테베레 강 바로 북쪽이 에트루리아의 도시인 베이Veii의 경계선이었다. 로마의 초기 거주자들은 라틴인, 에트루리아인, 그리고 예컨대 사비니인들로

뒤죽박죽 섞였었다고 보는 편이 맞을 것이다.

　로마에 에르투리아와 연관된 과거를 보여주는 장소는 몇 없는데, 그 중 하나가 벨라브로 길Via del Velabro이다. 이 길은 팔라티노 언덕과 카피톨리노 언덕 사이를 비스듬히 지나는 작고 버려진 듯한, 그다지 중요하지 않은 길이다. 그러나 이 거리 이름에, 먼 옛날이 담겨 있다. 벨라브로, 혹은 벨라브룸Velabrum은 포로 로마노와 포로 보아리오 사이 골짜기를 가리키는 고대의 명칭이다. 그 이름은 아마도 에트루리아어에서 유래된 것으로 보인다. 오늘날 벨라브로 길을 건너다보면 교황 레오 2세Leo II(682~683년) 때 지어진 매우 오래된 교회인 산조르조 인 벨라브로 성당San Giorgio in Velabro을 만나게 된다. 그러나 이 성당이 성 조르조에게 바쳐진 것은 그리스 출신 교황인 즈카리아Zachary(741-752년) 재위 때의 일이다. 그러니까 이 작은 교회는 이 자리에 세워진 최초의 건물이 아니었다. 이 교회는 그리스 수도승들의 작은 주거지의 기초 위에 지어졌고, 이 주거지는 다시 로마의 유적 위에 놓였었다. 앞서 언급한 《여행기》에서 루이스 쿠페루스가 했던 불평, 그러니까 로마 여행자에게 얼마나 많은 역사적 지식이 요구되는가에 대한 그의 불평은 여기에서도 들어맞는다. 로마의 이렇게 후미진 구석에서조차 이런 유명한 역사의 지층을 만나게 되니 말이다. 이 근처에, 고대에 관한 더 확실한 기억을 보여주는 상기물이 뽐내듯 서 있다. 그러나 상태가 양호하게 보존되어 있음에도 불구하고, 이 아치형 구조물은 대개 행인들로부터 그다지 많은 주목을 받고 있지는 않다. 그것은 바로 야누스의 문Arco di Giano이다. 야누스는 문과 입구의 수호신이자 새해의 첫 달 이름(January)에 자신의 이름을 새겨 넣은, 두 머리의 신이다(네 군데로 출입할 수 있다 하여 사면문 (Quadrifrons)이라고도 한다). 이 아치는 콘스탄티누스Constaninus 대제를 기리기 위해 그의 아들이자 후계자인 콘스탄티누스 2세Constaninus II에 의해 세워졌다고 전해진다.

로마의 초창기에는 비쿠스 투스쿠스Vicus Tuscus, 즉 "에트루리아 길" 이 벨라브룸 골짜기를 가로질렀다. 이 길이 포로 로마노와 소시장 인 포로 보아리오를 연결했다. 그러나 오늘날에는 광장의 카스토르 와 폴룩스 신전Il tempio dei dioscuri과 바실리카 율리아Basilica Julia 사이에서 그 옛 길의 초입 부분만 볼 수 있다. 거기서부터 에트루리아 거리는 현재의 산테오도로 거리Via San Teodoro를 따라 산조르조 인 벨라브로 성당까지 이어진다. 리비우스와 바로, 그리고 타키투스Tacitus는 모두 비쿠스 투스쿠스라는 명칭의 다른 기원을 생각해냈다. 투스키Tusci 는 이 골짜기에 정착한 로물루스의 동맹자들이었거나, 아니면 에 트루리아에서 피난 온 자들, 또는 로마에 첫 번째 신전을 짓기 위해 온 방문 노동자들이었다는 것이다. 그들의 정체가 무엇이든, 이 여러 이야기들에 공통되는 것은, 그들이 영원히 불명확하게 남아 있을 수 있다는 점에 대한 설명을 하려고 했다는 점이다. 그러나 에트루리아인들이 왜 로마에 왔는지(그리고 왜 계속 머물렀는지), 그리고 그들은 왜 로마의 이 특정 지역에서 살았는지는, 지금도 여전히 의문으로 남아 있다.

일곱 개였던 것은 언덕만이 아니다. 로마의 전승에 따르면, 일곱 은 또한 초기 로마를 통치했던 왕들의 숫자이기도 하다. 그런데 처음의 네 왕인 로물루스Romulus, 누마 폼필리우스Numa Pompilius, 툴루스 호스틸리우스Tullus Hostilius, 그리고 안쿠스 마르키우스Ancus Marcius는 역사학의 관점에서 볼 때는 정체가 불분명한 인물들이다. 아마도 작가들이 지어낸 상상 속 인물들일 가능성이 높다. 물론 이 말이, 그 네 왕이 통치했다고 말해지는 기간 동안(기원전 8~7세기) 로마의 발전이 정체되었다는 뜻은 아니다.

마지막 세 왕인 타르퀴니우스 프리스쿠스Tarquinius Priscus, 세르비우스 툴리우스Servius Tullius, 그리고 타르퀴니우스 수페르부스Tarquinius Superbus에 관해서 보자면, 모든 자료가 이들이 에트루리아 출신이었음을 말해준다. 그들의 통치 기간은 기원전 6세기 전체에 걸친다. 이 시기에 로마는 처음으로 도시로서, 혹은 작은 도시국가로서 자기 모습을 드러냈다. 포로 로마노의 배수 및 포장 공사, 에스퀼리노 언덕의 최초의 성벽 및 신전의 축성 등이 그 사실을 말해준다. 그런데 이 신전들은 모두 에트루리아 건축 전통에 따라 지어진 것이다. 그리고 밝은 색으로 칠해진 테라코타 조각상도 그 사실을 말해준다. 이 시기의 유적에서 흔히 발견되는 짙은 회색의 윤기 있는 토기 "부케로"는 에트루리아가 그 기원이다. 이런 맥락에서 볼 때, 로마에 벨라브룸 골짜기와 "에트루리아 길"이 있다는 사실은 하등 이상한 일이 아니다.

로마의 마지막 왕

템피오 디 조베 거리 Via del Tempio di Giove

기원전 500년경, 왕정은 끝난다. 한 시대, 혹은 한 통치형태의 끝은 어떻게 일어날까? 후대의 역사학자들, 특히 리비우스에 따르면, 마지막 왕인 타르퀴니우스, 혹은 루키우스 타르퀴니우스 수페르부스는 기원전 509년 루키우스 유니우스 브루투스^{Lucius Junius Brutus}에 의해 왕위에서 쫓겨났다. 축출의 직접적인 원인은 가족의 스캔들이었다. 타르퀴니우스의 아들 섹스투스^{Sextus}가 신실한 여성 루크레티아^{Lucretia}를 강간했던 것이다. 그러나 만약 그게 전부라면, 이 사건은 지푸라기 하나가 낙타의 등을 부러뜨렸다는 얘기나 다름없다.

로마 왕의 권력은 절대적이었다. 그러나 당시 왕은 로마의 유력 귀족 가문의 수장들로 구성된 원로원(Senate, 어원인 senex는 라틴어로

"노인"의 뜻)의 조언을 받아야 했고, 그들에 의해 왕으로 임명되고 있었다. 여기에서 우리는 타르퀴니우스에게 수페르부스, 즉 "뽐내는 자" 또는 "거만한 자"라는 별명이 붙게 된 사정을 짐작해볼 수 있다. 현대의 역사가들은 타르퀴니우스가 단지 스캔들이나 잔혹함 때문에 축출된 게 아닐 것으로 본다. 즉, 그가 원로원(브루투스도 그 중 일원이다)의 자문에 전혀 귀를 기울이지 않았기 때문이라는 것이다.

기원전 6세기 동안 점점 그 횟수가 늘어난, 상층 귀족에 의한 반란은 바로 이런 방식으로 생겨났다. 수페르부스 밑에서 귀족들은 자신의 영향력이 어떻게 줄어드는지를 목도했다. 왕에게 권력의 분할이란 눈엣가시 같은 일이었다. 그는 늘 자신의 신민을 집단으로, 즉 로마라는 공동체 전체로 다루고자 했다. 타르퀴니우스가 대규모 신전을 지어 전 로마인들의 주신主神인 유피테르에게 봉헌한 것도 바로 그런 맥락이다. 더 정확히 말하자면, 타르퀴니우스는 그 신전을 완성시킨 왕이다. 신전 건립의 시작은 타르퀴니우스 프리스쿠스 때 이루어졌다. 유피테르의 신전인 일 템피오 디 조베Il Tempio di Giove에는 벽감壁龕이 세 개였다. 중앙은 로마의 주신 유피테르를 위한 자리였고, 그 양쪽이 아내인 유노 여신과 딸인 미네르바 여신을 위한 자리였다. 그러므로 로마의 기원을 찾고자 하는 사람이라면, 그는 마땅히 "로마다운 것Romanitas"의 가장 오래된 상징이라 할 이 고대 신전에 남아 있는 것이 있는지 질문해야 하다. 유피테르의 이름을 담고 있는 오늘날의 로마 거리, 템피오 디 조베 거리Via del Tempio di Giove가 이 신전의 본래 위치를 귀띔해준다. ▪

비록 템피오 디 조베 거리가 오래 전에 신전이 세워졌던 장소를 표시하긴 하지만, 우리가 그 신전을 실제로 경험하기 위해서는 그곳에서 발길을 돌려 카피톨리노 박물관으로 가야 한다. 비교적 새로운 박물관 홀인 마르쿠스 아우렐리우스 홀Esedra di Marco Aurelio에서 유명한 유피테르 옵티무스 막시무스 신전의 기초에 놓였던 인상적인 돌덩이를 볼 수 있다. 플리니우스Gaius Plinius Secundus, 리비우스, 그리고 키케로가 설명한 바와 같이, 이 신전은 수 세기 동안 수없이 많이 중수되고 다듬어지고 개조되었어도(심지어 기원전 83년에 전소되었다는 기록도 있다), 그 기초 벽은 여전히 "유일함"의 위력을 잃지 않고 있다(보기에 그다지 웅장하지는 않다). 이 유물이 저 먼 옛날의 로마, 엄청난 영토를 지배했던 패권 국가 로마로 우리를 데려가준다. 그러나 그것은 앞으로 일어날 일, 현재의 로마는 이제 막 걸음마를 떼고 있을 뿐이다.

왕과 그의 가족을 몰아낸 뒤, 반란자들은 공화정을 수립했다. 그동안 왕이 혼자 다뤄왔던 중차대한 과제들, 즉 군대의 통솔과 전쟁의 지휘, 재판, 그리고 제의의 주재 등을 둘러싸고, 권력이 새롭게 재편되어야 했다. 왕정의 폐지 이후, 로마의 실제적 통치권이라고 할 수 있는 정치권력은 두 명의 행정관magistrate에게 이양되었다. 약 1세기 반 후, 이 행정관은 집정관Consul으로 바뀌었다. 집정관은 이전 왕들과 거의 같은 권력을 누렸지만, 그것은 이제는 제한 받는 권력이었다. 즉, 두 명의 집정관은 서로의 계획에 거부권을 행사할 수 있었고, 1년 동안만 직위를 유지할 수 있었다. 한 해 동안 그들은 모든 면에서 불가침의 권력을 누렸지만, 퇴임 후에는 임기 중 발생한 모든

■ 그리스의 제우스(Zeus)에 해당하는 로마 신이 조베(Giove)이며, 이는 유피테르(Jupiter)와 동의어로 쓰였다. ─옮긴이 주

비행非行에 대해 책임을 져야 했다. 그들은 두 명의 재무관Quaestor으로 부터 도움을 받았다. ▪ 원로원과 민회(그 기원이 완전히 알려지진 않았지만, 이 두 기관은 전부터 이미 기구로서 존재하고 있었다)는 가장 중요한 자문기구였다. 두 기구 중 영향력이 점차 강화된 쪽은 원로원이었다. 그러니, 기원전 6세기 말에 카피톨리노 언덕의 유피테르 신전을 완성한 것은 결국 왕이 아니라 공화정 지도자들이었다.

유피테르 옵티무스 막시무스 신전은 로마의 국가적 숭배의 중심으로 발전했다. 이는 공화정 시대뿐 아니라 이후 제국 시대(기원전 27년 이후)에도 마찬가지였다. 초기 로마에서 종교는 비상한 중요성을 지녔고, 오늘날 우리가 상상하는 것보다 훨씬 더 공적이고 정치적인 의미를 띠었다. 신전에 바쳐지는 공적 봉헌은 집정관의 이름으로, 그리고 나중에는 황제의 이름으로 거행되었다. 전장에서 돌아오는 군대 지휘관들을 기리는 공식적 개선 행진의 마지막 장소는 바로 카피톨리노의 유피테르 신전 앞이었다. 또한 중요한 기록물과 일급 국

▪ 이후 수립된 로마 공화정의 공직 구조는 다음과 같았다(이를 "명예로운 경로"(cursus honorum)라 부르며, 한 단계를 거쳐야 다음 단계로 나아갈 수 있었다).

1. 재무관(Quaestro, 콰이스토르) : 정부 및 군대의 재정과 회계를 담당했다.

2. 안찰관(Aedilis, 아이딜리스) : 공공건물 관리, 식량 및 행사 등을 담당했다.

3. 법무관(Praetor, 프라이토르) : 집정관 다음 가는 직책으로, 주로 사법 분야를 담당했다.

4. 집정관(Consul, 콘술) : 고대 로마 최고위 직책으로, 2명이며 임기는 1년이었다. 법률 및 행정, 군사의 최고권한과, 원로원 및 의회의 소집, 의장의 권한 등을 가졌다. 집정관을 마친 뒤에는 전직집정관으로 속주 총독이 될 수 있었다.

5. 감찰관(Censor, 켄소르) : 공화정 초기에는 낮은 공직이었다가 나중에 비중이 강화됐다. 집정관 경험자만 선출되었으며, 선거나 조세, 인구조사 자료편찬 등을 담당했다.

이 밖에, 독재관(Dictator, 딕타토르)는 상설적이 아닌 임시적으로 국가비상의 상태 등에 임명되는 직책이었다. 임기는 6개월이었고, 이 기간 동안은 거의 모든 권한이 주어졌다. ― 옮긴이 주

가 자산을 보관하는 곳도 이 신전이었다. 수세기에 걸쳐, 로마 제국의 성장 기조는 꾸준히 증대되었다. 지속적으로 획득한 부 덕분에 이 태고의 성소는 계속 다듬어지고 개조될 수 있었다. 카피톨리노 신전은 로마의 힘과 무적의 상징이었다.

싹트는 공화정과 성벽

친퀘첸토 광장 Piazza dei Cinquecento

    기차로 로마에 도착하는 여행자들은 "여기가 '영원의 도시' 맞나?" 하고 고개를 갸웃하기 쉽다. 출발지에서부터 기차를 타고 온 사람이든, 피우미치노 공항^{Fiumicino Aeroporto}에서 레오나르도 고속열차를 타고 온 사람이든 누구에게나, 로마는 테르미니 역^{Stazione Termini}과 그 앞의 분주한 교통중심인 친퀘첸토 광장^{Piazza dei Cinquecento}에서 시작된다. 유럽의 다른 수도에는 대개 기념비 같은 느낌의 중앙역이 있게 마련인데, 로마의 테르미니 역은 전혀 그런 고색창연한 건물이 아니다. 이 역은 로마 중심부에 있는 건물들 중 전후^{戰後} 시대에 지어진 몇 안 되는 건물들 중 하나이다. 1946년 무솔리니^{Mussolini}의 잔재에 대한 개혁 작업이 진행되었고, 1950년 12월 20일 개통식이 열렸다. 그 뒤 테르미니 역은 개선되고 확장되어, 유럽에서 가장 붐비는 기차

역 중 하나가 되었다. 2006년에는 공식적으로 교황 요한 바오로 2세 John Paul II에게 헌정되었고, 그 뒤 교황의 조각상도 세워졌다. 그 조각상은 지금도 친퀘첸토 광장을 장식하고 있다.

테르미니 역은 그 자리에 처음 지어진 건축물이 아니다. 1856년과 1859년 사이에 교황청이 두 개의 철도 노선, 즉 로마-프라스카티Roma-Frascati 노선과 로마-치비타베키아Roma-Civitavecchia 노선을 개통했다. 이것이 현재 역의 중앙홀 자리에 처음 세워졌던 두 개의 철도였다. 증가하는 철도 교통량을 수용하기 위해 교황이 건립한 작은 역이 적절한 중앙홀로 대체되면서 로마는 의심의 여지 없이 현대적인 도시가 되었다. 1862년, 최초의 로마 철도 중앙역Stazione Centrale Delle Ferrovie Romane이 문을 열었지만, 곧 교황 비오 9세Pius IX는 건축가인 살바토레 비안키Salvatore Bianchi에게 재건 프로젝트를 맡겼다. 그런데 1870년, 교황청이 로마에 대한 세속적 권력을 잃었고, 로마가 교황의 지배에서 놓여났다.■ 그래도 역의 확장과 장식은 이탈리아 국왕의 보호 아래 계속되었다. 역은 19세기에 어울리는 모습으로 다시 태어났고, 역명은 근처에 있는 디오클레티아누스 목욕장Terme di Diocleziano의 이름을 따서 붙여졌다. 테르미니 역은 이렇게 탄생한 것이다. 역 앞 광장

■ 1870년 프로이센-프랑스전쟁(보불전쟁)에서 패색이 짙어진 프랑스가 전력을 보강하기 위해 교황령에 있던 군대를 철수시키자 이 틈을 타 이탈리아가 로마를 탈환했다. 이로써 교황은 일부 지역을 제외한 모든 세속 영토와 권력을 잃었고, 그에 따르던 세수(稅收)도 상실했다. 교황 비오 9세는 화가 나서 이탈리아 국왕과 총리를 파문하고 자신을 '바티칸 포로'라고 칭하며 바티칸에서 나오지 않았다. 그러다 1929년 대중의 인기를 원했던 무솔리니가 교황청과 손을 잡았고, 이로써 바티칸 시국이 만들어졌다. 이 책 44장 "화해의 길" 참조. ― 옮긴이 주

은 1887년 있었던 아비시니아(에티오피아의 옛 이름) 도갈리Dogali 전투에서 전사한 500명의 이탈리아 장병을 기리는 의미로 친퀘첸토[500이라는 뜻]라는 이름이 붙었다. 광장에 세워졌던 전몰장병 추모비는 1924년에 디오클레티아누스 목욕장의 한 정원으로 옮겨졌다.

이렇게 테르미니 역과 친퀘첸토 광장의 역사는 대부분 최근 것이다. 그러나 역의 중앙 홀을 벗어나자마자 우리는 로마의 초기 역사로 날아갈 수 있다. 친퀘첸토 광장에서 오른쪽 정문으로 나가면 거대한 돌덩이로 만들어진 벽의 잔재가 보인다. 여행 가이드가 있다면 당신에게 이것이 로마 왕정 시대 끝에서 두 번째 왕인 세르비우스 툴리우스Servius Tullius(기원전 578~534년 재위)에 의해 만들어진 "세르비우스 성벽"이라고 소개할지도 모른다. 그러나 이 관습화된 설명이 사실이라는 근거는 거의 없다. 다시 말해, 세르비우스 툴리우스가 도시 주위에 성벽을 세웠다는 주장을 뒷받침할 만한 자료는 찾아볼 수 없다. 다시 리비우스를 읽어보면, 거기서 기원전 4세기에 로마인들이 성벽을 쌓기 시작했음을 확인할 수 있다(정확히 말하자면 기원전 378년이다). 이는 기원전 5세기 이후 로마에서 처음 전개된 기념비적 건설 프로젝트 중 하나였다. 이때를 고고학자들은 "위기의 세기"라고 부른다. 기원전 390년경 갈리아인Gauls에 의한 로마 약탈이 최고조에 달했다고, 로마에 대해 기술한 거의 모든 고대 작가들이 이구동성으로 쓰고 있기 때문이다.

고고학적으로 그 위기는 이렇게 역추적해 볼 수 있다. 즉, 기원전 6세기에 로마는 여전히 몇몇 공공 건설 프로젝트를 완성했고, 많은 아테네식 토기와 호화품들이 여전히 유통되었던 반면, 5세기에는 그러한 번영의 지표를 거의 찾아볼 수 없다. 토기 공예품의 질은 떨어지고, 일부 유물은 적어도 고고학적 기록에서 완전히 사라졌다. 문서 자료를 살펴보면 통상적으로 우리는 로마에서 무엇이 언제 지어졌는지에 대한 상당히 정확한 기록을 확인할 수 있는데, 기원전 484년 이후의 기간에 대해서는 아무런 기록을 찾아볼 수 없다(유피테르 옵티무스 막시무스 신전, 카스토르 및 폴룩스 신전, 그리고 사투르누스 신전 등은 그 이전에 이미 완성된 상태였다).

기원전 4세기 초에 로마는 분명히 중간 규모의 도시였지만, 그 힘이 줄어들고 있었다. 고대 및 현대의 역사가들이 이 시기에 자행된 갈리아인의 약탈을 과장했을 수도 있지만, 로마가 힘든 시기를 맞아 고군분투하고 있었던 것은 분명해 보인다. 최근에 확인된 바에 따르면 이 약탈은 로마의 장기간의 약화와 연관이 있다. 그러니 도시 성벽의 축조가 세르비우스 툴리우스 왕의 통치기간이 아닌 기원전 378년경에 이루어졌다고 보는 것이, 맥락상 아귀가 잘 맞는다. 특히나 첫 번째 동맹도시(투스쿨룸^{Tusculum})의 복속이 이때 이루어졌음을 고려하면 더더욱 그렇다.

로마 공화국은 태어났고, 일어섰고, 비틀거렸다. 그러나 기원전 4세기 초에 그들은 자신들이 만들어낸 길을 낙관과 야망으로 채우며 나아갔다. 역사가들에 따르면, 오래 지속되는 많은 역사적 발전은 이어지는 2세기 동안의 내적 정치와 외적 정치 둘 다에 의해 특징지어진다고 한다. 로마 내적으로는 특히 사회적 관계가 계속 갈등의 주제, 불안정의 원인이 되었다. 로마의 정치, 사회, 경제의 모든 것을 좌지우지하는 주요 집단인 귀족들은 평민들에게 점점 더 시달렸다. 그들의 권력지위가 불공정하며 지나치다는 이유였다. 그 내적 긴장은 사뭇 격렬한 계급투쟁으로 이어졌다. 뿐만 아니라 로마는 기원전 4세기와 3세기 동안 외부 주민들과의 긴장도 관리해야 했다. 이는 상시적인 국방의 과제와 영토 확장 전쟁에서 비롯되는 긴장이었다. 처음에는 중부 이탈리아가 목표였지만, 기원전 272년에는 남쪽의 그리스 식민지를 포함한 이탈리아 반도 전체를 손에 넣었다. 로마는 자신들이 정복한 모든 부족 및 도시국가와 동맹 조약을 맺었다. 이 동맹국들은 비록 군대를 파견해야 하는 의무는 지고 있었지만, 어느 정도의 자치권과 그들 나름의 시민권을 유지할 수 있었다. 로마는 또 자신들이 정복한 모든 곳에 식민지를 세워 로마나 라틴 지역의 농부들과 퇴역 병사들, 그리고 땅을 소유하지 않은 무산 시민들을 그곳으로 이주시켰다.

자, 테르미니로 돌아가보자. 아까 말했던 로마의 초기 잔재가 이제 좀더 중요한 의미를 지니게 되었다. 로마의 "세르비우스" 성벽은 아마 400헥타르 이상의 땅과 약 5만 정도의 인구를 둘러쌌을 것으로 추정된다. 그러나 이는 다가올 미래에 비하면 전조에 지나지 않았다. 기원전 270년경에는 거주자 수가 10만 내지 15만으로 늘어났고, 기원전 200년경에는 20만 정도까지 늘어났을 것으로 추정된다. 이러한 꾸준한 인구 증가는 대도시로의 자연적인 유입에 의해서뿐 아니라 계속되는 정복에 의해서도 야기되었다. 수많은 전쟁 노예들이 로마로 들어왔던 것이다. 아피아 수로Aqua Appia(기원전 312년)와 아니오 베투스 수로Aqua Anio Vetus(기원전 272년)는 로마의 급증하는 물 수요를 해결하는 데 없어서는 안 될 공공급수 시설이었다. 물론 이를 위한 비용은 로마의 급증하는 부富로 조달될 수 있었다. 두 개의 수로로 실어 나른 물의 양은 하루 약 25만 킬로리터 정도. 이 모든 것이, 로마의 대大 정복전쟁이 시작되기도 전에 일어난 일이었다.

지중해 정복

아피아 가도 Via Appia Antica

해가 뜨나 해가 지나, 끊임없는 차량과 여행자들이 콜로세움을 에워싼다. 판테온에는 관람객들이 끊일 새가 없고, 포로 로마노 역시 관광객들이 홍수처럼 밀려든다. 그러나 이 기념물들은 훗날 지어진 많은 건물들에 의해 가려지거나 숨겨져 있다. 고대 로마를 "방해물 없이" 더 잘 보기 위해, 우리는 로마의 가장 오래된 동맥 중 하나인 아피아 가도^{Via Appia Antica}로 간다. 여기에서는 몇 미터씩마다 로마의 과거 모습이 눈앞에 펼쳐진다. 비록 로마 중심가로부터 소음도 좀 들려오고 가끔씩 다른 여행자들도 만나게 되지만, 이 길은 아주 고요한 편이다. 이곳을 걷다 보면 마치 어느 시골에 온 듯한 기분이 든다. 울퉁불퉁한 포장석이 깔린 아피아 가도 양 옆에, 사이프러스와 소나무의 녹색 풍경만을 배경으로, 오래된 돌기둥과 묘석들이 새로원기를 얻어 꿈틀거리는 것처럼 보인다.

기원전 312년, 야심찬 공무원이었던 아피우스 클라우디우스 카에쿠스Appius Claudius Caecus가 이 가도의 조성을 이끌었다. 그가 구상한 것은 남쪽으로 향하는 로마 군대의 이동로였다. 때는 바야흐로 로마의 정복 사업이 점점 더 멀리까지 미치고 있을 즈음. 이탈리아 남부의 항구 도시들은 지중해로 향하는 관문이었다. 당시 아피우스는 감찰관Censor이었다. 인구를 조사하고, 주민들을 각 자산 계층으로 나누며, 공공사업의 입찰을 관리하는 자리였다. 그는 로마의 첫 수로(아피아 수로)를 건설했고, 남쪽으로 향하는 새로운 도로 건설을 총괄 지휘했다. 그리고 그 도로의 명칭을 자기 이름을 따서 지었다. 수로 건설 때와 마찬가지로.

공화정 시대(기원전 약 500~30년)의 거의 모든 건설 프로젝트는 관련자의 이름(공공사업의 경우)이나, 또는 사건(대개 군사적 승리로서, 기념물이나 신전을 통해 기려지는 경우)과 관련이 있었다. 오늘날 전자의 기념물들 중 로마에 남아 있는 것은 그 수가 많지 않으며, 우리가 초기 공화정 당시의 수준으로 재구성해볼 수 있는 것은 대부분 후자의 유형의 건설 프로젝트들이다. 초기 및 중기 공화정(기원전 약 1세기까지)에 관한 문서자료 역시 그다지 많지 않다. 기원전 2세기가 되어서야 로마인들은 자신의 역사를 기록하기 시작했고, 대략 그 무렵부터 그리스 작가들이 로마의 출현에 관심을 보이기 시작했다. 공화국 로마가 중요하게 고려되기 시작한 것이 이 즈음부터이다.

기원전 4세기 말이 되자 아피우스 같은 사례가 점차 늘어났다. 정치인으로서 아피우스는 지배 엘리트의 일원이었다. 그러나 이 엘리트의 개념은 도시의 설립 이후 완전히 바뀌었다. 사회적 이동에 의해 귀족과 평민 간의 엄격한 구별이 상당히 완화되었다. 부유한 평민들이 상승하여 기존 귀족 가문과 더불어 새로운 귀족nobiles 계층을 이루게 되었고, 인구의 새로운 상층이 원로원의 주요 성원으로 진출했다. 이 상층 성원들이 최고의 자산 계층인 에퀴테스equites, 기사(騎士)에 속했다. 왕정 시대 이래로 말의 소유는 대단한 부의 표현이었던 까닭이다.

이렇게 새롭게 형성된 사회적 위계 속에서도 여전히 민회(트리부스 평민회consilium plebis tributem 또는 트리부스 인민회comitia tributa와 쿠리아회comitia curiata)가 개최되었다. ■ 기원전 494년 이후, 공식적인 평민의 옹호자인 호민관plebeian tribunes이 생겨났다. 이들은 지배 엘리트의 의안을 꺾을 수 있는 거부권을 행사할 수 있었다. 공화정의 바탕이 되는 중심 사상은 변하지 않았다. 절대권력은 용인될 수 없었고, 명예와 명성, 영향력은 오직 제한된 기간 동안 그가 행하는 행위와 행동을 통해서만(물론 그러기 위해서는 그에 맞는 가문에서 태어나야 했지만) 획득될 수 있었다. 명문가인 클라우디아 가문의 후손이었던 아피우스로서는 행정가로서의 그의 재임 기간 동안 "공공의 일"res publica을 위해 충실히 복무함으로써 명성을 쌓는 것이, 말할 필요도 없을 만큼 중요한 일이었다. 수로와 아피아 가도 같은 건설 프로젝트를 통해 그는 자기 몫의 일을 했고, 당연히 많은 클리엔테cliente(귀족을 따르는 평민)들을 끌어

■ 초기 민회는 쿠리아(curia, 씨족과 부족의 중간단위) 30개로 구성되는 쿠리아회(comita curiata), 부족 지역구(tribus, 트리부스) 35개로 구성되는 트리부스 인민회(comita tributa) 등으로 구성되었다가, 신분투쟁의 결과 기원전 471년에는 평민들만 참여할 수 있는 트리부스 평민회(consilium plebis tributum)가 추가되었다.— 옮긴이 주

들였다. 그리고 이로써 그는 훗날 집정관에 오를 수 있기를 기대했다. 그러나 로마인의 눈으로 볼 때 진정한 명성을 얻을 수 있는 곳은 오직 한 곳, 바로 전쟁터뿐이었다. 스키피오^{Scipio Africanus(Publius Cornelius Scipio)} 장군이 그 단적인 예이다. 전쟁터에서 일구어낸 그의 명성은 이탈리아 국가國歌 속에서 오늘날까지도 면면히 이어져오고 있다. ■

국가에까지 들어간 이 영웅의 가족묘가 아피아 가도의 초입에 있다. 지금은 포르타 산세바스티아노 거리^{Via di Porta San Sebastiano}라 불리는 곳의 일부이다. 아피아 가도에 한 포도원이 있었는데, 이곳의 주인이자 수도사였던 두 형제가 1780년 지하의 포도주 창고를 수리하다가 우연히 이 무덤 입구를 발견했다. 오늘날 누구나 예약만 하면 그 무덤을 방문할 수 있지만, 그곳은 전 같지는 않은 상태이다. 1780년의 재발견이 있기 전 수세기 동안 이미 도굴꾼들이 다녀간 데다, 1780년 발굴 과정에서 확인된 비문과 무덤들은 모두 바티칸 박물관으로 옮겨졌기 때문이다. 그렇긴 하나, 두 수도사가 처음 이 묘실의 입구를 발견하고 묘석의 한 비문에서 "스키피오"라는 이름을 발견했을 때, 그들의 놀라움이 얼마나 컸을지는 짐작하기 어렵지 않다. 그만큼 그 이름은 로마 역사에서 가장 빛나는 명문가의 이름 중 하나였다.

"이탈리아의 형제들이여, 이탈리아가 일어났다네. 스키피오의 투

■ 이탈리아 국가인 〈이탈리아인의 노래〉 1절의 가사는 다음과 같다.
"이탈리아의 형제들이여/ 이탈리아가 일어났다네/ 스키피오의 투구로/ 머리를 묶었다네/ 승리는 어디에 있는가/ 그대 앞에 머리를 숙이네/ 하느님께서 승리를/ 로마의 종으로 삼으셨다네/ 우리 함께 뭉치세/ 우리는 죽을 준비가 되었으니/ 우리는 죽을 준비가 되었으니/ 이탈리아가 불렀도다" — 옮긴이 주

구로 머리를 묶었다네.”— 이 이탈리아 국가는 일종의 출정가이다. 이 노래에는 “스키피오의 투구”를 쓰고 싸우러 달려나가는 전사의 외침이 담겨 있다. 스키피오 가문은 공화국 로마에서 가장 유력한 가문 중 하나인 코르넬리우스 가문gens에 속했다. 이들은 오랫동안 로마의 건설 프로젝트에 이름을 올려왔고, 자연히 핵심 행정직들을 장악하고 있었다. 코르넬리우스 가문의 세 남자는 집에서 가까운 정치무대가 아니라 집에서 멀리 떨어진 전쟁터에서 출중한 방식으로 자신들의 진가를 발휘했다.

이탈리아 반도에서 패권을 확보한 다음, 로마는 해외로 눈을 돌렸다. 로마군에 함대가 없다고 해서 그들의 해외진출 야망이 약해지진 않았다. 기원전 264년, 로마는 시칠리아와의 갈등에 연루되었다. 남부 이탈리아 출신의 퇴역 용병들이 메시나Messina에 정착했는데, 이들이 시라쿠스Syracuse로부터 공격을 받았고, 이 위협에서 벗어나고자 메시나 정착민들이 두 강대국인 로마와 카르타고Carthage에 도움을 청했던 것이다. 북아프리카의 카르타고는 지중해에서 확고한 무역상의 우위를 점하고 있었고, 시칠리아에도 강력한 교두보를 확보하고 있었다. 그런 카르타고에게 로마라는 존재는 이탈리아와 그 주변에서 자신들의 사업을 어지럽히는 신흥 강자였다. 쌍방이 서로의 힘을 알고 있었으므로, 시칠리아 문제는 대치 수준에서 끝나야 했다. 아무도 그 갈등이 100년 이상 지속될 전쟁으로 이어질 것이라고 예상하지 못했다. 그렇게 카르타고는 세계 지배로 향하는 도정에서 로마가 마주칠 수 있는 가장 강력한 적수 중 하나로 밝혀졌다.

두 강자의 충돌로 이른바 제1차 포에니 전쟁(기원전 264~241년)이 발발했다. “포에니”Punic라는 말은 카르타고의 옛 이름 “페니키아'^{Phoenicia}의 변형이다. 전쟁 결과 승리는 로마에게 돌아갔고, 시칠리아는 제국 로마의 첫 번째 해외 속주^{屬州}가 되었다. 로마의 동맹국으로서 자치권(과 약간의 자존심)을 유지할 수 있었던 이탈리아 본토의 정복지와 달리, 시칠리아를 비롯한 나중의 속주들은 로마에서 파견된 최고행정관^{praetor}의 지배를 받아야 했다. 그 뒤 수십 년간 두 나라 사이에는 잠정적인 평화가 이어졌고, 이에 힘입어 카르타고는 스페인에서 실지^{失地}를 회복했다. 그리고 이어진 또 다른 대결은 로마 역사상 가장 치열하고 극적인 전쟁 중의 하나가 되었다. 바로 제2차 포에니 전쟁(기원전 218~201년)이다. 이 전쟁에서 로마는 자신들의 역사상 가장 강력한 적을 상대해야 했다. 바로 카르타고의 장군, 한니발^{Hannibal}이었다.

한니발의 이야기는 그때나 지금이나 아군과 적군 모두의 상상을 뛰어넘는다. 그는 스페인에 진주해 있던 로마군을 공격하고, 숙련된 군대(코끼리를 포함한)를 이끌고 알프스 산맥을 넘는 대담성을 보여주었다. 뿐만 아니라 그는 세계 역사상 가장 출중한 군사적 승리로 꼽히는 칸나에 전투(기원전 216년)의 두뇌이자 에너지 그 자체였다. 알프스 산맥을 넘어 이탈리아로 진입하는 과정에서 그는 가는 곳마다 상대에게 상당한 피해를 입혔다. 로마군과 몇 차례 부딪쳤다. 소규모의 승리를 거둔 후, 한니발은 겨울을 나기 위해 군대를 이탈리아 남동부의 풀리아^{Puglia}로 이동시켰다. 그는 오늘날 칸네 델라 바탈리아^{Canne della Battaglia}로 불리는 칸나에 평원에 진지를 세우고, 남부 이탈리아를 정복할 계획을 세웠다. 이에 로마는 두 명의 집정관—아에밀리우스 파울루스^{Aemilius Paullus}와 테렌티우스 바로^{Terentius Varro}—을 풀리아로 보내 한니발을 상대하게 했다.

지금까지 거의 패배를 몰랐던 로마군에게, 칸나에 전투는 악몽이었다. 수적으로 우세했던 바로와 파울루스의 군대는 이 전투에서 거의 전멸하고 말았다. 86,000명의 로마 병사 중 최소 70,000명이 몰살된 것으로 알려져 있다. 한니발의 용병 군대는 그다지 조직적이지 못했고, 게다가 지쳐 있었다. 그러니 그런 군대로, 훨씬 잘 훈련되고 장비도 우월했던 로마군을 무찔렀다는 것은 그만큼 한니발의 전술과 통찰이 뛰어났음을 보여준다. 그는 로마군의 대형을 포위하면서 양익兩翼과 후면을 동시에 공격함으로써 로마군을 경악케 했다. 전투는 결국 로마의 전쟁 역사상 가장 큰 군사적 재앙으로 끝났다. 그러나 상황은 로마의 장군 푸블리우스 코르넬리우스 스키피오가 스페인에서 카르타고를 몰아내면서 점차 역전되기 시작했다. 결국 스키피오는 기원전 202년 카르타고 부근의 자마Zama 전투에서 한니발을 상대로 승리를 거두었고, 그 공적으로 아프리카누스Africanus라는 칭호를 얻게 되었다. 카르타고는 항복했고, 마침내 로마는 지중해의 정복자로 우뚝 섰다.

비록 스키피오 대大아프리카누스—이탈리아 국가에 등장하는 그 스키피오—가 자마 전투에서 승리를 거두긴 했지만, 대부분의 로마인들은 전승 후 체결된 평화 조약만으로는 버릇없는 카르타고를 무릎 꿇리기에 충분치 않다고 생각했다. "카르타고는 분쇄되어야 하오!" 수년 동안 로마 원로원에는 이런 말이 흘러나왔다. 보수적인 원로원 의원인 카토Cato는 의제가 무엇이든 상관없이 자신의 연설을 항상 이 말로 마무리했다. 기원전 146년, 제3차 포에니 전쟁에서 이 말은 현실이 되었다. 전쟁은 스키피오 소小아프리카누스—앞에서 말한 스키피오의 손자—가 이끌었고, 카르타고는 약 50년 전 겪었던 패전에 이어 이번의 파괴적인 전쟁으로 결국 완전히 무너지고 말았다. 주민들은 모두 죽거나 노예로 끌려갔다. 이는 로마가 자신들이 얼마나 무서운 존재인지를 보여주려는 행동이었고, 특히 한니발을 겨냥한 것이었다. 카르타고의 모든 영토는 로마의 아프리카 속주가 되었다.

기원전 3세기 초, 루키우스 코르넬리우스 스키피오 바르바투스 Lucius Cornelius Scipio Barbatus——기원전 298년의 집정관이자 스키피오 가문을 연 창시자——는 아피아 가도에 자기 가문의 빛나는 업적을 기릴 전사자 추모실을 지었다. 물론, 호화롭게 장식한 자신의 석관은 눈에 가장 잘 띄도록 묘실 입구 맞은편에 배치하도록 했다(지금은 바티칸 박물관으로 옮겨졌다). 아피아 가도가 개통된 지 그리 오래 되지 않은 시점에, 그것도 가도의 초입에다 이런 추모 무덤을 세운 건 우연히 그런 것이 아니다. 그 가문(뒷날의 스키피오 아프리카누스를 포함한)은 그리스로부터의 문화적 자극을 수용하는 데 적극적이었고, 아피아 가도는 그 그리스로 향하는 동맥과도 같은 도로였다. "위대한 그리스"Magna Graecia를 향한 로마 제국의 확장, 그 상징이 바로 아피아 가도였다.

자연스럽게도, 길을 만든 아피우스의 본래 설계의도와 달리, 아피아 가도는 군인들에 의해서만 이용되지 않았다. 각종 사절단, 공무원, 부유한 시민, 노예, 그리고 다종다양한 상품들이 아피아 가도의 포장석 위를 내달렸다. 이 길은 시칠리아와 북아프리카로 닿는 길이었을 뿐 아니라 항구도시 브룬디시움Brundisium(현재의 브린디시Brindisi)에서 시작되는 동부 지중해의 무역망으로도 이어지는 길이기도 했다. 남쪽으로 향하는 이 길의 군사적, 경제적 중요성 덕분에 아피아 가도는 "길의 여왕"regina viarum이라는 칭호까지 얻었다.

현대인들에게는 아피아 가도가 두 가지 이야기로 알려졌다. 그 중 시기적으로 먼저인 이야기는 초기 기독교 역사에서 나오는 이야기다. 오래 전, 아피아 가도는 베드로와 예수의 만남이 이루어진 곳이다. 베드로는 로마 황제 네로의 잔인한 기독교 박해에서 벗어나고자 "길의 여왕"을 통해 로마에서 몸을 피하고자 했다. 그가 아피아 가도에 이르렀을 때, 예수의 환상이 나타났다. 예수는 베드로와 반대쪽, 그러니까 로마를 향하고 있었다. 베드로가 예수께 여쭈었다. "주여, 어디로 가시나이까?Domine, quo vadis?" 그러자 이런 대답이 돌아왔다. "나는 다시 십자가에 못 박히기 위해 로마에 가느니라." 그 말씀을 듣고 베드로는 자신이 무엇을 해야 하는지를 깨달았다. 그는 몸을 돌려 로마로 향했다. 박해에 놓인 기독교 공동체와 함께 하기 위해.
아피아 가도를 배경으로 하는 또다른 유명한 이야기는 앞의 이야기보다 더 거칠고 폭력적이다. 스탠리 큐브릭Stanley Kubrick 감독의 영화 〈스파르타쿠스〉Spartacus(1960년)는 불굴의 노예, 스파르타쿠스에 의해 주도된 노예 폭동 이야기이다. 폭동은 끝내 크라수스Crassus 장군의 부대에 의해 진압되고 만다. 약 6천 명의 노예들이 체포되었고, 하나씩 하나씩 십자가에 못 박혔다. 처형 십자가는 아피아 가도를 따라 수천 개가 세워졌고, 수년 동안 철거되지 않았다. 경고의 의미로.

로마인에게 빵을

몬테 테스타치오 거리 Via di Monte Testaccio

포에니 전쟁의 승리 이후 로마의 팽창은 더욱 빨라졌다. 로마는 카르타고뿐 아니라 당시 알려진 세계 전체로 뻗어나갔다. 시칠리아와 아프리카의 속주 말고도, 아시아(소아시아의 서쪽 해안), 히스파니아(스페인과 포르투갈), 그리고 마케도니아(그리스)가 제국의 영토로 새로이 편입되었다. 영토 정복은 노예와 돈과 재화의 엄청난 유입으로 이어졌고, 이에 따라 로마에는 대대적인 변화가 일어났다. 오늘날 우리가 "도시 인프라"라고 부르는 분야에 점점 더 많은 투자가 이루어졌다. 투자는 도시의 외관을 바꾸었고, 더 많은 일자리를 제공했다. 로마 인구가 가파르게 증가했다. 그러다 보니, 도시의 배후지에서 나오는 수확만으로는 식량 수요를 감당할 수 없었다. 자연히 음식과 모든 종류의 상품들이 대규모로 수입되었다. 기원전 2세기에, 테베레 강 여울의 옛 항구만으로는 로마의 필요를 충족시킬 수 없었고, 이를 보충하기 위해 새로운 포구, 엠포리움Emporium이 근처에 지어졌다.

그때부터, 오스티아Ostia의 해항에 도착하는 모든 물품은 테베레 강을 통해 아벤티노 언덕의 남서쪽에 있는 새로운 강 항구와 부두로 이동되었다. 셉티미우스 세베루스Septimius Severus 황제 시대(193~211년)에 만들어진, 천 점이 넘는 대리석판에 새겨진 도시 지도《로마 도시의 형태》Forma Urbis Romae를 보면, 서기 200년 무렵 항구에는 "호레아"horrea라 불리는 창고 혹은 곡물저장고가 무수히 지어졌음을 알 수 있다. 문서 자료에는 최초의 창고가 기원전 2세기에 지어진 것으로 나온다. 수로나 도로 같은 인프라 건설 프로젝트에서와 마찬가지로, 호레아의 명칭에도 그것을 짓는 데 필요한 자금을 모은 행정가의 이름이 들어갔다. 가령 지금도 남아 있는 호레아 갈바나Horrea Galbana는 기원전 108년의 집정관이었던 세르비우스 술피키우스 갈바Servius Sulpicius Galba의 이름을 딴 것이고, 기원전 122년 지어진 호레아 셈프로니아Horrea Sempronia는 호민관이었던 가이우스 셈프로니우스 그라쿠스Gaius Sempronius Gracchus의 이름을 딴 것이었다.

땅이나 기타 재산이 없는 로마 시민들은 가이우스의 형이자 상류층 출신의 호민관인 티베리우스 셈프로니우스 그라쿠스Tiberius Sempronius Gracchus에게서 자신들의 대변자를 발견했다. 그라쿠스가 볼 때 무산자 문제는 윤리의 문제일 뿐 아니라 병역 복무자 확보 문제를 해결할 수 있는 방안이기도 했다. 재산 있는 시민만이 입대할 수 있기에, 그라쿠스는 국유지를 땅 없는 무산자들에게 분배해야 한다고 주장했다. 이러한 그의 계획은 대다수 원로원 의원들의 반대에 가로막혔다. 대토지 소유주인 그들은 개인적으로 국유지에 다양한 방법으로 투자를 해왔고, 따라서 이러한 관행이 흔들리는 것을 원치 않았다. 하지만 티베리우스도 물러서지 않았다. 그는 자신의 의안을 평민회를 통해 관철시키고자 했다. 그는 이 프로젝트에 소요되는 예산을 페르가뭄Pergamum(소아시아 서쪽 해안의 왕국으로, 마지막 왕인 아탈루스 3세Attalus III가 자신의 왕국을 로마에 물려준다는 유언을 남기고 죽은 후, 로마의 속주가 되었다)의 유산으로 해결하고자 했고, 이를 성과로 삼아 호민관에 재선될 것을 기대하고 있었다. 그러나 이와 같은 계획은 원로원의 눈에는 순전한 독재의 시도로 비쳤다. 이것이, 원로원 의원들이 백주 대낮에 티베리우스 그라쿠스를 살해한 이유였다. 그의 토지법은 병역 복무자 확보 문제에 대한 수정 가능한 해결책으로 밝혀졌고, 결국은 채택되었다.

그러나 진정한 반항아는 형보다 동생 쪽이었다. 국유지의 재분배와 무산자의 지위 향상을 위한 가이우스의 주장은 형보다 더 급진적이었다. 그는 호민관의 지위를 수년간 유지했고, 여러 법안을 평민회를 통해 관철시켰다. 원로원의 원한이 쌓여갔다. 그들은 가이우스의 정치적 이상뿐 아니라 특히 그의 개인적인 야망과 민중의 지지가 더 두려웠다. 가이우스 그라쿠스가 밀어붙인 가장 유명한 법 중 하나는 소위 "곡물법"이었다. 정부 보조금 덕분에 이제 곡물 가격은 적어도 로마 시민들에게는 인위적으로 낮게 유지될 수 있었다. 형 그라쿠스가 죽은 지 십수 년 뒤, 동생 그라쿠스도 신경과민이었던 한 원로원 의원에 의해 살해되었다. * 그의 곡물법은 그러나 꽤 오랫동안 성공적으로 유지되었다.

곡물법의 시행에 따라, 가이우스 그라쿠스는 로마의 새로운 항구인 엠포리움에 "자신의" 창고인 호레아 셈프로니아를 지을 것을 의뢰했다. 로마 시민들에게는 이제 매달 배급이 할당되었는데, 이는 속주에서 더 많은 곡물이 생산되어야 함을 의미했다. 곡물은 로마로 실어 날라졌고, 곡물창고에 보관되었고, 정해진 가격에 팔렸다. 곡물의 월별 배급이 무료로 바뀌기까지는 이로부터 100년하고도 50년이 더 흘러야 했다. 이것이 로마가 보여준 유명한 유화책, "빵과 서커스"의 그 빵이다.

현재 그라쿠스의 곡물 창고에는 아무것도 남아 있지 않다. 엠포리움의 몇 안 되는 유적으로는 거의 보이지 않는 계단과 잘 닦여진 경사면이 있는데, 이는 물품의 선적과 하역을 용이하게 하기 위한 것이었다. 아에밀리아 주랑Porticus Aemilia 창고의 경우는 아예 물 위에 지붕형 구조물을 지은 것이었다. 거대한 지붕을 약 300개의 기둥으로 떠받치게 지은 것이었는데, 지금은 거의 그 흔적을 찾아볼 수 없다. 막대한 양의 곡물, 올리브유, 대리석, 기타 등등의 수입품이 아벤티노 언덕의 발치에서 하역되던 그때로 우리를 데려가주는 것은 이 지역 전체와 그 이름을 공유하는 길, 바로 몬테 테스타치오 거리Via di Monte Testaccio이다.

이 거리는 몬테 테스타치오 주변을 반원형으로 에워 돈다. 이 길을 걷다 보면, 과거 도축장으로 쓰였던 건물을 지난다. 이 건물은 로마 시대에 곡물선이 정박했던 곳이고, 1890년부터는 테스타치오 지

■ 집정관 루키우스 오피미우스가 가이우스를 체포하려 하자 가이우스는 달아나다 스스로 목숨을 끊었다는 설도 있다.─옮긴이 주

역의 노동자들이 배급을 받아가던 장소였다. 그들에게는 급여를 보충하는 의미로 도축된 소의 내장이 지급되었다. 오늘날 이 지역의 특산 요리―송아지 고기와 양고기가 들어간 파스타, 소꼬리 스튜 등―는 이러한 관습에 그 기원을 두고 있다. 이 길의 건너편 지역은 과거 노동자들이 많이 살았던 곳을 정비하여 새로 조성한 "신新트라스테베레Trastevere", 즉 테스타치오 시장이다. 이 시장은 로마 시대의 창고 유적 위에 지어진 것으로, 지금도 실내 시장 가운데서 그 창고의 유적을 육안으로 감상할 수 있다.

갈바니 거리Via Galbani와 니콜라 자발리아 거리Via Nicola Zabaglia의 모퉁이에서 잠시 멈추어 보자. 그러면 거기서 둘레 길이 약 1킬로미터, 높이 약 50미터인 "몬테 테스타치오", 즉 "항아리 조각들의 산"을 볼 수 있다("테스타"가 "항아리 조각"이라는 뜻이다). 이는 오스티아 항에서 테베레 강을 통해 로마로 들어가는 다량의 곡물과 포도주, 올리브유 등을 운반하는 데 쓰였던 커다란 항아리의 조각들이다. 정복된 모든 지역에서 이 항아리에 담겨 로마로 보내진 물품들은 일단 육지의 호레아로 옮겨졌다. 이때 사용이 끝난 항아리는 부패를 방지하는 차원에서 재사용을 법으로 금하고 있었으므로, 부두 노동자들은 항아리를 창고 옆에 집어던져 깨뜨렸다. 그렇게 폐기처분된 항아리 조각들이 쌓이고 쌓여 "산"을 이룬 것이 바로 몬테 테스타치오이다. 그러니까 몬테 테스타치오는 일종의 쓰레기 매립장이었던 셈이다.

"항아리 조각 산"은 오랫동안 고고학자들의 연구대상이 되어왔다. 항아리의 여러 조각들, 특히 그 손잡이나 목둘레의 조각들에서 각종 문구가 발견되었고, 이에 대한 분류가 이루어졌다. 대부분 서기 150~250년 사이의 것으로 추정되는데, 그 이전에도 쓰레기들이 항구 지역에 버려졌음은 분명하다. 대부분의 고고학자들은 몬테 테스타치오가 2세기경에 이미 지금의 높이에 달했을 것으로 추정한다. "산"의 일부를 파고들어간 카타콤바catacomba는 물론 후대에 "보태진 것"이고, 오늘날에는 그곳이 레스토랑이나 디스코텍으로 바뀌었다. 플라비오 알 벨라베보데토Flavio al Velavevodetto라는 레스토랑에 앉아서 벽의 파편을 보면 이상한 느낌이 든다. 그것은 더 이상 단순한 도시가 아닌 메트로폴리스의 거주민이었던 고대 로마인들의 근본적인 변화상을 고스란히 상기시켜준다. 그들은 자신들의 기본적인 필요의 충족을 더이상 자기 땅에서 나온 생산품이 아닌 수입품에 전적으로 의존하게 되었다. 로마는 그때까지 아직 세계 도시의 외양을 갖지는 않았지만, 실질에 있어서는 이미 세계적인 제국이라 할 정치적, 상업적, 사회적 중심지가 되어 있었다.

로마인 제빵사의 애잔한 무덤

포르타 마조레 광장 Piazza di Porta Maggiore

몬테 테스타치오에서 로마 시내까지는 북동쪽으로 약 5킬로미터 거리이다. 오늘날 그 길을 걷는 데는 한 시간 정도가 걸린다. 그러나 고대였다면 그렇게 걸어도 당신은 여전히 성벽 밖에 머물게 되었을 것이다. 오늘날 그 길을 걷다 보면 당신은 으리으리한 목욕탕 유적인 카라칼라 목욕장Termae di Caracalla을 보게 될 것이고, 웅장한 콜로세움Colosseum도 보게 될 것이며, 산조반니 인 라테라노 대성당Basilica San Giovanni in Laterano도 보게 될 것이다. 그러나 이 기념물들 중 그 어느 것도 로마 공화정 시대에 지어진 것은 없다. 기원전 1세기경이 되어서야 로마는 자신이 세계무대에서 획득한 정치적, 경제적 지위에 걸맞은 외양을 갖춰나가기 시작했다. 그러나 이러한 변화는 하룻밤 사이에 일어나지 않았고, 대규모 기념물의 조성은 성공한 정치인이나 장군의 개인적 야망이 충분이 높아지기 전까진 불가능한 일이었다.

반면, 죽은 자들의 세계는 그들의 지위와 권력과 명망이 돌에 새겨져 수백 년 동안 전해지는 세계였다. 로마는 시신을 성벽 안의 땅에 매장하는 것을 허용하지 않았다. 도시 공간은 성스러운 땅이었고, 따라서 죽은 자들에게는 이용이 허락되지 않는 곳이었다. 한편, 장례 조형물은, 그것을 세울 만한 힘이 있는 사람에게는, 자신의 업적을 타인들에게 과시하고자 하는 것이었다. 추모하고 찬미해줄 사람이 아무도 없다면, 삶과 업적을 기념할 조형물을 세우는 것이 무슨 의미가 있겠는가. 부유한 로마인들의 무덤이 도시 바로 외곽, 도시의 안과 밖을 이어주는 길의 양편에 집중되어 있다는 사실은 그런 점에서 이해가 된다. 그곳은 사람들이 가장 많이 지나다니는 곳이다. 걸어서 다니든, 말을 타고 다니든, 아니면 2륜 전차를 타고 다니든 말이다. 오늘날 도시의 옥외 광고판이 교통량이 가장 많은 곳에 세워지는 것과 같은 이치다.

이 장의 서두에서 말한 그 길을 걷다 보면, 당신은 오래된 도시의 성벽 바깥에서 바로 이런 종류의 장소를 발견하게 된다. 오늘날 그곳의 이름은 지금도 세워져 있는 커다란 문의 이름을 따라 포르타 마조레 광장Piazza di Porta Maggiore으로 불리며, 고대 로마 때와 마찬가지로 교차로로서 매우 붐비는 곳이다. 당시 이곳은 도시의 수로가 거의 모두 합쳐지는 곳이었고, 라비카나 거리Via Labicana와 프라에네스티나 거리Via Praenestina의 교차점이기도 했다. 문 근처에서 그 두 고대 도로의 유적과 벽돌 층을 확인할 수 있다. 서기 272년, 포르타 마조레—전에는 포르타 프라에네스티나 또는 포르타 라비카나로 불렸던—는 새로운 아우렐리아누스^{Aurelianus} 방벽에 통합되었다. 그것은 드문 일이 아니었다. 도시의 경계를 따라 지어진 장례 조형물 중, 그 의미나 중요성이 퇴색한 것들은 방벽 안으로 통합하는 것이, 방벽의 조성에 드는 시간과 돈과 자재를 절약하는 가장 쉬운 방법이었다. 조성되는 방벽의 경로에 정확히 놓여 있는 한, 그것은 철거되지 않고 고스란히 그 안으로 통합되었다.

그런데 클라우디우스^{Claudius} 황제가 세운 이 문이 근처에서 가장 오래된 기념물인가 하면 그렇지 않다. 그것보다 80여 년 전에 세워진 것이 하나 있다. 옛 라비카나 길과 프라에네스티나 길 사이에 놓인, 한쪽이 심하게 훼손된 인상적인 기념물이 그것이다. 로마의 문맹자—당시 인구의 85~90퍼센트로 추산되는—라도 이 기념물을 보면 그게 무엇을 의미하는지 바로 이해할 수 있는 기념물이다. 그것은 평생 자신의 기업을 통해 재산을 모은 어느 성공한 제빵사의 무덤이다. 글을 읽을 줄 아는 사람이라면 그 비문에서 제빵사의 이름을 읽을 수 있다. 로마인 제빵사 마르쿠스 베르길리우스 에우리사케스^{Marcus Vergilius Eurysaces}이다. 로마인들은 이 무덤이 제빵사의 무덤인 것을 어떻게 알까? 지금도 그렇지만 고대 당시에도 그 기념물은 일종의 돌로 된 "연재만화"처럼 읽혔다. 예컨대 맨 위의 장식띠에는 곡식 빻는 모습, 반죽하는 모습, 오븐에 넣는 모습 등 제빵사의 일상 장면이 양각으로 새겨져 있다. 그 인물들은 노동자들(아마도 노예들)일 것이다. 그들의 옷은 후속 이미지에 등장하는 인물들의 로브^(길고 헐거운 웃옷)와 확연히 다르다. 후자의 인물들은 빵의 무게를 달거나 판매를 감독하고 있다. 빨강과 노랑의 안료 흔적이 발견되는 것으로 보아, 이 장식띠는 원래 채색되었던 것임을 알 수 있다. 이 장례 조형물의 나머지 부분에 있는, 더 추상적이고 마치 무슨 다발처럼 보이는 둥근 구멍이나 기둥 혹은 튜브 모양의 장식은 교반기攪拌機에 대한 상징적 표현이라고 (너그럽게) 해석되기도 한다.

마르쿠스 베르길리우스 에우리사케스는 기원전 1세기 중반쯤 살았던 인물이다. "에우리사케스"는 별명인데, 이 이름의 주인은 본래는 로마인이 아닌 그리스인이었을 것으로 추정된다. 로마 시민들은 대개 비문에 자기 아버지의 이름을 밝혔는데(판테온 입구 위에서 볼 수 있듯이, "~의 아들"이라는 뜻의 filius의 "f"로 이를 나타냈다), 에우리사케스는 그런 단서를 전혀 남기지 않았기 때문이다. 그래서 역사가들은 대개 그가 "자유인"이었을 것으로 본다. 시민권과 세 부분으로 된 이름, 스스로 상당한 부를 이룩했던 로마 시민, 그러나 과거에 노예였을 인물. 하지만 이 추측이 절대적으로 확실한 건 아니다. 자유인들은 자기 이름에 "libertinus"(자유인)를 의미하는 "lib"나 혹은 그냥 "l"을 보태어 사용하는 경우가 많았기 때문이다.

자유인이었든 아니면 "보통의" 중간층 시민이었든, 에우리사케스는 부유하고 자부심 강한 인물이었던 모양이다. 그의 무덤 중앙에 이런 텍스트가 보인다.

EST HOC MONIMENTUM MARCEI VERGELEI EURISACIS
PISTORIS, REDEMPTORIS, APPARET

번역하자면 "이 무덤은 제빵사 도급업자 마르쿠스 베르길리우스 에우리사케스의 무덤으로서, 복무하기를……" 정도의 의미이다. 이 문장은 중간이 잘린 것으로 보이며, 그래서 더욱 의미 파악이 쉽지 않다. 특히 마지막 단어 apparet의 정확한 뜻이 무엇인지에 대해 사람들의 의견이 갈린다. ■ 가장 재미있는 설은 에우리사케스가 농담을 했다는 것이다. 즉, apparet이 "분명하다" 정도의 의미일 수 있으니, 그 뜻은 "분명한가요?", 즉 "아시겠습니까?"로 읽힐 수 있다는 것이다. 자신의 직업에 대해 길게 언급하고 있지만, 이 무덤 안에서 영원한 안식을 취하는 인물이 제빵사였다는 사실은 거의 틀림없어 보인다. 텍스트에 대한 두 가지 해석이 모두 맞다고 보는 것도 불가능하지는 않다. 에우리사케스가 고의로 자기 비문에 이중적 의미를 갖는 어구를 넣었으리라고 볼 수도 있기 때문이다.

이렇게 우리는 다른 여행자들이 많이 다니는 길에서 살짝 비껴난 곳에서, 세계 각지로부터 도래한 곡물의 하역작업에서부터 그 곡물을 갈고, 빵으로 굽고, 무게를 재고, 판매하는 일에 대한 세세한 묘사에 이르기까지, 공화국 로마에 대해 믿을 수 없을 만큼 가까이 다가갈 수 있다. 에우리사케스의 무덤은 1837년 교황 그레고리오 16세 Gregorius XVI가 "나중에 덧붙여진 것들"로부터 포르타 마조레를 "자유롭게" 하기 위해 어떤 탑을 허물 때, 우연히 발견되었다. 에우리사케스 조형물은 그 탑 안에 숨겨져 있는 것처럼 보였고, 교황이 이를 철거하라고 명해도 특별히 박한 처사라고 할 건 없었다. 그렇지만 교황은 이 조형물을 포르타 마조레의 그늘에 그대로 두기로 결정했다. 비록 무덤이 성벽에 통합되었다가 다시 복원되고 하는 과정에서 조형물의 동쪽 부분은 완전히 파괴되었지만, 나머지 세 면은 그런대로

■ 라틴어 appareo는 발현하다, 분명(확실)하다, 복무(보좌)하다 등의 여러 의미가 있다.─옮긴이 주

잘 보존된 상태이다. 교황 덕분인지 아니면 천운 덕분인지, 아무튼 에우리사케스는 지상에 더 오래 머물 수 있었다.

발굴 과정에서 나온 많은 잔해들이, 그 두 개의 로마 길을 따라 더 많은 장례 조형물들이 있었음을 보여준다. 땅속에서 파낸 잔해들 사이에서 에우리사케스 아내의 기념비 잔해도 발견되었다. 아니, 사실은 그의 아내의 것인지 아닌지는 확실치 않다. 다만 아주 신중한 학자들조차도 그렇게 믿고 싶게 만든다는 얘기이다. 에우리사케스 무덤 근처에서 발견된 대리석 조각(지금은 로마국립박물관에 있다)에는 다음과 같은 글귀가 새겨져 있다.

FUIT ATISTIA UXOR MIHEI/ FEMINA OPITUMA VEIXSIT/ QUOIUS CORPORIS RELIQUIAE/ QUOD SUPERANT SUNT IN/ HOC PANARIO

번역하자면 "아티스티아^{Atistia}는 나의 배우자였다/ 그녀는 가장 품위 있는 여자로 살았다/ 이렇게 시신으로 남은 그녀가/ 빵바구니에 안치되었다"는 뜻이다. 그리고 그 대리석에는 전형적인 로마식 복장을 한 남녀 인물이 양각으로 새겨져 있다. 그러니까 이 잔해는 로마 시대에 있었던 어떤 애잔한 이야기의 한 조각으로 읽힌다. 물론 아티스티아가 에우리사케스의 아내였는지 여부도 알 수 없고, 양각된 인물이 아티스티아와 에우리사케스 맞는지 여부도 확인할 순 없다. 하지만 가늠하기도 어려울 만큼의 시간이 흐른 저 로마 시대의 잔해들 속에서, 참 애잔한 이야기 하나가 피어난 것은 틀림없다. 너무 애잔해서 잘 믿기지 않는 이야기가.

제국의 광장

세계의 수도라는 명성에 어울리는 극장

테아트로 디 폼페오 광장 Piazza del Teatro di Pompeo

로마 한가운데, 캄포 데 피오리Campo de' Fiori와 라르고[작은광장] 디 토레 아르젠티나Largo di Torre Argentina 사이에, 넓지 않은 광장 하나가 숨은 듯 놓여 있다. 이 광장이 우리를 후기 공화정 시대(기원전 1세기)의 로마로 데려가준다. 기원전 55년 세워진 극장의 이름을 딴 이 테아트로 디 폼페오 광장Piazza del Teatro di Pompeo으로 가기 전에, 먼저 기우보나리 거리Via dei Giubbonari와 비스키오네 거리Via del Biscione를 가로질러 가보자. 그러면 우리가 그리게 되는 반원—지면에는 물론 그어지지 않지만—은 비스키오네 거리 바로 뒤에 있는 이상한 모양의 광장에 이름을 부여한 그 폼페이 극장의 반원형 벽과 흡사한 형태를 이루게됨을 알 수 있다. 현재의 거리 형태가, 로마에 지어진 이 최초의 석조 극장의 본래 위치를 알려준다. 그 극장의 유적들이, 이 촘촘하게 들어선 현대의 건물들 지하에 지금도 묻혀 있다. 극장의 벽과 둥근 천장의 잔해들이 지금도 그로타 핀타 거리^{Via di Grotta Pinta} 주변 건물의 지하에서 발견되곤 한다.

로마가 숱한 정복과 그에 따르는 정치 활동에서 막중한 역할을 수행하기 시작했음에도 불구하고, 기원전 200년경까지는 로마라는 도시 자체는 사실 보잘것없는 평범한 곳으로 남아 있었다. 그리스나 소아시아의 대도시들과 비교했을 때, 로마를 기념비적인 수도라고 부르기엔 턱없이 부족했다. 기원전 1세기 전반까지는 석조 원형경기장도 없었고, 극장도 없었고, 목욕장도 없었다. 물론 연극은 상연됐고, 검투사 시합은 열렸다. 그러나 그것을 관람하는 자리는 번번이 목제 비계^{飛階}로 가설된 임시 관람석이었을 뿐이다. 로마의 저 남쪽, 폼페이^{Pompeii} 같은 지방에서조차 검투사 시합은 기원전 80년부터 석조 원형경기장에서 관람되었는데, 어떻게 이 위대하고 부유하고 독보적인 도시, 세계 무엇에도 뒤질 것 없는 제국의 수도가, 이런 속빈 강정 같은 모습일 수 있었을까? 이유는 간단하다. 로마인들이 그것을 만드는 방법을 몰랐던 게 아니라, 그것을 짓는 데 관심이 없었던 것이다.

원로원은 순전한 보수주의자들이었다. 그들은 뭔가 획기적인 일이라면 번번이 가로막았다. 공화정 시스템에서는 절대적 권력이란 없다. 권력의 핵심에 오를 순 있지만, 그 권력은 분점되는 권력이며 기간도 1년으로 제한되기 때문이다. 그러나 바로 그렇기 때문에, 공화정 하에서는 경쟁자들 사이에 라이벌 의식이 조장된다. 모든 집정관이나 장군들은 자신들의 성공이 다음 지휘관에 의해 손쉽게 뒤

집힐 수 있음을 잘 알고 있다. 그들이 로마에 대건축물을 짓는 데 돈을 대거나 전승 기념물을 세우는 것은 바로 그런 이유 때문이다. 자신의 승리에 대한 영구적인 상징물, 가능하면 가문의 이름을 담은 상징물을 세우고자 했던 것이다. 이러한 의도를 잘 알고 있기에, 원로원은 일체의 기념비적 공공 건설 프로젝트를 경계했다. 개선문이나 전승 기념탑 정도는 용인되었지만, 한 사람의 이름 아래 로마 국민 전체를 대상으로 지어지는 극장이나 목욕장의 건설은 원로원의 심기를 불편하게 하는 일이었다. 기원전 1세기 기간 동안 로마의 여러 사회정치적 상황을 고려하면, 원로원의 이러한 주저에는 일리가 없지 않다.

역사가들은 그라쿠스 형제가 자신들의 주장을 폈던 길지 않은 기간 동안(기원전 135~121년) 역사의 흐름에 적잖은 충격이 생겨났다고 본다. 지배 엘리트들은 내부적으로 분열되었고, 폭력은 점점 더 일상화되었다. 그 대표적인 사례가 기원전 129년에 있었던 원로원 계급과 에퀴테스, 즉 기사 계급 간의 분립이다. 게다가 원로원 내부에서조차 의견이 갈렸다. 지금까지 "옵티마테스"(optimates, 최선자最善者라는 뜻)라 불려온 보수파가 여전히 수가 많았지만, 이제 스스로를 "포풀라레스"(populares, 평민파라는 뜻)라 부르는 개혁파의 수가 점차 늘기 시작했다. 이들은 특히 민회에서 그라쿠스의 정신을 구현하려는 정치인들이었다. 옵티마테스와 포풀라레스 사이의 의견차이, 그리고 후자 집단이 느리지만 확실하게 우세를 점해갔다는 사실, 이것이 로마 역사의 흐름을 영구적으로 바꿔놓을 것이었다.

로마 군제를 개혁한 유능한 장군 가이우스 마리우스Gaius Marius는 새로운 사회정치적 맥락에서 바로 그러한 길을 걸었던 사람이다.

그는 전통적인 귀족 출신이 아니라, 기사 계급 출신의 "신인"[新人]homo novus 원로였다. 그는 수백 년 이어온 가문을 내세우지 않고, 자기 스스로의 힘으로 여섯 번이나 집정관에 선출되었다. 그는 자신보다 로마 병사들에게 먼저 표준 장비를 챙겨주었고, 군단의 병력 편제를 표준화했으며(6천 명, 10개 대대),■ 국가 부담으로 군사 장비를 지급함으로써 무산자들도 입대할 수 있도록 했다. 이렇게 마리우스는 로마 역사상 처음으로 직업적 군제를 만들었다.

　증가하는 국가 비용, 중간계급의 시장 확대 요구, 그리고 엘리트들 사이의 경쟁 구도— 이 모든 것이 로마의 제국주의를 추동한 힘이었다. 새로운 땅의 정복만이 새로운 국가 수입, 새로운 시장, 그리고 새로운 명예를 창출할 수 있었다. 마리우스 덕분에 신병들의 수가 증가했지만, 이로 인해 로마 정부의 상층 사이에서 마찰이 빚어지기 시작했다. 정해진 복무기간을 마치면, 모든 무산자 병사들은 의탁할 수단 없이 제대되었다. 퇴역 군인들은 종종 돈이나 재화로 괜찮은 보수를 지급받았지만, 그들이 성공적인 군복무 이후 진정으로 원했던 건 살아갈 만한 땅이었다. 이러한 요구로 인해 퇴역 군인을 위한 식민지의 건설이 의안으로 떠올랐다. 그러나 이 안은 원로원의 격한 반대에 부닥쳤다. 그라쿠스 형제 때와 마찬가지로, 원로원은 퇴역 군인들에 대한 토지 지급을 경계했던 것이다. 그러한 경계에 일리가 없는 건 아니었다. 만약 식민지의 퇴역 군인들이 자체

■ 좀더 상세히 하자면, 마리우스는 병사 100명으로 1개 백인대(centuria)를, 백인대 6개로 1개 대대(cohort)를, 그리고 대대 10개로 1개 군단(legion)을 구성케 했다. 이러한 군단병의 창설로 로마는 효과적으로 제국을 운영할 수 있었다. — 옮긴이 주

의 군단을 이루고 자신들의 장군을 옹립하고 나선다면 무슨 일이 일어날지 누가 알겠는가?

원로원의 악몽은 현실이 되었다. 이른바 "동맹시 전쟁"Social War ■ ― 이탈리아 반도 여러 도시의 국민들이 더 나은 지위를 얻고 지방 엘리트들이 더 나은 위치를 차지했던 전쟁―이후인 기원전 88년, 제1차 로마 내전Civil War이 일어났다. 흑해 근처인 폰투스Pontus의 미트리다테스 6세Mithridates VI와의 전쟁이 불거지자, 마리우스와 또 다른 성공적인 사령관인 루키우스 코르넬리우스 술라Lucius Cornelius Sulla가 로마군의 지휘권을 놓고 서로 다투었다. 옵티마테스는 술라를 폰투스로 보내고 싶어 한 반면, 포풀라레스는 마리우스를 지지했다. 여러 우여곡절 끝에 술라는 자기 휘하의 병사들을 이끌고 로마로 진군했다. 로마에서 권력을 잡은 술라는 부하들을 데리고 동쪽으로 이동, 그곳에서 미트리다테스와의 전쟁을 승리로 이끌었다. 술라가 로마를 비운 사이 마리우스가 로마로 돌아와 재정비하려 했으나, 로마 귀환 한 달 만에 마리우스는 세상을 떠났다. 마리우스의 지지자들이 로마로 돌아오는 술라 및 그의 동맹자들과 싸움을 계속했지만, 결국 그들은 항복해야 했다. 로마 귀환 후 술라는 로마를 깨끗이 쓸어버렸다. 자신에게 맞섰던 수십 명의 원로원 의원들과 수백 명의 기사들을 처형하거나 권리를 박탈했다. 술라는 새로운 법률과 개혁조치로 자신의 위치를 다지고자 했다. 그러나 그는 지속적인 성공을 통

■ 기원전 91~88년 로마 공화국과 이탈리아 공화국(에트루리아계, 라틴계, 그리스계 등 이탈리아 반도의 로마 '동맹도시'들의 연합체) 사이에 로마 시민권 확대를 둘러싸고 벌어진 전쟁이다. 동맹시들은 전쟁에서는 패했지만 목적이었던 로마 시민권을 획득했다. ― 옮긴이 주

한 새로운 질서 수립에 실패했다. 기원전 78년 그가 죽은 후, 로마 제국은 안팎의 새로운 문제들과 맞서야 했다.

술라가 남긴 권력의 공백과 정치적 혼돈은 새로운 야심가들에게 로마 제국의 질서를 바로잡을 기회가 되었다. 세 사람이 전면에 나서는 데 성공했다. 막대한 부를 자랑하던 마르쿠스 리키니우스 크라수스Marcus Licinius Crassus와 그의 경쟁자 그나이우스 폼페이우스Gnaeus Pompeius, 그리고 가이우스 율리우스 카이사르Gaius Julius Caesar라는 이름의 한 포풀라레스였다. 초반에는 폼페이우스가 시칠리아, 북아프리카, 스페인 등 다루기 힘든 속주에서 속속 질서를 회복하면서 먼저 이름을 떨쳤다. 수년간 로마 제국 구석구석에서 일군 업적으로 그는 일종의 스타가 되었고, 근위 군단으로부터 탄탄한 지지를 이끌어냈다. 이 폼페이우스라는 스타는 자연히 또 다른 스타, 율리우스 카이사르와 충돌했다. 카이사르는 "보통의" 사람들로부터 정복 업적과 담대함 두 가지 모두의 이유로 사랑받고 있었다. 원로원은 크라수스, 폼페이우스, 카이사르 누구에게도 마리우스와 술라 때와 같은 지지를 공개적으로 드러내지 않았다(그러기에는 술라로부터 받은 테러와 박탈의 기억이 너무나 생생했다). 그들은 이 세 사람의 야망을 꺾고 계획을 봉쇄하는 데 집중하기로 결정했다. 이에 대해 세 사람은 영리하게 응수했다. 셋은 힘을 합쳤고, 삼두정치triumvirate를 형성했다.

카이사르가 갈리아로 원정을 떠나고 크라수스가 파르티아Parthia와 싸우기 위해 동쪽으로 파견된 동안, 폼페이우스는 질서 회복을 위해 로마에 머물렀다. 기원전 55년, "극장"이 완성되었고, 극장에는 폼페이우스의 이름이 부여되었다. 극장의 건축은 쉽지 않았다. 원로원이 구법舊法을 들어 공사를 제지하려 했다. 그러나 방해 작업은 폼페이우스를 단념시키지 못했다. 전해지는 얘기에 따르면, 착공 당시 그는 이 공사가 자신에게 승리를 안겨준 여신 베누스 빅트릭스Venus Victrix(승리를 가져오는 베누스)의 신전을 짓는 것이라며 원로원을 속였다고 한다. 나중이 되어서야 이것이 그의 극장임이 드러났다. 불평하는 원로원 의원들에게 그는 자신이 원하는 것은 단지 여신을 위한 신전일 뿐이라고 둘러댔다. 그는 관람석을 신전용 계단이라며 팔았다. 그러나 결국 베누스 빅트릭스를 위한 신전은 지어지지 않았고, 대신 로마 최초의 석조 극장이 탄생했다. 폼페이우스는 그의 극장을 캄푸스 마르티우스Campus Martius(마르스 신의 들판)에 지었다. 당시 이 로마 중심부의 북쪽은 여전히 황량한 들판이었다. 그 거의 개발되지 않은 로마를 배경으로 극장이 들어섰으니, 이 극장이 얼마나 호화롭고 으리으리한 자태를 뽐냈을 것인가.

폼페이우스 극장의 정확한 위치와 형태가 알려진 것은 주로《로마 도시의 형태》Forma Urbis Romae의 보존된 조각들 덕분이다. 극장은 약 3만 명의 관중을 수용할 수 있는 거대한 복합건물이었다. 극장에는 우선 그리스 극장에서 모양을 따온 반원형의 관람석cavea이 있었다. 지금도 기우보나리 거리와 비스키오네 거리에서 이 관람석의 유적을 감상할 수 있다. 관람석 정면이 무대였고, 무대 배경scaena 뒤쪽으로는 아름드리 나무들과 돌기둥이 번갈아 심어진 널따란 사각모양의 공간이 펼쳐졌다. "신성한 숲"이라는 명칭이 붙은 이 녹색의 오아시스에서 로마인들은 때로는 비를, 또 때로는 뜨거운 태양을 피할 수 있었으리라. 물론 연인들과 매춘부들을 위한 비밀 장소가 되었다는 소문도 없진 않았다.

안타깝게도 오늘날 폼페이우스 극장은 거리 표지판에 광장 이름으로만 남았을 뿐, 그 위용은 모두 사라지고 없다. 근처의 라르고 디 토레 아르젠티나에서 이 극장의 돌기둥들이 줄지어 세워졌던 유적이 발굴되었다. 아마도 이곳이 극장의 한 입구이자, 원로원 및 다른 의회 의원들과의 회의 장소였던 폼페이우스 의사당Curia Pompeii이었을 것이다. 그도 그럴 것이, 기원전 44년 3월 15일, 이곳에서 원로원 회의가 열렸다. 이유는 포로 로마노의 의사당이 화재로 소실되었기 때문. 이 해에, 크라수스가 파르티아와의 싸움에서 패사敗死한 후, 폼페이우스와 카이사르 사이에 피할 수 없는 내전이 일어났다. 결국 폼페이우스가 이집트의 해안가에서 죽었고, 이로써 삼두정치에서 마지막까지 남은 사람은 율리우스 카이사르가 되었다. 그러나 카이사르 역시 바로 이 운명의 3월 15일에, 폼페이우스 극장 입구 근처에 있던 원로원 임시 의사당에서, 암살이라는 비극적인 종말을 맞고 말았다.

1748년의 로마 지도는 현재의 테아트로 디 폼페오 광장이 한때 폴라롤라 광장Piazza Pollarola이라는 완전히 다른 이름으로 불렸음을 보여준다. 폴라메Pollame는 이탈리아어로 "가금"家禽을 뜻한다. 당시 이곳에 가금류 시장이 있었고, 그래서 광장 이름이 그렇게 불렸다. 이 광장 43번지에서 우리는 "CECHOLUS DE PICHIS"라는 새김글을 만날 수 있다. 체콜로 피키Ceccolo Pichi는 이 시장에서 돈을 많이 번 사람이다. 그 돈으로 그는 1460년, 이 광장에 그럴싸한 궁을 지었다. 그러나, 고대 로마의 그 어마어마했던 석조 극장의 유적 위에 지어졌을 이 궁은, 그 극장에 비하면 얼마나 보잘것없는 자기과시의 몸짓이었을 것인가.

로마의 홍등가

수부라 광장 Piazza della Suburra

로마의 고색창연한 유물들 사이를 다니다 보면, 혹시 고대 로마의 "보통 사람들"이 남긴 유적은 없을까 궁금해지기도 한다. 인구의 10퍼센트만이 글을 읽고 쓸 줄 알았던 나라에서, 기록된 역사—오늘날 역사가들의 유일한 자료—란 당연히 엘리트들의 역사이며, 따라서 빙산의 "일각"에 지나지 않는다. 우리는 로마의 도처에서 돌로 된 그 일각의 유적들을 만나볼 수 있다. 그러나 빙산 그 자체에 다가가려면 어디로 가야 할까? 안마당atrium이 있는 저택들, 가령 발렌티네 궁Palazzo Valentine 아래서 발견된 주택들은 가장 부유한 사람은 아닐지라도 꽤 부유한 시민들의 주택이었을 것이다. 이런 주택은 폼페이와 오스티아에서도 발견된다. 그러나 이런 호화 저택들이 아닌, "공동주택"들도 있었다. 이는 비교적 가난한 시민들이 살았던 가옥 형태로, 오스티아 포구의 "세라피스Serapis 다세대 건물"이 전형적이다. 이런 종류의 주거 형태가 쾌적했을 것이라 생각하면 오산이다. 불쾌한 냄새, 과도한 소음, 그리고 툭하면 벌어지는 이웃간의 싸움 등으로 이만저만 불편한 것이 아니었다. 로마에도 그런 다세대 건물이 있었을까? 있었다면 그것은 모두 어디로 갔을까?

서기 1세기 후반에 살았던 시인 마르티알리스Marcus Valerius Martialis는, 고대 로마의 이웃으로서 아파트 스타일의 가옥들이 있었던 수부라Subura(말 그대로 sub urbe, 즉 "도시의 아래"라는 뜻. 오늘날은 Suburra로 표기)가 특히 "시끄럽고……축축하고, 지저분하다"고 썼다(《에피그램집》Epigrams, 12권 18장 2절, 5권 22장 5~9절). 수에토니우스(서기 약 70~135년)는 율리우스 카이사르가 처음에, 그러니까 유명한 장군이 되기 전에, 수부라의 "평범한 집"에서 살았다고 썼다(《율리우스 카이사르의 삶》Vita Divi Juli, 46장). 카이사르는 최고제사장pontifex maximus에 선출되고 나서야 신성로(神聖路)Via Sacra의 관저로 이사했다. 백 년도 더 지난 뒤, 서기 101년에 집정관이 된 루키우스 아룬티우스 스텔라Lucius Arruntius Stella 역시 수부라의 한 집으로 이사했다고, 마르티알리스는 썼다. 그러나, 수부라라고는 해도, 두 사람 모두 공동 주택에서 살지는 않았던 것이 분명하다.

고대 로마의 수부라 인근은 오늘날의 리오네 몬티Rione Monti 구역에서부터 에스퀼리노 언덕까지 걸쳐 있었고, 중요하고 번잡한 거리였던 아르길레툼Argiletum을 통해 포로 로마노와 연결되었다. 이곳에서 발견된 한 새김글(SEBURA MAIORE AD NINFAS)을 통해 우리는 수부라가 어느 지점에선가부터 두 지역으로 나뉘었음을 짐작할 수 있다.

수부라 마이오르Subura Maior는 포로 로마노에 가깝고 다세대 건물과 상점이 많아 지저분하고 시끄러운 곳이었다. 그보다 약간 더 높은 지역인 수부라 미노르Subura Minor는 주민 수도 적고 덜 위험한 곳이었다. 건물은 더 컸고, 공기는 더 신선했다. 파트리키우스Vicus Patricius나 키스피우스Vicus Cyspius 같은 거리 이름을 보아도, 이곳이 원로원 의원이나 여타 귀족 가문이 살았던 곳임을 알게 해준다. 이런 점으로 볼 때, 마르티알리스가 말한 그 집정관이 서기 101년에 수브라 지역에 집을 한 채 샀다면, 그것은 수브라 마이오르가 아니라 수브라 미노르였을 것이 분명하다.

수부라 마이오르의 집들은 대개 고층이었을 것이다. 많은 로마 거주자들, 특히 가난한 주민들은 "섬"insulae에서 살았다. 이 말은 오스티아의 건물과 같은 다세대 주택들을 가리키는 이름이었다. 5층까지 있을 수 있는 그런 건물의 비교적 작고 눅눅한 방은 아파트로 임대되었다. 가장 좋은 아파트는 꼭대기 층에 있었다. 채광이 더 좋고, 거리의 소음과 악취를 조금이나마 면할 수 있었기 때문이다. 그러나 문제는 안전이었다. 부실하게 지어진 목조 건물들 중 다수가 붕괴되거나 화재로 소실되었다. 아파트는 거의 잠만 자는 곳이었다. 먹고 마시는 일이나 개인위생 등은 다른 곳, 그러니까 테르모폴리움thermopolium(음료 등을 파는 간이식당)이나 분수 근처, 공중 화장실 등에서 해결했다. 안마당이 있는 집들과 마찬가지로, 로마의 아파트는 가운데 테라스와 함께 안쪽으로 향하고 있었다. 1층은 주거용이 아니라, 물건이나 서비스를 파는 상점tabernae으로 쓰였다.

이곳에서의 거래는 음식이나 요리 등의 상품에 국한되지 않았다. 마르티알리스는 수부라가 고대 로마의 이름난 홍등가이기도 했다고, 우리에게 알려준다. 고대에는 수부라를 걷는 것이 썩 흥겨운 일이면서도 동시에 지저분하고 악취 나고 위험한 경험이었을 법하다. 마르티알리스의 그 말이, "수부라 광장"Piazza della Suburra이라 새겨진 현대의 대리석 거리안내판에 한 조각 숨결을 불어넣는다. 그리고 리오네 몬티 구역의 작고 보잘것없는 광장에도.

수부라 광장 거리안내판 말고도, 지하철 카부르Cavour 역 입구 바로 옆에 있는 건물의 모퉁이에 새겨진 글자가 보인다. 이 글자는 더 이상 존재하지 않는 어떤 것을 기념하는 새김글의 일부이다. 바로 산살바토레 알레 트레 이마지니 성당San Salvatore alle Tre Immagini이다. 교황 알렉산데르 6세Alexander VI(1492~1503년, '타락자' 로드리고 보르자)의 재임 기간 중 스테파노 코포Stefano Coppo라는 사람이 이 성당을 복원하는 데 돈을 댔던 모양이다. 이 시기에 다음과 같은 글이 새겨졌다.

ALEXANDRO VI PONT MAX/ SUBURA
AEDICULAM SALVATORIS TRIUM IMAGINUM/ SUBURANI
AMBITUS REG MONTENTIUM NEMEMORIA/ INTERIRET
STEPHANUS COPPUS GEMINIANENSIS S IMPEN IN
CULCTIOREM FORM REDEGIT AEDITUOQ
ANNUOS SUMPTUS
PERPETUO CONSECRAVIT

마지막 다섯줄을 대강 옮겨보자면, "산지미냐노San Gimignano의 스테파노 코포는 리오네 몬티의 수부라 부근 산 살바토레 알 트레 이마지니 성당을 장식하는 데 비용을 댔고, 매년 자금을 지원함으로써 그 성당을 영원히 축복했다"는 내용이다. 스테파노 코포가 복원한 성당은 1884년 간선도로인 카부르 거리^{Via Cavour}를 만들 때 철거되었다. 그리고 지금은 그 새김글만이 수부라 광장의 한켠을 지키고 있다.

키케로의 로마와 살루스티우스의 로마

살루스티우스 광장 Piazza Sallustio

앞에서 본 수부라 지역은 현대적인 의미의 "교외" 지역은 아니었다. 하지만 진짜 교외^{suburbia}가 로마 외곽에 존재했었다. 베네토 거리 Via Veneto 뒤쪽 구역, 여행자들의 발길이 잘 닿지 않는 곳에, 그 교외의 흔적을 볼 수 있는 곳이 있다. 바로 살루스티우스 광장^{Piazza Sallustio}이다.

카이우스 살루스티우스 크리스푸스^{Caius Sallustius Crispus}는 이탈리아 아부르초^{Abruzzo} 주州의 비교적 유복한 가정에서 자랐다. 기원전 86~35년 시대를 살았던 그는 시대의 덕을 많이 본 사람이었다. 동맹시 전쟁 덕분에 지방의 이탈리아 엘리트들에 대한 대우가 전보다 좋아졌을 뿐 아니라, 사회정치적 관계의 변화 덕분에 로마에 "신인"

의 등용 기회가 많아졌다. 살루스티우스는 새롭게 열린 이 기회를 놓치지 않았다. 그는 입신에 성공했고, 반反옵티마테스 진영에 섬으로써 로마에서 돋보이는 경력을 쌓기 시작했다. 특히 율리우스 카이사르의 성공적인 원정으로 막대한 이득을 얻었다. 그 단적인 예가 카이사르로부터 북아프리카 누미디아Numidia 총독으로 임명받은 일이다. 그곳에서 살루스티우스는 수상한 방법으로 엄청난 부를 일구었다. 그러나 피정복지에 대한 착취는 당대에 크게 흠이 되는 일이 아니었다.

그렇지만 그는 역사에서 총독이나 정치인보다는 작가이자 역사가로 더 잘 알려져 있다. 이는 주로 그가 기원전 111~104년 누미디아 왕 유구르타Jugurtha를 상대로 싸웠던 전쟁에 대해 쓴 책《유구르타 전쟁》Bellum Iugurthinum과, 기원전 65~62년 카틸리나Catilina의 유명한 음모에 대해 쓴 책《카틸리나의 음모》De Configuratione Catilinae 덕분이다. 그러나 단지 책을 썼다는 이유로 그가 로마 내전 당시부터 유명한 역사가가 된 것은 아니다. 그의 작품이 로마인들 사이에 널리 회자된 이유는, 그가 자신이 직접 겪은 사실에 대해 썼기 때문이었다.

루키우스 세르기우스 카틸리나Lucius Sergius Catilina는 옵티마테스 진영의 원로원 의원으로서, 집정관이 되고자 몇 차례 시도했다가 좌절을 겪은 인물이었다. 가족은 명성을 잃었고, 가문은 기울고 있었다. 그는 점점 더 가난에 처하게 되었다. 그의 분노는 기원전 63년 집정관에 오르려는 그의 세 번째 시도가 실패했을 때, 최고조에 달했다. 그는 원로원이 폼페이우스, 크라수스, 카이사르의 삼두정치에 신물을 내고 있음을 감지했고, 불만이 있는 모든 이들을 규합하여 쿠데타를 일으킬 기회를 노렸다. 그는 자신의 음모에 갈리아인

반역자들까지 끌어들였고, 이로써 그는 로마 최초의 진짜 반체제 인사가 되었다.

그 해의 집정관은 마르쿠스 틸리우스 키케로^{Marcus Tullius Cicero}였다. 그는 기사 계급 출신의 또다른 "신인"으로서, 스스로의 힘과 웅변가로서의 재능으로 최고의 정치적 입지까지 오른 인물이었다. 키케로가 카틸리나의 음모를 고발한 네 편의 연설은 빼어난 수사학적 위업으로 역사에 새겨져 있다. 음모를 발견하고 이를 원로원에 폭로한 사람이 키케로였다. 폼페이우스의 부하들이 카틸리나 일당을 체포했고, 사건은 종결되었다. 이렇게 무위로 끝난 카틸리나의 음모 자체는 로마 역사에서 크게 주목받을 사건은 아니었다. 그런 사건이 영원한 오명과 함께 역사적 조명을 받는 것은, 키케로의 연설과 살루스티우스의 기록이 현전해 있기 때문이다.

사람 발길이 뜸한 살루스티우스 광장 벤치에 가만히 앉아 있노라면, 우리는 살루스티우스가 이곳으로 온 이유가 작품 저술에 전념하기 위해서가 아닐까 하는 생각을 갖게 된다. 지금은 광장 주변이 온통 다 개발되어 있지만, 고대의 이곳은 흥성거리는 광장으로부터 물러나 앉은, 한없이 적막한 녹색의 공간이었을 것이다. 우리 발밑에, 로마의 변두리에 지어진 살루스티우스의 멋진 사저 유적이 놓여 있다. 아름다운 정원으로 둘러싸인 복합 저택, 바로 "호르티 살루스티우스"^{Horti Sallustiani}라 불리는 곳이다. 널따란 정원이 딸린 이러한 사저를 로마인들은 "호르티"^{정원}라 불렀거니와, 호르티는 두 세계의 장점을 둘 다 가지고 있었다. 즉, 호르티는 도시의 모든 것을 놓치지 않을 만큼 도시와 충분히 가까웠으면서도, 동시에 도시의 모든 소음과 악취로부터 벗어날 만큼 도시로부터 충분히 멀었다.

살루스티우스는 아프리카에서 엄청난 부를 쌓은 것으로 알려졌다. 그 재산으로 그는, 당대의 다른 부유한 로마인들과 마찬가지로, 로마의 교외에 녹색 오아시스로 둘러싸인 호화로운 사저를 꾸몄다. 그의 정원은 특히 인상적이었다. 무수한 풀과 나무와 꽃들이 있었고, 그 사이사이에 돌기둥들이 세워졌다. 분수가 있었고, 그 옆에 조각상들이 놓였다. 심지어 작은 신전과 목욕장까지 갖췄다. 살루스티우스의 정원은 로마가 그때까지 보아온 정원 중 가장 넓고 아름다운 개인 정원이었다.

호르티 살루스티우스 유적은 살루스티우스 시대에 로마가 미개발된 외곽 쪽으로 서서히 확장되던 지역에 자리하고 있다. 살루스티우스가 세상을 떠난 뒤 호르티를 포함한 그의 전 재산은 그의 아들에게 넘겨졌고, 다음에는 그의 손자(이름은 둘 다 살루스티우스)에게 넘겨졌다. 후손들은 순서대로 이 복합 저택을 확장하고 수선했다. 그럼, 현재도 그 이름 높은 호르티 살루스티우스의 무엇인가가 남아 있을까? 로마의 고고학 안내자들은 이렇게 말한다. 남아 있긴 하다, 그러나 너무 많은 기대는 하지 않길 바란다.

광장 한가운데에 아래로 내려가는 계단이 있다. 로마에서는 아래로 내려가는 것이 과거에 다가가는 가장 쉬운 방법이다. 아래층에 내려서면, 높이 치솟은 건물이 기다리고 있다. 안으로 들어가 보면 둥근 천장이 보이고, 작은 방들이 이어져 있는 게 눈에 들어온다. 하지만 더 이상은 없다. 고대의 호르티 살루스티우스에서 지금까지 남아 있는 구조물은 이것이 전부다.

살루스티우스의 정원으로 들어가는 간접적이지만 더 인상적인 길은, 로마의 여러 박물관들을 통해 뻗어 있다. 박물관들에 가면 호르티에서 발굴된 조각상과, 조각군상群像의 부분들을 볼 수 있다. 고대로부터 전해져오던 몇몇 유명한 조각상들이 한때 살루스티우스의 시푸른 오솔길을 장식했던 것으로 알려져 있다. 예를 들어, 현재 카피톨리노 박물관Capitoline Museum에 소장되어 있는 걸작 〈죽어가는 갈리아 병사〉Dying Gaul가 그렇고, 알템프 궁Palazzo Altemps에 소장되어 있는 또다른 명작 〈자결하는 갈리아인〉Gaul Committing Suicide이 그렇다. 이 두 작품은 아마도 역사적인 전투 현장을 인공적으로 재현한 어떤 곳에 함께 배치되었던 작품들이었던 것으로 보인다. 〈루도비시의 옥좌〉Ludovisi Throne 등 호르티에서 나온 다른 많은 작품들도 오늘날 카피톨리노 박물관이나 알템프 궁 등에 나뉘어 전시되고 있다. 하지만, 적지 않은 유물들이 외국의 미술관 등으로 유출되기도 했다.

호르티 살루스티우스에 있던 유물들 중에는 박물관 실내가 아닌 광장에 놓인 것도 있다. 로마에서 가장 유명한 계단인 스페인 계단Spanish Steps 끝까지 올라가면 트리니타 데이 몬티 광장Piazza Trinita dei Monti에 이른다. 이곳에 이집트 상형문자로 장식된 높다란 오벨리스크 하나가 세워져 있다. 이것이 살루스티우스 오벨리스크Obelisco Sallustiano이다. 이 오벨리스크는 호르티 살루스티우스에서 몇 군데 다른 장소를 거친 뒤에 교황 비오 9세Pius IX때인 1789년에 이곳으로 옮겨졌다. 그런데 로마에 있는 다른 오벨리스크들과 달리, 이 오벨리스크는 이집트에서 직접 가져온 수천 년 된 기념물이 아니라, 이집트 원본을 그대로 복제하여 만든 것이다. 그 텍스트는 현재 포폴로 광장Piazza del Popolo에 있는 오벨리스크에서 복사해왔다(그런데 복사 기사의 실수로 몇 개의 상형문자는 위아래가 뒤집혀 있다).

살루스티우스의 로마는 하나의 도시 그 이상이었다. 그때 로마는 세계를 정복했고, 만인이 로마에 고개를 숙였다. 그러나 동시에, 기원전 1세기의 그 로마는 자신이 정복한 영토로부터 헤아릴 수 없이 많은 혜택을 입은 것 또한 사실이다. 특히 기원전 146년의 그리스 정복은 로마라는 세계—로마의 예술, 문화, 건축 그리고 문학—에 심대하고 장구한 변화를 일으키는 자양분이 되었다. 시인 호라티우스가 적절히 말했다. "정복된 그리스가 자신의 정복자〔로마〕를 정복했다"(Graecia capta ferum victorem cepit)(《서한집》Epistles, 2.1.156). 사실 그리스를 알기 전까지 로마는 구식의 검박함과 군사적 덕을 숭앙했을 뿐, 예술이나 시에 대해서는 아는 게 거의 없었다. 그리스 정복 전의 로마에는 변변한 조각상도 없었고, 시나 산문, 예술품도 없었다. 내세울 만한 철학자도 없었다. 그리스와의 접촉이 비로소 로마에 지적, 문화적, 예술적 생명의 숨을 불어넣었다. 그리스의 수준 높은 작가, 지식인, 정치인들이 속속 로마에 모습을 드러냈다. 그들이 로마의 지도자들에게 그리스어를 가르쳤고, 그리스 문명을 가르쳤다.

살루스티우스의 정원은 로마가 그리스와 헬레니즘 문화에 대해 보인 경외의 한 예를 보여준다. 탄성을 자아내는 〈죽어가는 갈리아 병사〉와 〈자결하는 갈리아인〉은 그리스의 원작을 로마인이 복제한 것이다. 이렇듯 오늘날 우리가 고대로부터 알고 있는 조각상들은 그리스 작품을 본뜬 로마 복제품이 대부분이다. 채색된 원주로 지탱된 복도나 주랑柱廊 역시 그리스 양식의 구조물이다. 어찌 보면 외부의 영향에 대한 로마의 이러한 개방성이 제국 성공의 비밀 중 하나였을 수도 있다. 그만큼 로마인들은 정복을 최적화하여 활용했다. 새로운 국민을 로마 시민으로 받아들였고, 그들로써 군단을 더 강화했다. 건축술과 문화적 습속은 모방하여 활용했다. 로마는 이민족의 종교와 신앙에도 관대했다. 로마 종교의 판테온은 이미 가득 찼는데도, 거기에 한두 명의 신을 더 추가하는 일에 로마는 결코 인색하지 않았다. 이국적인 이집트를 제국의 일부로 받아들일 때, 이질적인 것을 두려워하지 않는 로마의 잠재력은 또 한번 빛이 났다.

클레오파트라, 이시스, 그리고 대리석 발

피에 디 마르모 거리 Via del Pie di Marmo

베네치아 광장Piazza Venezia에 인접한 산마르코San Marco 광장에 "마다마 루크레치아"Madama Lucrezia 흉상胸像이 있다. 흉상에 표현된 그녀는 그다지 아름답진 않다. 지저분하고 낡았다. 닳아진 얼굴은 애처롭다고밖에 달리 표현할 길이 없다. 흉상이 구석에 놓여 있다는 사실이, 더욱 애처로운 심정이 들게 하기도 한다. 이 흉상을 보면 아무리 좋게 보아도 이집트 여신 이시스Isis를 대면하고 있다고는 생각하기 힘들다.

이 흉상은 1442~1458년 나폴리의 군주였던 아라곤의 알폰소 5세 Alfonso V of Aragon가 그의 정부情婦였던 루크레치아 달라뇨Lucrezia d'Alagno에게 선물했던 것이다. 흉상은 그때 이미 상당히 훼손되었을 터이다. 그런데도 알폰소 5세는 그것을 루크레치아에게 주면서 자기가 아주 특별한 선물을 주고 있다고 여겼다. 즉, 그는 이 흉상이 당시 로마에 있던 거대한 이시스 신전—이세움 캄펜세seum Campense라고 불렸다—에 숭배 조각상으로 세워졌던 한 조각상이라고 여겼다. 이 흉상으로부터 멀지 않은 곳에 그 이시스 신전과 관련 있는 또다른 유물이 있다. 흉상에서 아스탈리 거리Via degli Astalli로 나와 산토 스테파노 델 카코 거리Via di Santo Stefano del Cacco을 지나면 "대리석 발의 거리", 즉 피에 디 마르모 거리Via del Pie di Marmo에 이른다. 이 대리석 발 역시 이세움에 있었던 것인데, 전문가들은 이 발에 신겨진 샌들이 남성용이라는 점을 들어 이 조각상은 (루크레치아 흉상과 달리) 이시스 여신 조각상과 관계가 없을 것으로 보기도 한다.

　로마가 이집트와 처음 본격적으로 접촉한 것은 카이사르와 폼페이가 맞붙었던 2차 내전(기원전 49~45년. 1차 내전은 마리우스와 술라) 때였다. 전쟁이 한창이던 중, 과거 폼페이우스가 "평정했던" 이집트의 질서를 카이사르가 회복했을 때, 위대했던 파라오의 제국 이집트에 남아 있는 것은 별로 없었다. 그 이집트는 기원전 4세기, 알렉산드로스 대왕이 이집트를 정복했을 때 이미 멸망했다. 알렉산드로스 사후 프톨레마이오스 1세 소테르 왕Ptolemy I Soter이 이집트를 이끌었다. 그는 이집트를 프톨레마이오스 왕조라고 알려진 새로운 헬레니즘 왕국의 하나로 만들었다.

　카이사르는 기원전 48년에 이집트로 건너갔다. 당시 이집트는 왕족 간의 권력다툼으로 정신이 없었다. 카이사르는 프톨레마이오스 왕조의 마지막 후손 중 한 명인, 왕의 딸 클레오파트라 7세 필로파토르Cleopatra VII Philopator가 권력을 찾도록 도와주었다. 카이사르와 클레오파트라의 관계는 정치나 외교에 꼭 필요한 수준 이상으로 나아갔다. 이는 아홉 달 후 클레오파트라가 아들 프톨레마이오스 15세—카이사리온Caesarion(카이사르의 아들)으로 더 잘 알려진—를 낳았을 때, 명백해졌다. 카이사르는 이집트에서 아버지로서의 생활을 오래 갖지 못했다. 폼페이우스를 물리친 후 그는 로마로 돌아와 절차나 수순에 대한 고려 없이 필요한 개혁을 밀고나갔는데, 이러한 행동이 적어도 원로원의 눈에는 제왕 혹은 폭군의 모습으로 비쳤다. 기원전 44년 3월 15일, 마르쿠스 유니우스 브루투스Marcus Junius Brutus와 가이우스 카시우스 롱기누스Gaius Cassius Longinus가 이끄는 원로원 의원들이 카이사르를 찔렀다. 카이사르는 원로원 의사당에서 피를 흘리며 죽어갔다.

카이사르 사후 옵티마테스와 포풀라레스 간의 불화는 사그라지지 않았다. 카이사르 지지자들 사이에서도 마찬가지였다. 마르쿠스 안토니우스Marcus Antonius, 마르쿠스 아이밀리우스 레피두스Marcus Aemilius Lepidus, 그리고 가이우스 옥타비우스Gaius Octavius의 제2차 삼두정치가 출현했다. 셋 중 부유하지만 알려진 바는 적었던 옥타비우스는 당시 겨우 열여덟의 나이였다. 그는 카이사르 서거 며칠 후, 종조부였던 카이사르가 자신을 친아들로 입양했다고 밝히면서 권력에 도전하기 시작했다(카이사르의 아들로 카이사리온이 있었지만, 사생아였다). 옥타비우스는 자신의 이름을 가이우스 율리우스 카이사르 옥타비아누스로 바꾸었다. 세 사람은 권력을 장악했고, 카이사르의 죽음에 대한 복수를 다짐했다. 그로부터 얼마 지나지 않은 기원전 42년, 브루투스와 카시우스는 필리피Philippi 전투에서 도망가다 죽었다. 그 승리 이후 세 사람은 로마 제국을 나누어 통치했다. 레피두스는 아프리카로 갔고, 안토니우스는 동쪽으로 갔으며, 옥타비아누스는 이탈리아에 머물렀다. 옥타비아누스는 폼페이우스 마그누스 Pompeius Magnus의 아들 섹스투스 폼페이우스Sextus Pompeius와 협정을 맺었다. 시칠리아에 자신의 함대를 가지고 있는 폼페이우스는 적잖은 위협이 되는 존재였다. 옥타비아누스는 레피두스를 변방에 묶어 두고, 서부 전체를 거머쥐었다. 그러는 사이 안토니우스는 동쪽에서 클레오파트라의 매력에 빠져 어쩔 줄을 모르고 있었다. 안토니우스가 클레오파트라와 손잡고 지나치게 헬레니즘 군주처럼 군다는 소문이 로마에 파다했다. 원로원은 전형적인 동양식 폭군을 혐오했다. 이에 옥타비아누스는 로마의 미덕, 특히 고대의 미덕을 받드는 모습을 보였다. 옥타비아누스와 안토니우스가 합을 겨루기까지 그리 오래 걸리지 않았다. 기원전 31년, 안토니우스와 클레오파트라는 악티움 해전Battle of Actium에서 최종 패배했다. 옥타비아누스는 이 싸움의 승리로 내전을 종식하고, 로마 최고의 권력자로 떠올랐다.

2차 삼두정치로 한창 시끄럽던 기원전 43년, 로마의 평원에 커다란 이시스 신전(이세움 캄펜세)을 짓는다는 포고령이 떨어졌다. 오랜 내전 기간 동안 로마에는 예술과 문화를 위한 여유가 없었을 것으로 생각하기 쉬운데, 사실은 그 반대였다. 로마의 중단 없는 팽창은 로마에 막대한 부를 안겨주었다. 적어도 로마 상류층에서는 이제 예술과 문화와 문학에 대한 관심이 높아졌다. 그들은 기원전 2세기 그리스 정복 이후부터 특히 문학과 수사학 분야에서 "그리스 방식으로" 교육받았다. 이세움 캄펜세는 이탈리아에서 가장 큰 이시스 여신의 신전이 될 것이었다. 장소는 폼페이우스가 약 10년 전에 로마의 첫 석조 극장을 지었던 곳, 캄푸스 마르티우스(마르스 신의 평원)였다. 그러나 신전의 건설은 수십 년이 걸렸고, 아마 기원전 40년경까지도 끝나지 않았던 것으로 보인다.

로마의 거대한 이시스 신전은 현재의 산마르코 대성당Basilica di San Marco 바로 뒤 지점에 지어졌으며, 마다마 루크레치아의 자리에는 산마르코 광장이라는 이름이 붙여졌다. 신전은 현재의 피에 디 마르모 거리—대리석 발이 발견된 곳—까지 뻗어 있었다. 물론 신전은 이집트가 그 기원인 이시스(와 사라피스) 신을 숭배하는 데 사용되었지만, 그 숭배에는 아마도 특정한 로마식 버전 혹은 해석이 가미되었을 가능성이 높다. 로마인들은 정복지의 문화적 습속을 수입하고 채택하는 데 매우 능했다. 제국의 변방에서 몇 년을 지내야 하는 로마 병사들이 현지의 습속을 순순히 끌어안았음은 이해하기 어렵지 않다. 이집트에서 수입된 것은 이시스 숭배만이 아니었다. 살루스티우스의 정원을 비롯한 많은 유적지에서, 이집트에서 수입되거나 이집트의 (고급) 문화를 암시하는 예술품들이 다수 발견되었다. 조각이나 부조浮彫, 건축이 대중에게 메시지를 전달하는 거의 유일한 매체였던 세계, 그리고 야심 있는 엘리트들의 부가 계속 늘어가던 세계에서, 과시적 소비는 당연한 일이었다.

나일 강의 땅에서 로마인들이 마주한 이시스는 이미 오래 전에 이집트의 신이기를 멈춘 신이었다. 그것은 알렉산드로스 대왕의 이집트 정복과 그 이후의 프톨레마이오스 왕조 시대를 거치면서 변용된, 헬레니즘의 이시스였다. 오늘날에는 하나의 신, 심지어 하나의 숭배체계 전체가 어떻게 한 지역의 전통 및 문화에 카멜레온처럼 적응할 수 있는지 상상하기 어려울 수 있다. 오늘날 군림하고 있는 일신교 종교들은 종종 자신들의 신념 체계를 정당화해주는 책〔성경〕

에 대한 유일하게 올바른 해석이 자기들에게 있다고 주장하니 말이다. 그러나 하나의 생각과 하나의 근본이 되는 책에 바탕을 하면서도 전 세계로 퍼져나간 믿음인 가톨릭의 경우, 현대 아프리카, 아시아 및 남아메리카의 지역적 현실을 자세히 들여다보면 볼수록, 우리는 가톨릭이 초창기부터 가능한 한 그 지역의 오래된 전통과 습속에 적응했거나 또는 최소한 그것에 맞추려고 노력했음을 확인할 수 있다. 그러므로 우리는 서두에서 말한 저 흉상, 사실은 이시스였던 그 마다마 루크레치아를 만났을 때, 그녀가 우리의 머릿속에 있는 이집트 여신의 표준화된 이미지와 전혀 닮지 않았다고 해서 놀라지 말아야 한다. 그것은 "이국 신의 로마적 변용"이라고 해야 맞을 것이다. 고고학자들은 머리칼의 모양과 의상을 근거로 이 흉상이 이집트 여신이라고 인지하고 해석하지만, 가슴 사이에 있는 이른바 "이시스 단추"를 제외하면, 그 특징들은 오히려 순전히 로마적이라고 할 수 있다.

한 가지 더. 연대기상 후대의 관점에서 볼 때, 마다마 루크레치아는 더더욱 로마적이다. 로마에 있는 다섯 개의 다른 조각상들과 함께, 그녀는 예리한 비판의식을 표출하는 여섯 유명 인사 중 한 명에 속한다. 무슨 말인가 하면, 15세기 이래로 로마인들은 이따금씩 교황이나 왕을 풍자하거나 비판하는 메시지를 종이에 써서 이를 로마 시내 여섯 개의 조각상 중 하나에 붙임으로써 자신들의 의견을 표출했다. 이러한 유래로 이 여섯 개의 조각상들을 "로마의 말하는 조각상"이라고 부르는 것이다.▪ 이 수다스러운 조각상들 중 유일한 여성인 마다마 루크레치아는 말이 적은 편이었다. 하지만 그래서 그녀는 자기보다 더 유명한 (그리고 덜 마모된) 동료 조각상인 수다쟁이

제국의 광장 주변

마르포리오^{Marforio}가 하는 말을 잘 음미하고 평가할 수 있었다. 산마르코 광장의 구석에서 그녀는, 카피톨리노 박물관^{Capitoline Museum} 누오보 궁^{Palazzo Nuovo}의 눈에 잘 띄는 자리를 수백 년 동안 바라보고 있기에 하는 말이다.

■ 마다마 루크레치아 외에, 나보나 광장의 파스퀴노 조각상, 카피톨리노 미술관 누오보 궁 안뜰의 대양의 신 오케아노스(마르포리오) 조각상, 코르소 거리의 파키노(짐꾼) 부조상, 산탄드레아 델라 발레 교회의 수도원장 루이지 조각상, 그리고 바부이노 거리의 바부이노 조각상이 로마의 여섯 개 "말하는 조각상"이다. 이 책 32장 "로마의 말하는 조각상" 참조. ─옮긴이 주

로마에서 가장 흉한 광장

아우구스투스 황제 광장 Piazza Augusto Imperatore

로마 곳곳에 아우구스투스^{Augustus}의 흔적이 남아 있다. 아우구스투스 포럼^{Foro di Augusto}에서는 그의 필리피^{Philippi} 승전 기념물을 볼 수 있다. 카이사르의 살해자인 브루투스와 카시우스를 제대로 심판한 기념물로 세워진, "복수자" 마르스 울토르^{Mars Ultor}의 신전 유적이 그 것이다. 카피톨리노 언덕의 반대쪽, 훗날 로마의 유태인 구역이 되는 곳에는, 마르켈루스 극장^{Teatro Marcello}의 작은 부분이 같은 이름의 거리 위에 남아 있다. 이 극장의 수용인원은 약 1만 4,000명 정도. 건축을 개시한 사람은 카이사르였고, 기원전 13년경 그것을 완공하고 개관한 사람은 아우구스투스였다. 그는 이 극장을 누이 옥타비아^{Octavia}의 아들인 마르켈루스에게 헌정했다. 극장에 바로 인접한 아폴로 신전^{Tempio di Apollo}은 카이사르의 부관이던 전^前집정관 가이우스 소시우스Gaius Sosius가 건물 전체를 대리석으로 재건한 것이라 소시우스의 아폴로 신전Tempio di Apollo Sosiano이라 불렸는데, 지금 남아 있는 것은 기둥 세 개뿐이다. 아폴로 신전 옆에는 옥타비아 주랑Portico d'Ottavia이 세워졌다. 아우구스투스는 자기 누이를 기리기 위해 이 주랑을 유피테르 스타토르Jupiter Stator 및 유노 레지나Juno Regina 신전 옆에 지었다. 지금도 입구 문이 그곳에 있다(길 이름도 포르티코 도타비아 거리Via del Portico d'Ottavia). 그 외에도 로마의 많은 거리와 박물관에서, 우리는 아우구스투스 시대를 상기할 수 있는 기념물, 오벨리스크, 조각상, 그리고 새김글 들을 만난다. 그러나, 로마의 어디에도 아우구스투스 황제 광장Piazza Augusto Imperatore의 기념물 주위만큼 아우구스투스를 잘 느낄 수 있는 곳은 없다. 대부분의 사람들이 로마의 역사적 중심부에서, 가장 흉한 광장 중 하나로 간주하는 곳에서 말이다.

아우구스투스 황제는, 기원전 31년 안토니우스를 물리쳤을 당시까지는 여전히 그냥 가이우스 율리우스 카이사르 옥타비아누스였다. 자신의 마지막 적수를 제거한 뒤 옥타비아누스는, 카이사르가 폼페이우스 사후에 섰던 자리와 동일한 교차로에 자신이 서 있음을 깨달았다. 바로, 삼두정치의 세 사람 중 마지막까지 남은 인물이라는 자리였다. 그러나 그 교차로에서 옥타비아누스가 택한 길은, 양아버지와 달랐다. 카이사르는 자신의 길의 끝에서 옵티마테스들을 만났다. 그들이 준비한 것은 붕괴 직전까지 몰린 공화정을 더 늦기 전에 구하기 위해 그를 찔러야 한다는 음모와 칼이었다. 옥타비아누스도 자신의 길의 끝에서 똑같은 보수파 원로원 의원들을 만났다. 그러나 그들이 준비한 것은 독특하고도 매우 특별한 선물이었다. 바로 "존엄한 자"라고 번역되는 "아우구스투스^{Augustus}"라는 존칭이었다. 그는 한 걸음 뒤로 물러났고, 바로 그 이유로 한 걸음 더 나아가도록 격려 받았다. 그때가 그의 나이 아직 서른 중반. 아우구스투스는 어떻게 그것을 성취했을까? 왜 우리는 아우구스투스를 "로마의 첫 번째 황제"라고 부를까?

"내전을 끝낸 다음, 제6차 및 7차 집정관 시기 동안 보편적 동의에 의해 최고 권력을 얻은 후에, 나는 로마를 나의 손에서 원로원과 시민의 손으로 넘겼다. 이 행위에 대한 감사의 뜻으로 원로원은 내게 '아우구스투스'라는 칭호를 수여해주었다." 아우구스투스 본인의 이 말은 아우구스투스 황제 광장 서쪽의 아라파치스 박물관^{Museo dell'Ara Pacis}—아우구스투스 평화의 제단^{Ara Pacis Augustae}을 현대적으로 보존한—측면 벽에 새겨져 있다. 아우구스투스 서거 후 반포되어 전 로마 제국에 뿌려진 그의 공적인 유언—《아우구스투스 업적록》^{Res Gestae Divi Augusti}으로 알려진—서른네 번째 문단에 따르면, 아우구스투스는 권력을 로마의 원로원과 시민에게 이양했다(로마의 유명한 표어 "Senatus Popularesque Romanus"^{SPQR}■가 이와 관련된다). 그는 내전을 끝냈고, 공화정을 부활시켰으며, 그 보상으로 유서 깊은 공화제 기관으로부터 수월하게 군주의 지위를 수여받았다.

정확한 과정과 이유는 우리가 알 수 없지만, 그 두 사건은 서로 밀접하게 맞물려 진행되었다. 기원전 27년에 열린 몇 차례의 원로원

■ Senatus는 '원로원', Popularesque는 Populares(평민)+que(~과), Romanus는 '로마의'라는 뜻으로, 전체 의미는 "로마의 원로원과 시민(이 참여하는 체제)"이다. 로마 민주정을 상징하는 말이며, 로마 시는 이 말의 약자인 S.P.Q.R을 자신의 이니셜로 사용하고 있다. — 옮긴이 주

회의를 통해, 내전으로 야기되었던 비상사태가 종식되었음이 공식 선언되었다. 이 회의는 또 아우구스투스에게 부여되었던 광범위한 법적 권위가 공화국의 질서 회복을 위해 잠정적으로 중단되어야 한다고 결정했다. 아우구스투스는 이러한 결정에 반발하여 자신이 가진 특별한 헌법적 권한을 휘두를 수도 있었다. 그러나 그는 그렇게 하지 않았다. 그는 자기가 가진 모든 특별한 권한을 자발적으로, 정중하게, 그리고 겸손하게 원로원에 이양했다. 원로원은 이 같은 행위가 전혀 다르게 전개될 수도 있었음을 모르지 않았다. 그들은 기원전 43년 (안토니우스, 레피두스와 함께) 정적政敵들을 처결할 때 보였던 아우구스투스의 무자비함을 알고 있었다. 그래서 그들은 그 감사의 뜻을 "아우구스투스"라는 존칭에 담아 옥타비아누스에게 수여한 것이다. 아우구스투스의 성취는 절충을 할 줄 아는 그의 재능에서 왔다. 그 절충의 힘으로, 그의 양아버지 카이사르가 너무 성급하거나 너무 공격적이어서 하지 못했던 일을, 아우구스투스는 이룬 것이다. 이것이 "천천히 서둘러라"(Festina lente)라는 금언이 아우구스투스의 삶의 원칙으로 역사에 알려진 이유이다. ― 너의 목표를 향해 곧장 가라, 그러나 주의 깊게 살피며 나아가라.

아우구스투스가 품었던 목적이 얼마나 고귀한 것이었는지와 상관없이, 아우구스투스 황제 광장 한 가운데에서 우리는 아우구스투스가 처음부터 품었던 의도와 야망을 상징하는 석조 구조물을 보게 된다. 그것은 자신과 그의 가족을 위해 마련한 기념비적 영묘靈廟이다. 그가 이 영묘의 건설을 지시한 것은 이미 기원전 32년, 그가 악티움 해전에서 안토니우스에게 승리를 거두기 이전이다. 이 영묘는 에트루리아식 무덤과 할리카르나소스의 마우솔레움Mausoleum in

Halicarnassus [■] 으로부터 영감을 받은 것으로 보인다. 아라파치스는 현재 박물관으로 옮겨져 더 이상 원래 위치에 있지 않지만, 영묘는 본래 위치에 그대로 있다. 그것은 망각되었다가, 다른 여러 목적으로 사용되었다가, 방치되었었다. 그것은 지금도 아우구스투스가 스무 세기 전에 건설한 그 자리에 있다. 당시 그 자리는 무덤을 위한 최적의 자리였다. 마르스 신의 들판을 따라 "세르비우스" 성벽의 문으로부터 북쪽으로 향하는 플라미니아 가도^{Via Flaminia}에 연해 있었기 때문이다(지금은 코르소 가도^{Via del Corso}로 바뀌었고, 17세기 산 카를로 알 코르소 성당^{San Carlo al Corso}과 파시스트 시대에 세워진 궁들에 의해 아우구스투스 황제 광장에서 분리되었다). 일단 완성되자, 영묘는 혼자 서 있지 않았다. 현재의 아우구스투스 황제 광장 전체와 그 주변 지역이 아우구스투스의 대규모 건축 계획에 포함되었다.

"아우구스투스"라는 칭호를 받아들이면서도 옥타비아누스는, 원로원이 전통적 제도인 "명예로운 경로"^{cursus honorum} [■]를 유지하고 그럼으로써 그 존엄성을 계속 지킬 수 있도록 했다. 천천히 그러나 확실하게, 그는 절대권력을 손에 넣었다. 그것은, 공화국의 외양은 건드리지 않은 채 그 안에서 작동하는 시스템을 미묘하게 자기 쪽으로 구부림으로써 가능했다. 그 외양은 어쩌면 빈 껍데기였는지도

■ 할리카르나소스는 현재 터키령으로, 기원전 1000년경 그리스인들이 건너와 도시를 건설했던 곳이다. 기원전 4세기경 마우솔로스(Mausolos)가 이 지역을 다스렸는데, 그가 만들었다는 거대한 무덤 '마우솔레움'은 세계7대 불가사의 중 하나로 알려져 있다. 현재는 무너져 거의 폐허 상태로 남아 있다. — 옮긴이 주
■ 2장의 옮긴이 주 참조.

모른다. 하지만 그 존중이, 보수적인 원로원의 체면을 지켜주었다. 로마의 원로원과 시민들은 새로운 상황을 순순히 받아들였다. 가장 큰 이유는 아마도 전쟁의 피로감이었을 것이다. 내전이 이미 백년을 이어오고 있는 터였다. 기원전 40년대에 태어난 시민은 평화라는 걸 몰랐다. 그의 아버지, 그의 할아버지도 마찬가지였다. 아우구스투스의 PR 시스템에 "평화"ᵖᵃˣ가 키워드로 자리 잡게 된 것은, 우연이 아니다.

내부의 평화, 내전이 없는 로마가 시작되었다. 기원전 27년 이후, 제국의 경계를 진정시키고 반항적 부족들의 반란을 진압하는 것이 아우구스투스의 사명이었다. 존엄자라는 칭호에 이어, 갈리아, 스페인, 시리아 등 모든 속주들에 대한 최고통수권ⁱᵐᵖᵉʳⁱᵘᵐ ᵖʳᵒᶜᵒⁿˢᵘˡᵃʳᵉ까지 그에게 넘어왔다. 아우구스투스 자신은 군사적 기질이 뛰어난 인물이 아니었지만, 그의 극친한 벗 아그리파ᴬᵍʳⁱᵖᵖᵃ는 아우구스투스의 두 번째 아내 리비아ᴸⁱᵛⁱᵃ의 아들(티베리우스)과 더불어, 황제의 깃발 아래 숱한 승리를 쟁취해낸 노련한 장군이었다. 곁풀이를 하나 달자면, 아우구스투스는 "황제"ᵉᵐᵖᵉʳᵒʳ라는 타이틀을 선호하지 않았으며, 대신 자신의 공식 명칭에 "카이사르"ᶜᵃᵉˢᵃʳ를 집어넣었다(현대 유럽어에서 이 말은 전제적 권력과 거의 동의어로 쓰인다. 네덜란드어 "카이저"ᴷᵉⁱᶻᵉʳ나 러시아어 "차르"ᶜᶻᵃʳ 등이 그렇다). 적어도 명목상으로는 공화정이 온존된 상태였으므로, 사람들에게 왕정을 연상시키는 타이틀을 택하지 않았던 것이다. 역사가들은 그를 "원수"元首라는 의미로 "principate"로 칭하기도 하는데, 아우구스투스는 이 말을 그런 의미가 아니라 단지 "princeps", 즉 "동등한 자들 중의 첫 번째 사람"이라는 뜻으로 썼다. "국부"國父라는 뜻의 "pater patriae" 같은 존칭어도 사용되었다. 그러나 명칭이야 어찌됐든, 초기 역사가들이 로마 제국 Roman Empire은 그와 더불어 시작되었다고 말할 때부터, 아우구스투스는 이미 황제 그 자체였다.

아우구스투스는 여전히 신중했다. 기원전 27년에서 23년 사이, 매년 새로운 집정관 선출은 명맥을 유지했다. 그러다 기원전 19년이 돼서야, 집정관의 권한이 영구적으로 그에게 귀속되었다. 그리고 그에게 종신 "호민관 특권"Tribunician Power이 부여되었을 때, 그의 권력 기반은 더할 수 없이 확고해졌다. 내전 시대에 성년이 된 이래로, 아우구스투스는 세상에는 항상 정치적 적들이 충분히 많으며, 자신의 위치는 늘 위태롭다는 사실을 잘 알고 있었다. 평화도 필요하지만, 질서 역시 필요했다. 모든 사람을 행복하게 하면서 안정된 통치를 오래 유지하기 위해서는, 아우구스투스에게는 총체적 안목과 자본이 필요했다. 그는 원활한 행정 및 세금 징수, 유능한 공무원 및 비서 조직을 원했다. 이 모든 것을 그는 로마를 위해서, 그리고 제국의 속주들을 위해서 직접 감독했다. 어떠한 개인적 요청에 대해서도 제국의 법령은 조치되어야 했고, 법적 정당성이 마련되어야 했다. 이리하여 아우구스투스는 모든 로마인, 모든 클리엔테의 궁극적인 "보호자"patronus가 되었다. 아우구스투스는 기원전 28년 이래로 계속 검열관의 과제를 수행해왔고, 따라서 필요한 모든 개혁의 공식적인 실행 업무 역시 그에게 주어졌다. 의회, 군대, 식량 및 식수 조달 등 로마 사회의 모든 면에 변화를 줌으로써 아우구스투스는 누구든—의원이든 기사계급이든 군인이든—중요한 자리를 얻거나 권력을 얻기 위해서는 그와 연계되지 않으면 안 되도록 만들었다. 그는 시민들이 사회경제적인 사다리를 올라갈 수 있는 기회를 갖도록 보장했고, 자신이 제국에 가져다준 평화로부터 그들이 이익을 얻도록 만들었다.

평화는 황제에게 안정적이면서 막대한 수입을 안겨주었다. 아우구스투스는 이를 바탕으로 수도에서의 각종 건축 및 복원 프로젝트에 자금을 댈 수 있었고, (선전 작업을 위한) 건축 및 예술의 부흥을 도모할 수 있었다. 아우구스투스는 시각적 이미지가 그의 정부에 상징적인 추진력을 줄 수 있는 가장 중요한 수단 중 하나라고 생각했다. 광범위한 건축 프로그램과 연계된 다양한 예술 형태가 그의 선전 작업에 사용되었다. 그의 메시지를 전달하기 위해 그가 마음대로 활용할 수 있는 미디어는 주로 시각 예술, 각종 명문銘文, 주화 이미지 등이었다. 한 세기 후, 전기 작가 수에토니우스는 아우구스투스의 통치를 다음과 같은 유명한 문장으로 요약했다(문자 그대로가 아닌, 은유로 받아들여져야 할 것이다). "아우구스투스는 벽돌의 도시를 물려받아 대리석의 도시를 남겼다."

물론 모든 시각적 이미지의 공통된 실가닥은 항상 "평화"였다. 아우구스투스는 평화를 기념하기 위해 아라파치스Ara Pacis, 즉 "평화의 제단"을 세웠다. 오늘날 이 제단은 현대식 박물관—그 벽면에 아우구스투스의 유언의 일부가 새겨진—안으로 옮겨졌다. 본래 그 제단은 《업적록》Res Gestae과는 전혀 관계가 없었다. 《업적록》은 아우구스투스의 소망대로 그의 무덤 입구 양편에 놓였고, 수많은 사본이 제국 전체에 뿌려졌다. 아라파치스는 기원전 9년에 축성祝聖되었다. 이 제단은 로마 양각 예술의 걸작이었고, 아우구스투스가 로마에 가져온 평화와 번영의 상징이었다. 그 메시지는 거의 모든 사람들이 이해할 수 있는 언어로 전달됐다. 즉, 제단의 네 면이 정교하게 양각된 신화 및 상징 이미지로 채워졌던 것이다. 아라파치스는 앞서 언급한 영묘靈廟와 함께, 과거 파라오 프삼티크 2세Psamtik II의 소유였던 이 집트 오벨리스크와 한 자리에 모아졌다. 이 오벨리스크는 아우구스투스가 마르스의 평원에 세우기 위해 헬리오폴리스Heliopolis에서 가져온 것이다. 오랫동안 이 오벨리스크가 해시계 역할을 했다고 추정되었지만, 그 설은 최근 몇 년 동안 점점 더 의심을 받고 있다. 오벨리스크는 이집트에 대한 전승 기념비였을 가능성이 더 높다. 이 말이, 아우구스투스 황제 광장의 이 오벨리스크(지금은 근처의 몬테치토리오 광장piazza di Monecitorio에 있다)와, 아우구스투스가 테베레 강변에 모아놓은 이 특별한 기념물들을 폄하하는 것은 아니다.

고대에는 테베레 강둑의 붕괴 등으로 마르스의 평원에 적지 않은 문제가 야기됐고, 그로 인해 이 기념물들이 유실되었다. 아라파치스는 1,700년 동안 땅속으로 사라졌고, 잊혀졌다. 하지만 아우구스투스의 "황금기"에 대한 기억은 죽지 않았다. 아우구스투스는 서기 14년 서거할 때까지 로마 제국을 통치했고, 스스로 "대리석으로 빚어낸" 도시인 로마를 다스렸다. 그것은 40년 이상 지속된 대단히 인상적인 통치였다. 사실상 그의 원수元首 정치는 약 500년간 이어져온 로마 공화정의 종말을 의미했다. 로마인들이 자신들의 마지막 왕을 추방하면서 했던 맹세, 즉 다시는 한 사람이 모든 권력을 갖지 않도록 하겠다는 맹세를 생각하면, 그 사실은 더욱 분명해진다.

햇볕이 다사롭게 내려앉는 아라파치스 박물관의 흰색 계단에 서면 한 가지 의문이 떠오른다. 고대로부터 역사가들뿐 아니라 다른 많은 사람들이 가졌던 의문이다. 아우구스투스의 전대미문의 성공은 도대체 어떻게 가능했던 것일까? 그가 지녔던 대부분의 법적 권한은 다른 노련한 군인이나 정치가나 야심가들의 손에도 있었던 것인데 말이다.

아우구스투스를 그 이전의 통치자들과 근본적으로 다른 인물로 만든 것은 그의 인내와 신중함이었다. 아우구스투스가 시행한 무수한 개혁은 그의 정치적 재능뿐 아니라 절충에 대한 흠잡을 데 없는 그의 감각과 장기적인 계획에 대한 빛나는 안목을 보여준다. 그의 아라파치스와 영원한 휴식처를 대하면서 가만히 생각해보면, 우리는 아우구스투스가 다음과 같은 점을 이해한 사람 그 이상도 이하도 아니라는 사실을 느끼게 된다. ― 로마 제국의 정점에서는 무엇을 하고 안하고는 그다지 중요하지 않다, 중요한 것은, 일을 어떻게 포장해내느냐 하는 것, 그리고 그 과정에서 어떤 **이야기**를 만들어내고 소통하느냐 하는 것이다. 아우구스투스 하에서 전례가 없던 것은 바로 그 이야기를 다루는 방식의 체계적임과 그 규모였다.

아우구스투스의 이야기―세계 제국의 덕 있는 창시자인 선조들의 규범과 가치가, 국민 위에 군림하는 군주가 아닌 아버지가 되고자 하는 지도자에게서 다시 살아나, 마침내 평화에 바탕을 둔 로마의 황금시대를 열었다는 그 이야기―가 가능한 모든 방식으로, 그리고 가능한 모든 매체를 통해, 로마 전역으로 퍼져나갔다. 전 국민이 알 만한 전설적인 영웅적 과거가, 당대의 로마에 의미를 부여하는 그리스적 스타일에 실려, 감동적으로 재현되었다. 그것은, 보통의 모든 로마인들, 심지어 자기가 원칙적으로 반대하는 어떤 일이 일어나고 있음을 알아챈 지식인들조차도 수용하게 되는 이야기, 그들 자신이 자부심으로 간직해왔던 바로 그 이야기였다. 그러니까 그것은, 현대적 용어로 말하자면, 마케팅을 통한 대성공이었다.

마에케나스의 문학 서클

메체나테 거리 Via Mecenate

카피톨리노 언덕과 아벤티노 언덕, 그리고 과거 마르스 신의 평원으로 불렸던 곳을 거닐었으니, 이제 고대 로마의 흔적을 아직도 간직하고 있는 다른 지역, 에스퀼리노 언덕으로 가야 할 때이다. 물론, 이곳 역시 로마가 세워졌던 일곱 언덕 중 하나이다. 게다가 이곳은 고대 로마의 가장 오래된 유물들이 발굴되었던 곳이다. 오늘날 에스퀼리노라는 이름의 구역은 언덕과 완전히 일치하지 않는다. 메룰라나 거리^{Via Merulana}의 남동쪽 지역만을 포함할 뿐이다. 레오니 몬티 Reoni Monti와 북동쪽의 콜레 오피오^{Colle Oppio} 모두 에스퀼리노 언덕에 위치해 있다. 메체나테 거리^{Via Mecenate}로 가려면 지하철 비토리오 에마누엘레^{Vittorio Emanuele} 역에서 콜레 오피오 방향으로 레오파르디 거리^{Via Leopardi}를 따라 내려가야 한다.

이곳은 제국 시대의 로마이다. 즉, 이곳은 서기 1세기와 2세기 당시의 로마, 그러니까 도무스 아우레아Domus Aurea, 콜로세움Colosseum, 티투스 목욕장Terme di Tito, 그리고 트라야누스 목욕장Terme di Traian 등이 생겨날 당시의 로마였다. 이것들은 모두 거대한 건축물이었다. 너무나 거대해서 전제군주 체제가 아니면 생겨날 수 없는 그런 것들이었다. 아우구스투스가 이러한 시스템의 단단한 기초를 다졌다. 아우구스투스 황제 당시, 이 언덕은 여전히 비교적 조용했다. 개인 주택들 사이로 성소聖所가 몇 군데 있을 뿐이었다. 이곳의 끝이 로마가 멈추는 곳이었다. 로마의 성벽은 비토리오 에마누엘레 광장Piazza Vittorio Emanuele과 콜레 오피오 사이의 어딘가로 뻗어 있었다. 이곳은 호르티 살루스티우스와 같은, 잘 꾸며진 정원이 있는 사저를 짓기에 안성맞춤인 그런 지역이었다. 에트루리아 출신 부유층의 후손인 가이우스 클리니우스 마에케나스Gaius Cilnius Maecenas가 이곳에 그런 저택을 소유하고 있었다. 안타깝게도, 그의 호르티의 이름을 딴 길인 메체나테 거리에서는 그 정원의 흔적을 찾아볼 수 없다. 과거로 더 가까이 다가가려면, 콜레 오피오 공원의 유적 중에서 찾는 것이 낫다.

마에케나스는 종종 외국 여행에서 아우구스투스를 대신했다. 새 정부가 아우구스투스 자신에게 그러한 순시를 요구했지만, 황제는 개인적으로 그렇게 할 수 없었다. 그는 마에케나스를 자신의 대리자로 보냈고, 마에케나스는 서서히, 국무장관이라는 말이 생기기도 전에, 아우구스투스 정부의 국무장관 역할을 했다. 하지만 그는 국무장관 그 이상이었다. 출중한 외교적 재능 덕분에 그는 황제의 자문역, 충복, 그리고 친구가 되었다. 마에케나스는 철두철미한 예술 애호가였고, 황제와 그의 친구들도 시인, 연설가 및 작가들과 어울리기를 좋아했다. 마에케나스는 정부가 여러 작가와 시인들을 지원하도록 했다. 이리하여 아우구스투스 정부는 말 그대로 라틴 문학의 전성기를 후원하는 정부가 되었다.

그의 정치 경력이 끝나기 전에, 마에케나스는 상속받은 재산을 그의 취미인 시와 문학에 사용했다. 에스퀼리노 언덕에 아름다운 장식 정원이 있는 대규모 저택을 지었다. 이 호르티 마에케나티스Horti Maecenatis는 마에케나스가 당대 최고의 시인들을 불러 모으는 장소로 명성을 얻었다. 베르길리우스Publius Vergilius Maro, 프로페르티우스Sextus Propertius, 호라티우스Flaccus Quintus Horatius, 오비디우스Publius Ovidius Naso 등이 그들이었다. 마에케나스는 문학 서클을 만들어 그 멤버들을 자주 불러 모았고, 자신의 집을 아예 그 본거지로 만들었다. 이들의 모임은 화려한 시를 낭송하는 데 그치지 않았다. 적어도 에스퀼리노에서 마에케나스의 열광적인 파티는 명성이 자자했다.

마에케나스를 통한 정치와 예술의 만남은 비유적으로만 이루어진 것이 아니라 실제로도 이루어졌다. 즉, 아우구스투스의 절친한 친구로서 마에케나스는 베르길리우스나 호라티우스의 문학적 재능이 황제의 "선전 기계"로 쓰일 수 있도록 만들었다. 마에케나스-아우구스투스 듀오는 시인과 작가들을 재정적으로 지원했고, 시인과 작가들은 로마 고대 문학의 위대한 걸작들을 만들어냈다. 결국 마에케나스는 예술에 대한 최초의 위대한 후원자이자 보호자patronus로 역사에 남게 되었다. 오늘날 "메세나"mecenat는 "예술과 문화의 후원자"와 동의어로 쓰인다.

라틴 문학의 이 전성기 동안, 리비우스라는 이름의 시골 출신의 야심찬 남자가 로마 공화정의 연대기 작가로 이름을 날렸다. 비록

마에케나스나 황제의 서클에 속하지는 않았지만, 그는 로마의 성립에서부터 그의 시대까지의 로마의 역사를 썼다. 그는 이렇게 썼다. "국가의 설립자가 신들의 후예라고 주장할 만한 국가가 있다면 우리 로마가 그러하다고 생각한다. 로마인들이 여러 전쟁에서 승리하여 얻은 영광이 너무나 크고 찬란하기 때문에, 군신 마르스^Mars^가 로마의 설립자를 설립한 존재라고 주장해도 세상 모든 나라들은—로마 제국의 통치를 순순히 받아들이는 것과 마찬가지로—그 주장을 이의 없이 받아들일 것이다."■ 우리가 로마의 유명한 건국 신화를 아는 것은 리비우스를 통해서이다. 로물루스와 레무스의 이야기는 기원전 2세기가 되어서야 기록되기 시작했고, 몇 가지 버전이 돌고 있었다. 2천 년이 지난 오늘날 전 세계에 알려진 것은 대부분 리비우스 버전이다.

베르길리우스가 기원전 30년에 아우구스투스로부터 간접적인 의뢰를 받아 로마 최초의 서사시를 지은 것은 우연히 그렇게 된 일이 아니다. 다른 사람들이 고사固辭했던, 명예롭지만 복잡한 이 일을 맡았을 때, 베르길리우스는 마흔의 나이였다. 그는 로마인에 대한 서사시, 특히 내전의 갈등을 끝내고 이제 하나가 된 그 로마에 대한 서사시를 쓸 계획이었다. 동시에, 그는 자신의 가장 중요한 고객을 소홀히 대해서는 안되었다. 아우구스투스를 주인공으로 하는 것은 로마에서 통치자에 대한 숭배와 너무 강하게 연관지어질 터였다. 그래서 베르길리우스는 트로이 전쟁(그리스의 서사시 전통을 통해 알려진)

■ 티투스 리비우스(Titus Livius), 《로마사》

동안 고향을 떠나 새로운 나라를 건설하게 되리라는 신탁에 고무된 트로이 왕자의 모험과 방랑에 관한 서사시를 썼다. 전설적인 원시 로마인이 되었던 이 영웅의 이름은 아이네이아스^Aeneas였다. 그리고 그 영웅의 이름은 출중했던 양아버지 가이우스 율리우스 카이사르를 거쳐 아우구스투스로 이어지는 것이었다. 아라파치스에 양각으로 묘사된 것이 바로 이 그림이었다. 이러한 구도는 당연히《아이네이스》^Aeneis의 주인공에게 두 가지 역할을 선사했다. 즉, 아이네이아스는 아우구스투스와 그의 가족의 조상이면서, 동시에 전체 로마 민족의 창시자라는 것이었다. 아우구스투스의 통치, 로마의 평화와 번영의 시대는 이제—베르길리우스의 걸작 덕분에—운명과도 같은 일로 빛나게 되었다.

콜레 오피오 공원을 거닐다 보면, 마에케나스의 집에서 문학 고객들, 와인, 즉흥시가 읊어지던 그 저녁이 어떤 모습이었을지 상상하기 쉽지 않다. 한때 대단히 호화로웠던 단지—자체의 포도원과 온수로 가득 채워진 수영장도 있었다고 하는—가 지금은 남아 있는 것이 거의 없다. 다만 그 자취만을 볼 수 있다. 마에케나스의 저택은 기원전 42~35년 에스퀼리노 언덕 위, 오늘날의 메체나테 거리 근처에 지어졌다("메체나테"는 "마에케나스"의 이탈리아식 이름이다). 19세기 발굴 과정에서 나온 이른바 "마에케나스 오디토리움"^Auditorium di Mecenate—레오파르디 소광장 근처에서 볼 수 있다—이 지금 남아 있는 것의 전부이다. 이는 수도꼭지와 다양한 구조물이 있는 널따란 홀이다. 짐작컨대 이곳은 "오디토리움", 그러니까 서클의 멤버들이 모여 작품을 낭독하던 강당이 아니라, 아마도 연회장이었을 것이다.

이 지역에서 발견된 많은 유물들이, 마에케나스의 정원이 얼마나 화려하고 웅장했는지를 보여준다. 그 유물들은 오늘날 카피톨리노 박물관에 가면 볼 수 있다. 박물관은 한 홀 전체를 호르티 마에케나티로 꾸며놓았으니, 한번 가볼 만하다. 한때 마에케나스의 단지를 장식하고 있었을 모자이크, 조각상, 그리고 다른 예술품들 사이를 걷다 보면, 메체나테 거리보다 마에케나스의 도시궁전에 대한 더 좋은 인상을 받을 수 있을 것이다.

"나는 지쳤다, 후임자를 데려오라"

제7대대 길 Via della VII Coorte

트라스테베레^{Trastevere}는 테베레 강 건너 구역으로서, 여행자들이 주로 로마의 밤 문화를 즐기기 위해 머무는 곳이다. 여행자들의 유입으로 인해 본래의 이탈리아 시설은 많이 감소했지만, 유흥가로서의 그곳의 지위는 꽤 가치가 있다. 또, 트라스테베레는 로마의 "노동자 구역"의 주요 사례라는 평판도 가지고 있다. 그런데 트라스테베레를 찾는 거의 모든 여행자들이 모르는 것이 있다. 그것은 고대의 테베레 강 서부지대의 경찰본부가 이 미로 같은 골목 아래쪽에 숨겨져 있었다는 사실이다. 로마는 황제와 부자들의 자취로 넘쳐나는 곳이니, 아마 여러분은 평범한 경찰관서의 부지가 고고학적인 흥미를 끌 것이라고는 별로 생각하지 못할 것이다. 더 재미있는 것은, 이 경찰서의 존재가 오늘날의 도로명에 들어가 있다는 점이다. 티베리나 섬 위를 지나는 가리발디 다리^{Ponte Garibaldi}를 통해 테베레 강을 건널 때, "제7대대 길^{Via della VII Coorte}"이라는 도로표지판을 한번 유심히 찾아보기 바란다.

제7대대^{Cohort VII}는 치안을 담당하는 부대였다. 오늘날로 치자면 로마 경찰이라고 부를 수 있다. 제7대대 길은 그 부대의 이름을 따서 명명되었다. 이유 없이 그렇게 된 것은 아니다(로마에는 이유 없는 것은 없다). 이 거리의 9번지 집 문 뒤에 보면 야경초소^{excubitorium}로 가는 입구가 있다. Excubitorium은 라틴어 ex cubare, 즉 "밖에 눕다"는 말에서 유래한 것으로 보인다. 다른 말로 하자면, 감시한다는 뜻이다. 몇몇 고대 자료를 보면 제7대대가 기원 전후 시기에 창설되었고, 그 한 부대가 이 구역 일대의 화재 안전을 담당하는 임무를 맡았던 것으로 나온다. 19세기에 고고학자들이 제7대대 길에서 발견한 야경초소는 서기 2세기 이전으로는 소급될 수 없었다. 그렇다면 그 이전에는 부대가 어디에 초소를 두었던 것일까? 그 부분에 대해서는 아직까지 확인된 것이 없다. 그 유적이 발견된 것은, 로마에서 흔히 그렇듯이, 우연이었다. 그 지역에서 건물 복원을 하던 노동자들이 우연히 그것을 발견했다.

처음에는 고고학자들이 열광했다. 현장 벽에서 로마 시대의 낙서^{graffiti}가 발견되었기 때문이다. 그러나 그곳은 곧 관심 밖으로 밀려났고, 말 그대로 운명에 맡겨졌다. 세월과 습기와 무관심은 이 로마 시대 발굴지의 상태를 개선해주지 않았다. 로마 시대 소방대의 이 발굴지가 역사적 가치가 있는 것으로 결정되기 전까지 100년의 세월이 흘렀다. 당국은 이곳을 잠정 통제하고 발굴을 시작했다. 어느새

벽의 낙서는 알아볼 수 없게 되었고, 심지어는 완전히 사라지기도 했다. 다행히, 1966년과 1986년 사이에 이루어진 고고학 연구가 많은 새로운 정보를 찾아주었다. 야경초소의 설치 시기는 제국 시대까지 거슬러 올라가는 것으로 밝혀졌다. 처음에는 아마도 민간 주거지로 사용되다가 서기 2세기 말경, 제7대대의 "소방대"로 바뀐 것으로 판단된다.

테베레 강 서안의 고대 로마 지역(14구역)와 키르쿠스 플라미니우스^{Circus Flaminius}(9구역)을 담당하던 부대는 아우구스투스 황제에 의해 서기 6년에 창설되었다. 부대원은 7,000명이었고, 시 사령관^{prefect}이 이끌었다. 구역의 안전을 돌보는 제7대대의 근무기간은 "연중무휴"였다. 고대 로마에서 이는 화재에 대응하는 것을 의미하지만, 폭동이나 다른 공공 소요에 대한 대응도 포함하고 있었다. 그들이 자랑스럽게 여기는 모토는 이것이었다. "Ubi dolor ibi Vigiles"—"고통이 있는 곳에, 우리가 간다." 제7대대 소방대의 위치는 오늘날의 도로 높이보다 8미터가량 낮다. 대대의 가장 중요한 임무인 "소방"을 모자이크로 나타낸 큰 복도가 있고, 주두^{柱頭}가 왕관처럼 장식된 코린트식 기둥과 프레스코화 등의 장식이 있는 몇 개의 방이 있다. 앞서 있던 낙서로 판단하건대, 부대장은 별도의 방을 사용했던 것 같다. 다른 방들은 식별이 좀더 용이하다. 일부 "막사"가 발견되었고, 곡물, 기름 및 기타 식료품을 보관한 것으로 보이는 저장실과 화장실이 발견되었다.

로마의 소방관들이 초소 벽에 남긴 낙서 중 많은 부분이 주로 소방서의 삶을 다루고 있기 때문에, 낙서는 매우 시사적인 유물이다. 이 메시지들은 읽기가 매우 힘들지만, 처음 발견되었을 때 많은 것이 문서화되었다. 부대원들은 서기 215~245년경, 구역을 감시하지 않거나 휴식을 취할 때, 벽에 이런저런 메시지를 남겼다. 어떤 때는 황제나 신에게 무언가에 대해 감사를 표하기도 하고, 어떤 때는 "sabacaria"에 대해 이야기하기도 했다. 이 단어는 다른 문맥에서는 알려져 있지 않아 해석은 거의 불가능하지만, 한 달 내내 지속된 어떤 변화에 대한 언급으로 보인다. 그 변화는 위험한 것은 아니었던 모양이다. "omnia tuta"(모두들 잘 있다)는 메시지가 벽에서 한 번 이상 발견되었다. 그 변화는 또한 지치게 하는 어떤 것, 남성들에게 많은 걸 요구하는 그 무엇이었던 모양이다. 그래서인지, 누군가는 벽에 이렇게 썼다. "Lassus sum successorem date" "나는 지쳤다. 후임자를 데려오라."

콜로세움 아래 묻힌 궁전

도무스 아우레아 거리 Viale della Domus Aurea

고대에, 네로[Nero Claudius Caesar Augustus Germanicus] 황제의 궁전에 관한 흥미로운 이야기들이 이리저리 떠돌았다. "황금 궁전"[Domus Aurea]이라는 이름으로 불린 그 건물은 로마가 그때까지 보아왔던 가장 과대망상적인 건설 프로젝트 중 하나였음에 틀림없다. 무엇보다도, 그것은 거대했다. 서기 1~2세기 황제들의 전기 작가였던 수에토니우스는 이렇게 썼다. "궁전의 안뜰은 40미터 높이의 거대한 황제 조각상을 들일 수 있을 만큼 넓었고, 삼면을 1.5킬로미터가 넘는 주랑으로 두를 수 있을 만큼 광활했다. 그 가운데에 바다처럼 넓은 연못이 있었다. 연못 주위에 건물들을 지어놓아서 마치 도시 같았다." ▪ 복도와 방에는 대단히 많은 그림들과 화려한 장식들이 있어서 로마인들은 그곳을 황금 궁전이라 불렀다. 네로의 새 궁전은 많은 기술적 장치들도 갖추고 있었다. 알려진 바에 따르면, 연회장의 천장이 계속해서 빙글빙글 돌았고, 연회객들의 머리 위로 꽃가루와 향수가 안개처럼 뿌려졌다고 한다. 궁전에 세워졌다는 거대한 네로 동상— 콜로수스 네로니스^{colossus neronis}라 불린—은 그의 악명 높은 과대망상증의 상징 그 자체였다.

카이사르와 아우구스투스의 뒤를 이은 로마의 지도자들은 대중의 관심을 고취하는 일에 그다지 성공하지 못했다. 첫 황제의 PR은 너무나 효과적이어서 2천 년이 훌쩍 지난 지금까지도 그 빛을 잃지 않고 있는데 말이다. 아우구스투스 사후, 그의 (법적) 가족은 반세기 더 집권하여 네 명의 황제를 배출했지만, 그 황제들은 그냥 한데 묶여서 "율리우스~클라우디우스 황조皇朝"라고만 불릴 뿐이다. 이 황제들에 대해 개별적으로 알려진 사실을 군이 찾자면 그들의 기이한 특징들뿐이다(자기가 타던 말을 집정관으로 임명했던 난봉꾼 칼리굴라 Caligula, 《나는 황제 클라우디우스다》I, Claudius 덕분에 잘 알려지게 된 말더듬이 클라우디우스Claudius). 역사에서 네로가 차지하는 위치란 아마도 가장 처치 곤란한 골칫덩이라고 해야 하지 않을까. 로마의 일급 작가들(그리고 네로를 좋아하지 않았던 원로들)이 묘사한 네로의 이미지가 실제와 얼마나 부합하는지는 알 수 없다. 그러나 그 비방은 분명 효과적이었다. 네로의 횡포한 행동은 중세 시대 동안 전설이 되었다. 어찌

■ 수에토니우스(Suetonius), 《카이사르들의 삶》(The Lives of Caesars), trans. J. C. Rolfe, Loeb Classical Library(Cambrige, Mass, 1950, vol. 2, section 6. 31〔국역본은 《열두 명의 카이사르》, 다른세상, 2009 참조—옮긴이〕

되었든, 그는 그의 황조의 폐막작이었다. 그는 후계자를 지명하지 않았고, 새 가문의 사람들에게 무대를 넘겨주었다. 짧은 혼돈기를 거친 뒤, 플라비우스Flavius 황조가 들어섰다.

아우구스투스가 로마의 건설과 복구에 심대한 영향을 끼쳤다는 것은 의심의 여지가 없는 사실이다. 하지만, 초기 제국 당시의 로마는 아우구스투스만의 도시가 아니었다. 단적으로 콜로세움을 보면 안다. 서기 14년 그가 죽었을 때, 이 거대한 석조 원형경기장은 그곳에 없었다(더구나 그것이 세워지기 전에는 그 자리에 네로의 으리으리한 궁전이 들어서 있었다). 로마의 도시 경관은 뒤에 있을 많은 건축 프로젝트를 통해 크게 변화될 것이었다. 그리고 그 프로젝트들은 아우구스투스에 의한 원수정치의 "발명" 이후 더욱 쉽게 시작될 수 있을 터였다. 사람들이 종종 고대의 로마, 제국 시대의 로마를, 화려한 주랑과 빛나는 대리석 건물들로 구성된 어떤 것으로 상상하곤 하는데, 처음엔 그렇지 않았다. 우리가 메체나테 거리의 연장인 도무스 아우레아 거리Viale della Domus Aurea의 아래에 무엇이 있었는지 이해할 때, 우리는 서기 1세기에 로마에서 산다는 것은 끊임없이 이어지는 건축현장에서 사는 것과 상당히 유사했음을 상상할 수 있게 된다. 네로가 새로운 궁전을 지어야겠다고 결정했을 때가, 확실히 그런 경우였다.

제국의 지배자들은 아우구스투스 이래로 팔라티노 언덕에서 거주했다. 아우구스투스가 그곳에서 태어났기 때문이다. 서기 54년 황제가 된 네로 역시 그곳에 자기 궁전을 가지고 있었다. 그러다 서기 64년의 대화재 이후, 그는 자신의 궁전을 에스퀼리노 언덕 쪽으로 확장하느라 분주해졌다. 고대의 자료에 따르면, 그 어마어마한 화재로 인해 황궁을 포함하여 로마의 3분의 2가 잿더미가 되었다.

네로에게 기회가 왔다. 드디어 자기만의 위엄을 뽐낼 궁전을 지을 기회 말이다. 네로에 대한 험담을 퍼뜨리기 좋아하는 사람들은 그 불이 네로가 지른 것이었다고 말하기도 한다. 사실이야 어찌 됐든, 네로는 화재의 그 메케한 연기가 채 가시기도 전에, 자신의 궁전을 지을 터를 잡았다. 그런데, 네로의 궁전의 끝은 대체 어디쯤이었을까? 그 질문에 대한 대답은, 다른 많은 장소와 마찬가지로, 오늘날 로마의 카타콤바^{catacomba}에서 찾을 수 있다. 네로의 궁전(아주 적은 부분만이 발굴되었다)의 위치를 알려주는 지상^{地上}의 표지는 오직 도무스 아우레아 거리라는 도로표지와 콜로세움^{Colosseum}뿐이다. 네로 이후 집권한 플라비우스 황조는 네로에게 "기록말살형"^{damnatio memoriae}이라는 형벌을 선고했다. 네로를 상기시키는 모든 것들이 하나도 남김없이 철거되고 삭제되어야 했다. 그래서 궁전의 규모를 파악하기가 쉽지 않다. 어쩌면 도무스 아우레아에 관한 이야기들은 문학적으로 과장된 것이고, 사실은 그렇게까지 충격적인 일은 없었을 수도 있다. 혹은 기록말살형이 너무나 철두철미하게 실행되었는지도 모른다. 사실이야 어떻든, 네로의 도무스 아우레아의 상기물이 다시 세상에 드러나기까지는 1,500년의 시간이 지나야 했다.

1506년 1월 14일, 펠리체 데 프레디스^{Felice de Fredis}는 로마에 있는 그의 땅에서 괭이질을 하고 있었다. 로마는 항상 무언가를 산출하는 영원의 도시. 데 프레디스의 괭이가 땅 속의 단단한 돌과 부딪쳤다. 그는 자신의 이 발견이 서유럽의 (예술의) 역사를 완전히 바꿀 것임을 아직 모르고 있었다. 그의 발밑은 바로 오랫동안 묻혀 있던 네로의 황금 궁전, 도무스 아우레아의 둥근 천장이었다. 당시 교황은 예술을 친애하는 율리오 2세였다. 교황은 소식을 듣자마자 예술가와 전문가로 구성된 대표단을 급파해 면밀히 조사하게 했다. 그 어두운 동굴 같은 곳을 답사했던 조사단원에는 미켈란젤로도 끼어 있었다. 조사단은 그곳에서 자신들의 눈을 의심해야 했다. 방마다 프레스코화였고, 방마다 대리석 조각품이었다. 수세기 동안 누구도 이 공간에 발을 들여놓을 수 없었으니, 조사단이 그 작품들을 다시 만난 최초의 사람들이었다. 이 발견은 후기 르네상스 미술에 심대한 영향을 끼쳤다. 르네상스 예술가들이 이 동굴grotto 같은 도무스 아우레아를 방문한 뒤, "그로테스크"grotesque라는 새로운 예술 경향이 생겨났다. 그래서 이 시기의 작품들에는 이러한 채식 장식이 많다.

요즘은 광부용 헬멧을 쓰고 이곳을 돌아다녀도 미켈란젤로가 했던 것과 같은 경험을 하기는 어렵다. 어둠 속에서도 생기로운 색상으로 드러났던 당시의 프레스코화는 이제 수세기가 지나는 동안 색도와 채도와 선명도를 대부분 잃었다. 하지만 네로가 이 복도를 걸어다녔을지도 모른다는 생각을 하면 역사적으로 좀 으스스한 기분이 들기도 한다. 물론 이런 생각은, 어떤 유물이 로마인들의 기록에 언급된 바로 그 유명 건물의 일부가 틀림없다는 고고학자들의 주장을 곧이곧대로 믿어서는 안 된다는 생각에, 저절로 억제되기도 한다. 아닌 게 아니라 영국의 고전연구가 메리 비어드Mary Beard는 언젠가 이를 "우리 눈에 보이는 것을 로마인이 적었던 것과 동일한 것으로 간주하려는 끔찍한 유혹"이라고 묘사한 적이 있다. 그녀는 도무스 아우레아의 유적으로 발굴된 부분이 "돌아가는 연회 홀"(수에토니우스가 말한)이 아니라 사실은 궁에서 일하는 노예들의 숙소였을 가능성이 더 높다고 말하지만, 나는 그 말에 찬성하진 않는다.

율리우스~클라우디우스 황조의 마지막 후손인 네로의 상기물만 파괴하는 것으로는 새로운 황조에게 충분치 않았다. 플라비우스 황조는 여전히 시민들의 환심을 사려고 하는 신참자들이었고, 바로 그 점에서, 도무스 아우레아를 지상에서 완전히 지워버리는 게 좋겠다는 생각을 했다. 그렇게 빈 터를 가지고 그들이 했던 일은 전 세계가 지금도 감사하게 여기는—날마다 길게 늘어서는 행렬로 보건대 그렇다는 얘기다—상징 정치의 주요한 사례가 된다. 그들은 로마인들을 위해 전 세계가 그때까지 본 것 중 가장 으리으리한 원형경기장을 지었다. 결국, 모든 사람이 원하는 건 서커스(와 빵)였다. 로마에 새로 지어진 경기장은 그것을 지은 가문의 이름을 따서 플라비우스 원형경기장Amphitheatrum Flavium이라고 이름이 지어졌다. 그러나 오늘날 그것의 더 유명한 이름은 콜로세움Colosseum이다. 네로의 동상 Colossus에 붙여졌던 그 이름이 천년 만에 이 원형경기장의 이름으로 다시 돌아온 것이다. 플라비우스 황조의 첫 황제였던 베스파시아누스Titus Flavius Vespasianus는 네로의 거대 동상이 변형된 형태로 남아 있을 수 있다고 생각했는데, 결국 그의 생각대로 되었다. 로마의 신학자였던 베다Beda Venerabilis는 7세기에 이렇게 썼다. "콜로수스가 서 있는 한, 로마는 서 있을 것이다. 콜로수스가 무너져야 한다면, 로마도 무너질 것이다. 그리고 로마가 무너지면, 세계도 무너질 것이다." 여기에서 베다가 말한 것은 지금 우리가 아는 그 원형경기장이 아니라 바로 네로의 동상이다. 원형경기장이 로마를 상징하게 된 것은 훨씬 후대의 일이다.

"기록말살형"으로 네로에 관한 거의 모든 기록이 말살되었다. 그러나 참으로 역설적이게도, 네로의 가장 거대하고 가장 충격적인 상징물의 이름은, 이렇게 우회적으로, 살아남았다. 그것도 오늘날 로마에서 가장 유명한 명소 중 하나의 이름으로 말이다. 도무스 아우레아는 철거되고 그 나머지는 모두 지면 아래 묻혔지만, 훗날 그 지상에는 트라야누스 황제의 목욕장이 세워졌다. 이 목욕장의 일부를, 도무스 아우레아 길의 콜레 오피오 공원에서 볼 수 있다. 트라야누스 목욕장과 플라비우스 원형경기장 사이의 도무스 아우레아 유적지 그곳에 서면, 로마 제국의 서기 첫 1세기가 이렇게 손에 잡힐 듯 가까이 다가온다. 그리고 바로 그 점에서, 아우구스투스만이 로마의 모습을 극적으로 변화시켰다는 생각은, 저만치 밀려간다.

콜로세움의 내부 모습

XVII

네로의 원형경기장과
성 베드로 대성당의 탄생

프로토마르티리 광장 Piazza dei Protomartiri

 고대 로마에서는 누구든 로마 시내에서 북서쪽으로 가면 코르넬리아 거리Via Cornelia(지금은 다른 길이다)를 따라 아제르 바티카누스Ager Vaticanus—바티칸 언덕의 이름을 딴 작은 땅—로 향했다. 그곳은 도시 바로 밖이었고, 제국 시대 초기인 율리우스~클리우디우스 시대에는 무덤 말고는 아무것도 없던 곳이다. 훗날 하드리아누스 황제가 이 길을 따라 자신의 영묘를 지었다. 이 유적지는 잘 보존되어왔고, 지금은 카스텔 산탄젤로Castel Sant'Angelo(성천사성)로 알려져 있다. 티베리우스 황제의 후계자로 서기 37~41년에 황제로 재위한 칼리굴라Caligula는 대전차 경주와 기타 볼거리를 즐기기 위해 코르넬리아 길 옆에 키르쿠스 막시무스Circus Maximus 스타일의 경기장을 지었다. ▪
서기 64년의 대화재 당시, 네로는 자신에게 쏟아지는 비난의 화살을 돌릴 희생양을 찾았고, 기독교도들을 범인으로 지목했다. 그리고 주로 칼리굴라 경기장〔네로 경기장〕을 기독교인에 대한 고문과 처형의 장소로 사용했다. 이 초기proto- 기독교 순교자martyr들을 떠올리게 하는 표지판을 현 바티칸 시국의 경계 내부, 프로토마르티리 광장Piazza dei Protomartiri에서 볼 수 있다. 성 베드로 대성당 지하 유물에 대한 발굴 업무를 담당하는 우피치오 스카비Ufficio Scavi 입구가 이 순교 광장 바로 옆에 있는 것은 우연이 아니다.

서기 64년 네로 경기장에서 고문당하고 처형된 기독교도 중 가장 널리 알려진 사람은 시몬 베드로였다. 그는 예수의 열두 제자 중 한 사람이었고, 예수 그리스도로부터 교회의 첫 수장首長으로 임명받았다. 전해지는 바에 따르면, 베드로는 스스로의 요청에 따라 십자가에 거꾸로 못 박혔다. 그의 이 흔치 않은 요청의 이유는 분명치 않다. 자신이 예수와 같은 방식으로 죽을 자격이 없다고 생각했거나, 혹은 단지 상징적인 제스처를 의도했는지도 모른다. 그의 이러한 공개 처형 장면을 목격한 추종자들이 바티칸 언덕에 있는 코르넬리아 거리에 기독교 관습에 따라 그를 위한 간단한 무덤을 지었다. 처음에 그것은 땅을 파고 만든 구덩이 이상이 아니었을 것이다. 베드로

■ 라틴어 키르쿠스(circus)는 '원'이라는 뜻 외에, '경기장'을 뜻하기도 한다. 키르쿠스 막시무스는 '대형 원형경기장'이라는 뜻으로, 길다란 타원형으로 생겼다. 본래 로마의 에트루리아 왕들이 지었던 것을 율리우스 카이사르가 다시 건설했다. 지금은 로마에 그 터만 남아 있다. 칼리굴라 경기장은 칼리굴라 황제가 짓기 시작하여 완공은 네로 황제가 했으며, 그래서 이를 '네로 경기장'이라고도 불렀다. 한편, 근대에 들어 영국의 한 곡마단 곡예사가 공연장을 원형으로 만들어 공연하면서부터 이를 '서커스'라고 부르게 되었다. — 옮긴이 주

의 명성은 기독교인들 사이에 퍼졌고, 약 백년 뒤 그의 무덤에는 작은 기념비가 세워졌다. 아마도 그의 무덤의 위치를 더 잘 표시하고, 그 무덤이 다른 무덤으로 덮이는 것을 방지하기 위해서였을 것이다.

콘스탄티누스 대제Gaius Flavius Valerius Constantinus는 계속 성장하는 기독교 공동체를 용인한 최초의 로마 황제였다. 4세기에 그는 성 베드로의 평범한 기념비를 더 큰 교회로 대체할 계획을 세웠다. 그가 마련한 묘지 부지에는 기존의 이교도 로마인들과 초기 기독교인들의 무덤이 통합되었다. 콘스탄티누스 황제가 지은 교회는 11세기 이상 이어져오다가, 쇠락과 뒤이은 복구 시도가 있은 후 1506년에 철거되었다. 16세기 초가 지나면서 이탈리아 르네상스는 한창 무르익어 갔고, 가톨릭 교회는 그 어느 때보다도 힘이 세졌다. 새로운 교회가 세워져야 했다. 그런데 성당의 크기와 외양이 계속 논란의 대상이었다. 그 후 수십 년간 계획과 수정, 건축과 철거가 반복되었다. 브라만테, 라파엘로, 미켈란젤로, 베르니니 등이 순차적으로 관여했다. 그 결과는 놀라웠다. 사도 베드로가 서기 64년 묻혔던 바로 그 자리에서, 거대하고 아름다운 성당이 새로이 솟아났다. 성 베드로 대성당이 태어난 것이다.

지구상에서 가장 큰 가톨릭 교회가 서 있는 장소의 그 특별하고 때로 기이한 역사는 오늘날 많은 고고학자들과 고고학 마니아들에게 바티칸의 가장 큰 매력으로 다가온다. 그렇게 될 수 있었던 가장 큰 이유는 거대한 대성당 아래 깊은 곳에 묻혀 있는 죽은 자들의 도시로 (우피치오 스카비의 안내를 받아) 직접 내려갈 수 있게 되었기 때문이다. 이 장소가 로마 가톨릭 교회를 위해, 그리고 따라서 세계 인구의 상당 부분을 위해 얼마나 중요한지는 대부분 끊임없이 밀려오는 순례자들의 행렬을 통해—지상에서 느낄 수 있다. 그러나 이 장소의 영혼이 살아나는 곳은, 미켈란젤로의 돔과 베르니니의 캐노피^{canopy} 아래 수 미터 아래에 있는 저 가장 깊은 지하묘지^{catacomba}이다. 무덤 벽감의 수많은 유골 항아리, 묘실, 그리고 고고학적 층위가 고스란히 그 역사를 우리에게 한 층 한 층 보여준다. 그것은 간단히 말해 로마 묘지라는 일상의 장소에서 시작된 역사이다. 구덩이와 관, 벽감 속의 고인^{故人}들이 명문 뒤에서 방문객들에게 직접 말을 건넨다. 그러나 그들은 자신들의 그 영원의 휴식처가 세계인들로부터 얼마나 큰 관심을 받아왔는지 알지 못한다. 그리고 수세기 뒤에 (예술의) 역사가 그들의 어깨에 기대어 얼마나 풍요롭게 되었는지도.

포로 로마노 :
티투스에서 셉티미우스 세베루스까지

신성로 Via Sacra

네로는 자신의 황조를 무너뜨렸다. 그러나 무슨 일을 해서가 아니라 하지 않음으로써, 즉 자신의 후계자를 정하지 않음으로써 무너뜨렸다. 황위 계승을 둘러싼 짧지만 소란스러웠던 기간—이른바 "4황제의 해"■—뒤에, 플라비우스 황조가 몇 세대 동안 황관黃冠을 성공적으로 유지했다. 베스파시아누스Titus Flavius Vespasianus와 그의 아들인 티투스Titus Flavius Vespasianus 및 도미티아누스Titus Flavius Domitianus 등 세 황제가 서기 69년에서 96년까지 재위했다. 서기 70년대에 베스파시아

■ 네로 사후 한 해에 네 명의 황제(갈바, 오토, 비텔리우스, 베시파니아누스)가 옹립되었던 서기 69년을 말한다. ― 옮긴이 주

누스는 플라비우스 원형경기장의 건설을 명했고, 그의 두 아들이 건설을 마쳤다. 플라비우스 원형경기장, 즉 콜로세움은 주로 검투 시합, 해상 전투의 재현, 공개 처형과 같은 인기 있는 오락 프로그램을 위한 것이었다. 그것은 로마 최초의 석조 경기장이었고(전에는 임시 목조 경기장이 사용되었었다), 당연히 제국 전체의 최대 경기장이었다. 플라비우스 황조의 4반세기는 콜로세움 건설의 시대이자, 광범한 결과를 가져온 사건들—바타비인Batavi의 반란, 베수비우스Vesvuis 화산의 폭발, 제1차 유태-로마 전쟁 등—의 시대였다. 특히 이 전쟁의 승리를 기념하여 티투스 개선문Arco di Tito이 세워졌다. 그것은 오늘날의 콜로세움 광장과 포로 로마노 저지대 사이의 변화를 나타낸다.

콜로세움 남서쪽에서 티투스 개선문을 향해 있는 (오늘날의) 신성로Via Sacra라는 표지가 정말 태곳적부터의 성스러운 길Sacra Via의 위치를 표시하는 걸까? 로마에 고고학적 층위가 층층이 쌓여 있는 곳이 있다면, 그것은 포로 로마노 주변일 것이다. 만약 전문적 식견이 없는 일반인이 고대 로마의 어떤 특정한 기간—초기 혹은 후기 제국주의 기간, 공화정 기간 등—에 대한 상像을 얻고자 한다면, 포로 로마노는 (준비되지 않은) 방문을 하기에 그다지 적합한 장소가 아니다. 어떤 의미에서는 가장 혼란을 주는 장소일 수 있다. 신성로, 또는 각종 자료에서 많이 언급되는 명칭인 성스러운 길은 로마에서 가장 오래되고 가장 유명한 길로서, 포로 로마노를 지난다. 그 길은 벨리아 언덕—로마인들이 부분적으로 평평하게 한 것을 무솔리니가 더 깎아낸* 언덕—의 가장 높은 지점에서 시작된다. 벨리아 언덕은 기본적으로 팔라티노 언덕과 콜레 오피오 사이의 공간을 차지한다. 콜로세움의 서쪽, 티투스 개선문 자리에서 볼 때와, 비너스와 로마 신전[■] Tempio di Venere e Roma에서 볼 때, 이 언덕의 높이의 차이를 확인할 수 있다. 네로가 자신의 도무스 아우레아를 짓기 전의 언덕은 오늘날 우리가 보는 것보다 약간 더 높았을 것이다.

티투스 개선문 밑에 서면, 포로 로마노가 한눈에 내려다보인다. 거기서 뒤쪽, 즉 콜로세움 쪽을 보면, 도로의 높이가 서로 다르다는 것을 알 수 있다. 이는 발굴과 파괴, 그리고 건설 프로젝트 때문에 나타난 결과이다. 한쪽은 아우구스투스(포로 로마노의 많은 건물들을 개조한) 당시의 도로 높이를 보여주고, 다른 한쪽은 네로 당시의 도로 높이를 보여준다(논리적으로 후자가 더 높다). 네로가 황제로 있을 당시인 서기 66년, 유태인들이 반란을 일으켜, 제1차 유태-로마 전쟁이 발발했다. 네로는 자신의 최고 장군인 베스파시아누스를 유태에 보냈고, 장군은 폭동을 진압하는 데 성공했다. 몇 년 지나지 않아(네로가 죽고, 베스파니아누스가 황제가 되었을 때), 티투스는 유태의 수도인 예루살렘을 무자비한 힘으로 점령했다. 예루살렘과 유태인 신전에 대한 약탈이 일어났다. 티투스는 많은 노획물과 만 명이 넘는 전쟁 포로를 끌고 로마로 돌아왔다. 대부분의 유태인 노예들이 원형경기장 건설 노동에 투입되었다. 티투스의 나머지 노획물들(유태 신전에서 약탈한 메노라(큰 촛대) 등)이 티투스 개선문에 양각으로 새겨졌다. 전차를 몰고 로마로 개선하는 티투스 본인도 새겨졌다. 이 개선 행진은 관

■ 무솔리니 시대에 로마의 중세와 바로크 시대의 길을 없애고, 대신 포리 임페리알과 포로 로마노 사이에 제국의 광장 거리(Via dei Fori Imperiali)를 만들었다. 이 책 43장 "무솔리니의 새로운 길" 참조. ─옮긴이 주

례대로 71년에 신성로를 따라 개최되었다. 이 개선문에는 승리가 양각으로 장식되어 있다. 그러나 이 아치는 대부분의 사람들이 생각하는 것과 달리, 전승을 축하하기 위한 아치가 아니다. 물론 승리 개선문은 있긴 있었다. 그러나 그것은 다른 곳, 즉 키르쿠스 막시무스의 동쪽 트랙 옆에 있었다. 역사가들은 이 사실을 어떻게 알까? 포로 로마노에 있는 아치는 티투스에 대한 신격화를 담고 있다. 거기 적힌 명문은 신으로 받들어진 티투스 및 베스파시아누스의 신성성에 대해 말하고 있다. 그것은 황제가 죽기 전까지는 씌어질 수 없는 내용이다. 따라서 이 아치는 티투스에 대한 서훈敍勳의 의미로 세워진 것임을 알 수 있다(실제로 이 아치는 그의 동생 도미티아누스에 의해 의뢰된 것이다). 심지어 이 아치 양각에는 티투스의 진짜 개선문, 키르쿠스 막시무스 옆에 있던 그 개선문이 작게 묘사되기까지 했다.

베스파시아누스와 도미티아누스 둘 다, 네로가 자신의 도무스 아우레아를 지었던 벨리아 지역을 리모델링했다("평화의 신전"Tempio della pace으로). 네로 궁전의 현관홀에 세워져 있던 콜로수스를 없애지는 않았다. 대신 그 얼굴을 헬리오스Hellios 혹은 솔Sol의 것으로 개장改裝했다. 이제 그것은 태양신 티투스로 묘사될 것이었다. 어떤 방법으로 그렇게 했는지는 고대 자료가 더 이상 말해주지 않아서 알 수 없다. 문자 그대로 개장, 그러니까 네로의 머리를 잘라내고 그 자리에 새로운 머리를 얹은 걸까(나중에 콤모두스Commodus 황제가 실제 그렇게 한 것처럼)? 그보다는, 그 동상이 미처 완성되기 전이어서, 네로 대신 티투스의 특징을 부여하여 완성했다고 보는 편이 더 그럴듯하다. 마무리는 머리에 광륜光輪을 두르고, 손에는 채찍을 잡은 것으로 했을 것이다. 그래야 태양전차의 운전자, 태양신의 특징을 갖춘 게 되니까 말이다.

네로는 신성로의 방향을 틀어 자신의 콜로수스가 있는 광장, 즉 현재의 산타 프란체스카 로마나 성당Santa Francesca Romana 쪽으로 향하게 만들었다(이곳에서 동상 받침대 일부가 발견되었다). 그러나 19세기 발굴 과정에서 네로의 포장도로가 멸실되었다. 19세기에 이르러서야 포로 로마노의 발굴 및 지도화 작업이 시작되었다. 수세기 동안 포로 로마노의 기념물들은 방치되었다. 심지어 중세 시대에는 그곳이 목초지가 되어 "소떼 목장"으로 불리기도 했다. 19세기 고고학자 자코모 보니Giacomo Boni가 포로 로마노에 고고학 발굴지의 지위가 부여되어야 한다고 열심히 싸웠다.

도미티아누스의 죽음은 극적이었다. 그는 자신의 아내가 포함된 것으로 보이는 음모에 의해 자기 궁전에서 살해되었다. 원로원은 예순이 넘은 네르바Marcus Cocceius Nerva를 그의 후계자로 지목했다. 네르바는 플라비우스 가문에 충실했던 인물이었다. 그러나 네르바는 사실상 임시 황제나 다름없었다. 그는 전도유망한 사령관인 트라야누스Marcus Ulpius Trajanus를 입양하여 황태자로 삼았다. 이리하여 "입양 황제" 혹은 "현제賢弟"로 알려진 시기가 시작되었다. 실제로 트라야누스는 사후 "모범 황제"로 간주되었다. 그의 군사적 성공은 제국의 광장 거리Via dei Fori Imperiali 아래쪽에 있는 포럼의 한 기둥(및 그의 묘실)의 양각으로 기념되고 있다.

그의 뒤를 이은 하드리아누스Pablius Aelius Hadrianus는 로마의 권력 확장보다는 통합에 치중했다. 로마에는 하드리아누스의 유산을 볼 수 있는 곳이 세 군데 있다. 하나는 그가 현재의 모습으로 재건축한 판테온Pantheon이고, 둘째는 그가 자신의 영묘로 지은 카스텔 산탄젤로

이며, 셋째는 포로 로마노의 동쪽 구석, 벨리아에 있다. 하드리아누스가 그곳에 지은 비너스와 로마 신전 유적은 그 건물이 얼마나 장중한 건물이었는지를 짐작케 한다. 그는 그 신전을 짓기 위해 콜로수스를 더 낮은 곳, 콜로세움 근처로 옮겼다(이를 위해 코끼리 스물네 마리가 동원됐다고 한다). 이 신전은 현재 남아 있는 기둥들이 알려주는 것보다 훨씬 더 넓었다. 산타 프란체스카 로마나 성당이 그 신전의 한 부분으로 지어진 것이기 때문이다. 계단과 입구만을 특징으로 하는 포로 로마노의 대부분의 다른 신전들과 다르게, 하드리아누스는 비너스와 로마 신전을 모든 방향에서 접근이 가능한 그리스 스타일로 지었다. 아닌 게 아니라 그는 그리스 예술 및 문화의 숭배자로 알려져 있었다. 하드리아누스의 후계자인 안토니아스 피우스^{Titus Aelius Hadrianus Antoninus Pius} 역시 "현제" 중 한 명으로 기억될 터이다. 그 역시 신성로에 신전을 지었다. 황비인 파우스티나^{Faustina}가 죽었을 때(서기 141년) 황제는 이 신전을 그녀에게 봉헌했고, 이 길을 "신성한" 길이라고 불렀다. 이 길이 신성로라 불리는 이유가 여기에 있다. 이곳을 찾는 방문객들은 이곳이 안토니우스 피우스와 파우스티나 신전 같지 않다고 여기기 쉽다. 그도 그럴 것이, 이곳은 나중에 성당으로 바뀌었기 때문이다. 포로 로마노에는 안토니우스 피우스의 후계자였던 철학자-황제 마르쿠스 아우렐리우스^{Marcus Aurelius}의 통치 흔적은 전혀 남아 있지 않다. 반대로, 그의 아들이자 후계자였던 콤모두스는 그 잔인성으로 익히 알려져 있다. 더 이상 "현제"의 한 명이 아님도 물론이다. 그는 마르쿠스 아우렐리우스를 위해 기둥을 하나 세웠는데, 이것은 지금도 원래 위치인 마르스의 평원, 코르소 가도 옆에 위치해 있다. 포로 로마노의 카피톨리노 언덕 쪽에 있는 개선문

Arch of Septimius Severus은 셉티미우스 세베루스Lucius Septimius Severus가 어떻게 콤모두스의 죽음 이후 분열되었던 제국의 질서를 회복했는지를 보여준다. 이 장엄한 개선문은 2세기 말에 고대 근동에서 승리를 거둔 셉티미우스 세베루스에게 원로원이 그 승리를 기념하여 헌정한 선물이었다. 원래는 꼭대기에 황제가 개선 전차에 올라탄 모습이었다. 그러나 황비인 율리아 돔나Julia Domna가 그것을 포로 로마노의 베스타 신전으로 개조할 것을 명했다. 그렇게 그녀가 남긴 유물이 지금도 여행자들의 탄성을 받고 있다.

베스타 여사제들의 섬김을 받는 여신인 베스타 신전의 유적은, 그 신전이 원형의 성역이었음을 잘 보여준다. ■ 그 신전은 여사제들의 일과 생활의 공간이었던 베스타 사제관과 함께 신성로에 위치해 있었다. 사제관은 본래 베스타 여사제를 위한 구역과 고위 (남성) 사제들을 위한 방인 도무스 푸블리카Domus Publica로 구성돼 있었다. 그러다 공화정이 막을 내린 뒤 황제가 "최고제사장"pontifex maximus을 겸하게 되면서, 아우구스투스가 편의를 위해 그 자리를 팔라티노로 옮겼다. 그러나 베스타 여사제들은 이곳에 남았고, 보통 30년간 베스타 여신을 모셨다. 여사제들은 여신의 불이 영원히 타오르게 하고, 중요한 숭배물과 중요한 국가문서를 (과거 로마왕의 공식 거주지였던 레지아Regia에) 제대로 보호하는 데 헌신했다. 여사제들은 엄격한 순결 서약을 해야 했지만, 그것만 지키면 그들은 편안한 삶을 살았고, 일반

■ 베스타 여신은 로마에서 가정과 국가의 수호자로 숭배된 여신이다. 화로(火爐)의 여신으로 영원히 처녀성을 지키고 있다고 여겨진다. 다른 신들과 달리 그녀의 형상은 육체를 지닌 존재로 묘사되지 않았으며, 화로와 제단에 타오르는 영원한 불이 그녀의 살아 있는 상징으로 여겨졌다. ― 옮긴이 주

여성에게는 없는 모든 종류의 특권을 누렸다. 30년 후 그들은 사제관을 떠나 그들이 원한다면 결혼할 수 있었지만, 자발적으로 남아서 평생 베스타 여신을 섬기기도 했다. 여사제로 고려되기 위해서는 가문도 좋아야 했고, 일정한 지성도 갖춘 여성이라야 했다. 그들에게 주어진 책임은 너무 중요해서 덜 똑똑한 부잣집 딸들에게 맡길수 없었기 때문이다. 반면에 처벌은 끔찍했다. 가장 악명 높은 것은 순결 서약을 어긴 데 대한 처벌이었다. 법에 따라, 서약을 어긴 여사제는 로마 외곽의 특별히 마련된 지하 공간에 산 채로 매장되었다. 이것은 예컨대 코르넬리아^{Cornelia}의 슬픈 운명이었다. 그녀는 도미티아누스 집정기의 베스타 여사제였다. 그녀는 완전히 묻힐 때까지도 자신의 무죄를 계속 외쳤다고 한다.

어느 시점, 신성로에는 수많은 다른 건물들도 있었다. 오늘날 수세기 된 자갈들 위를 걷다 보면 그 잔해를 볼 수 있다. 그곳에는 로마인들이 왕정 시대 이래로 숭배해온 오래 된 숭배의 예배 장소들이 많다. 로마인들 스스로도 그 정확한 이유를 알지 못한다. "라피스 니게르"^{Lapis Niger} ■ 처럼 말이다. 포로에 있는 오래된 신전으로 사투르누스 신전, 카스토르와 폴룩스 신전이 있으며, 평화의 여신 콘코르디아^{Concordia}에 헌정된 신전도 있다. 원로원 의사당인 쿠리아^{Curia}와 민회의 의사당인 코미티움^{Comitium}의 유적도 각각 서 있다. 포로 양 쪽에 있는 두 바실리카, 율리아 바실리카^{Basilica Julia}와 아에밀리아 바실리카^{Basilica Aemilia}는 공화정 시대의 로마에 대한 기억을 불러일으킨다.

■ '검은 돌'이라는 뜻으로, 1899년 포로 로마노에서 발견된, 검은색 돌에 명문이 새겨진 석비(石碑)를 말한다. 현전하는 가장 오래 된 라틴어 명문 중 하나이다. — 옮긴이 주

당시에는 유력한 가문의 야심가들이 건축가로도 활동했다(아우구스투스 황제는 두 건물 모두에 관여했다). 바실리카는 공화정 당시 매우 인기가 있었다. 비가 오나 눈이 오나, 일용품의 구매에서부터 민사 소송에 이르기까지 거의 모든 일상 활동이 이곳에서 이뤄졌다.

셉티미우스 세베루스 개선문은 신성로의 아우구스투스 포장지역의 끝을 나타낸다. 개선문 상단에 제법 긴 명문이 새겨져 있다. 이 개선문이 셉티미우스 세베루스와 그의 아들 카라칼라Caracalla를 위해 세워졌다는 내용이다. 그런데 본래 거기에는 다른 이름, 즉 카라칼라의 동생 이름인 게타Geta가 적혀 있었다. 카라칼라가 그 이름을 지우고 그곳에 자기 이름을 새긴 것이다. 셉티미우스 세베루스는 그의 마지막 승리 이후 장남인 카라칼라를 자기와 공동 황제로, 그리고 막내인 게타를 황태자로 지명했었다. 셉티미우스 사후, 극적인 가족사가 펼쳐졌다. 카라칼라가 그의 동생을 죽인 것이다. 역사를 통해 배웠으므로, 이제 로마인들은 다음에 어떤 일이 펼쳐질지 짐작할 수 있었다. 그들은 새로운 폭군정치에 대비하기 시작했다.

지저분한 도시에서의 목욕과 건강

카라칼라 목욕장 거리 Viale delle Terme di Caracalla

고대 로마에는 길모퉁이마다 공중목욕탕이 있었다. 목욕탕에 가는 것은 필수적인 일이었다. 당시의 대도시 생활은 사람을 아주 지저분하게 만들었기 때문이다. 일부 부유한 로마인들은 개인목욕탕이라는 사치를 부릴 여유가 있었지만, 대부분의 사람들은 공중목욕탕에 의지해야 했다. 대부분의 로마인들이 목욕탕 가기를 좋아했다. 그러다 보니 제국 시대에는 황제의 이름으로 초대형 공중목욕장이 지어졌다. 트라야누스 목욕장(네로의 도무스 아우레아를 헐어낸 자리)과 후대의 디오클레티아누스 목욕장(테르미니 역 근처)이 대표적이다. 로마의 목욕장 시설의 면모를 알아보기 위해, 로마의 옛 중심부에서 카라칼라 목욕장 거리^{Viale delle Terme di Caracalla} 쪽으로 가본다.

이 길에서 볼 수 있는 카라칼라 목욕장의 유적은 대단히 인상적이다. 이 거대한 목욕장은 아피아 가도와 나란하게 지어졌다. 만든 이는 카라칼라와 그의 아버지 셉티미우스 세베루스이다. 로마 후기에 제작된 명문에는 이 목욕장을 안토니우스 목욕장이라고도 불렀다고 한다. 이는 셉티미우스 세베루스를 입양한 안토니우스 가문의 이름을 붙인 것이다. 그들이 이렇게 대단히 세련된 욕실을 만든 것은 자신들을 위한 것이 아니었다. 로마의 목욕탕은 공공건물이었고, 그곳의 출입은 공적이고 사회적인 행위였다. 로마의 다른 목욕장과 마찬가지로 카라칼라 목욕장도 온탕caldarium, 미온탕tepidarium, 그리고 냉탕frigidarium을 갖추고 있었다. 단지 내 이곳저곳에 노천욕탕natatio과 수영장도 있었다.

이 같은 목욕장은 비교적 새로운 디자인으로, 후기 제국 시대에 전형적인 것이었다. 각 욕탕 옆에는 체조 등의 운동을 위한 스포츠 시설도 마련돼 있었다. 그밖에도 이 복합 단지 안에는 도서관과 노천 극장도 있었고, 널따란 정원도 조성돼 있었다. 우리는 지금의 폐허들 사이로, 많은 것들을 떠올려볼 수 있다. 복도에는 크고 장엄한 조각상들이 세워졌을 것이고, 벽은 화려한 대리석과 밝은 벽화 등으로 장식되었을 것이며, 바닥은 형형색색의 모자이크 타일로 꾸며졌을 것이다. 지금은 그 모든 것이 다 사라졌다. 그나마 남아 있던 유물들은 로마 이곳저곳의 박물관, 광장, 공원 등에 분산 전시되어 있다.

카라칼라 목욕장 유적 자체는 잘 보존되어온 편이다. 유적은 서기 847년의 지진도 버텨냈고, 중세 때의 약탈도 비교적 잘 견뎌냈다. 그러나 그 뒤 잊혀졌다. 파르네세Alessandro Farnese 교황 바오로 3세Paul III 때가 되어서야 유적은 되살아났다. 그런데 이는 오히려 안타까운 일이었다. 1546년의 복원 과정에서 목욕장 일부가 파괴되었기 때문이다. 교황은 주로 자신의 궁Palazzo Farnese을 장식하는 데 쓸 고대 유물을 찾는 데 관심이 있었다. 과연 그는 자신이 원하는 것들을 손에 넣을 수 있었다. 〈파르네세의 수소〉Farnese Bull와 〈파르네세 헤라클레스 상〉Farnese Hercules과 같은 아름답고 유명한 조각품들을 자신의 예술 컬렉션에 추가할 수 있었다. 현재 이 작품들은 다른 몇몇 조각품들과 함께 나폴리에 있는 고고학 박물관에 소장되어 있다. 카라칼라 목욕장에 쓰였던 이집트 산産 대형 화강암 욕조 두 개가 현재 나보나 광장Piazza Navona의 남서쪽에 있는 파르네세 광장Piazza Farnese을 장식하고 있다. 16세기 중반까지는 광장에 욕조가 둘이 아닌 한 개만 있었다. 다른 하나는 산마르코 광장에 있었는데, 비슷한 외양의 욕조를 한 곳에 모으기 위해 16세기 후반에 현 위치로 옮겨졌다. 1626년에 처음으로 자코모 로날디Giacomo Ronaldi가 욕조를 파올라 수로Aqua Paola에 연결하여 물을 채웠다. 현재 그 두 욕조는 광장의 분수대로 쓰이고 있다.

로마의 제2의 콜로세움

카스트렌세 거리 Viale Castrense

아우렐리아누스 방벽Mura Aureliane을 다 도는 데는 하루 꼬박 걸린다. 게다가 혹시 계절이 여름이라면 이글거리는 태양과 동행해야 하는 힘든 여정일 수도 있다. 그러나 그럴 가치가 없지 않다. 로마라는 오래된 도시가 차지하는 크기에 대한 상像을 분명히 하는 데 그것보다 더 좋은 도움을 줄 만한 안내자는 없기 때문이다. 아우렐리아누스 황제에 의해 건설된 이 방벽은 지금도 여전히 대부분 제 자리를 지키고 있으며(모든 구간이 본래의 형태인 건 아니지만), 여전히 꽤 정확하게 따라갈 수 있다. 만약 당신이 충분히 로마에 매혹된다면, 당신도 나처럼 후기 고대의 로마 둘레를 따라 걷게 될 것이다. 그다지 의도하지 않았던 간단한 임무가 어떻게 몇 시간 동안의 연구보다도 더 어떤 장소나 사건에 대해 우리의 생각을 선명하게 다듬어줄 수 있는지, 참 모를 일이다. 당신은 3세기말이라는 로마를 향하여 도시 둘레의 길을 하루 만에 걸을 수 있다는 사실을 몸소 경험할 수 있다. 이제 카라칼라 목욕장 길에서 북동쪽 방향으로 아우렐리아누스 방벽과 그 역사를 따라 "로마의 제2의 콜로세움"을 향해 걸어 보자.

서기 275년경, 로마는 새로운 방어벽을 건설해야 할 필요성을 맞게 된다. 로마와 제국의 시련기였다. 카라칼라의 죽음(서기 217년에 근위대장에 의해 암살) 이후 수십 년간 세베루스 황조가 집권을 유지하긴 했지만, 역사는 로마의 이 서기 3세기를 주로 위기의 한 세기로 인식하고 있다. 황제의 자리가 "군인 황제"들에 의해 여러 번 숨 가쁘게 교체됐고, 동시에 황제반대파라 자처하는 자들도 상당수였다. 때때로 누가 황위 찬탈자인지를 알 수 없었다. 재위 기간이 짧고 기반이 너무 취약하다보니, 황제들은 가끔씩 자신의 이름으로 몇 개의 건설 활동만 주문할 뿐, 제대로 된 통치를 할 엄두를 내지 못했다. 이 세기에 영향력을 발휘한 몇 안 되는 인물 중 한 명은 아우렐리아누스였다. 그는 전쟁터에서 그의 병사들에 의해 황제로 추대되었고, 로마에서도 원로원에 의해 그렇게 인정받았다. 불과 5년밖에 지속되지 못한 그의 재위 기간 동안 가장 눈에 띄는 유산은 도시 주변에 새로운 성벽을 지은 일이었다. 왕좌에 대한 끊임없는 내부 투쟁은 제국을 약화시켜 북방 부족들의 공격에 취약하게 만들었다. 그러니, 새로운 성벽의 건설은 황제의 위신을 높이기 위해서가 아니라 부득이한 필요 때문에 취해진 조처였다.

새 성벽의 길이는 20킬로미터쯤 될 것이었다. 건설은 지체 없이 시작되어야 했고, 그래서 가능한 모든 건물들이 새 성벽에 병합되었다. 그래야 일이 쉽고 비용이 줄기 때문이었다. 튼튼한 구조물이 이미 있는데, 그걸 허물고 다시 지을 이유가 어디 있겠는가? 아우렐리아누스 성벽으로의 병합—세스티우스 피라미드^{Piramide di Caio Cestio}■가 대표적인 경우이다—은 역사가들에게 즐거운 부수효과를 남겨 주었다. 이 목적을 위해 선택된 건물들은 파괴와 그로 인한 망각을 면할 수 있었기 때문이다. 새 성벽을 쌓는 과정에서 카스트렌세 원형경기장^{Amphitheatrum Castrense}도 마주쳤다. 이것은 일종의 작은 콜로세움으로, 오늘날 일반인들에겐 별로 알려지지 않았다. 아우렐리아누스 성벽은 놀라 거리^{Via Nola}와 카스트렌세 거리^{Viale Castrense}의 교차점 부근("진짜" 콜로세움에서 그리 멀지 않다)에, 거의 원형 그대로 남아 있다. 이 길에 자신의 이름을 빌려준 카스트렌세 원형경기장 역시 상처가 없진 않지만, 외양은 그런 대로 살아 있다.

카스트렌세 원형경기장은 서기 3세기경에 세워졌을 것으로 추정된다. 셉티미우스 세베루스나 혹은 세베루스 황조인 엘라가발루스^{Elagabalus} 때이다. 외벽에는 원래 아치가 뚫려 있었으나 성벽에 병합되는 과정에서 그 속이 채워졌다. 이 경기장은 길 아래쪽에 있는 "진짜" 콜로세움에 비해 관중 수용 능력이 훨씬 떨어졌다. 아마도 이것은 황제의 거주단지 시설 중 하나였을 것이고, 따라서 로마 시민들이 아닌, 주로 황실 가족이나 그 신하들을 위한 사적인 쇼에 사용되었을 것으로 짐작된다. 경기장의 명칭인 "카스트렌세"는 "병영"이라는 뜻의 라틴어 castrum에서 유래한 것이어서, 이 경기장이 (부분적

─────────────

■ 기원전 12년에 피라미드 형태로 만들어진, 제사장 세스티우스(Gaius Cestius Epulo)의 묘이다. ─ 옮긴이 주

으로) 군사적 역할도 했음을 암시한다. 그 점에서 보면, 사실 카스트 렌세 거리에 있는 이 원형 건물이 정말 카스트렌세 원형경기장이 맞는지 완전히 확실한 것은 아니다(고고학 전문가들이 볼 때 그렇다는 이 야기다). 일반적으로 이 건물이 카스트렌세 원형경기장 맞다고 보는 이유는 두 가지이다. 하나는 현재의 건물이 로마의 오래된 지도에 표시된 원형경기장과 정확히 같은 위치에 있다는 점이고, 또 하나는 castrum이라는 말이 "성채"라는 의미도 갖는다는 점이다. 성채란 곧 황제의 주거지나 궁정도 의미할 것이니, 이 원형경기장이 맞다고 보는 것이다.

이곳에서의 여러 발굴의 결과는 산타크로체 인 예루살렘 성당Santa Croce in Gerusalemme—놀라 거리에서 볼 때 카스트렌세 원형경기장 뒤로 보이는 성당—이 거대한 황제 주거단지 위에 지어졌다는 사실을 보여준다. 앞에서 말했듯이 이 지역의 조성 연대는 셉티미우스 세베루스 시대로 거슬러 올라가지만, 이곳의 가장 유명한 거주자는 4세기 초까지 이곳에 입주하지 않았다. 그는 바로 콘스탄티누스Constantinus 대제의 어머니인 헬레나Helena였다. 이 어머니와 아들 둘 다 기독교로 개종한 사람들이다. 이야기를 하자면 이렇다. 로마 제국의 동부 지역을 여행하던 중 헬레나가 여러 유물들 중에서 나무십자가 하나를 발견했는데, 이것이 예수가 실제로 못 박혔던 그 십자가로 판명되었다. 아니, 실은 세 개의 십자가를 발견했는데, 그 중 두 개의 십자가는 죽어가는 어느 여인 위에 놓았을 때 아무 일도 일어나지 않았으나 세 번째 십자가를 올려놓는 순간 여인의 병이 씻은 듯이 나았다는 것이다. 이러한 "참십자가"라는 명칭은 적어도 4세기 초부터 기독교 유물의 상당한 "거래"가 시작되었음을 보여준다. 헬레나는 그 참십자가를 로마로 가져왔고, 지금까지도 그곳에 남아 있는 것이다. 그런데, 이 "참십자가" 이야기는 여러 버전이 존재했다. 중세 시대에 들어 그 이야기가 하도 많아져서, 전하는 바에 따르면, 16세기에 장 칼뱅Jean Calvin은 진짜 십자가라 우기는 그 유물들을 다 모으면 배 한 척을 짓고도 남겠다고 꼬집었다고 한다.

어쨌든 헬레나는 안전을 위해 예수의 십자가를 자기 궁전에 두었다. 그러다 그 십자가가 사실은 더 완벽하고 적절한 곳에 놓여야 한다고 생각했다. 그래서 그녀는 궁전에 있던 소박한 예배당을 성당으로 개조했고, 훗날 유물의 중요성으로 인해 이곳이 전세계 기독교인들의 순례지가 되었다. 참십자가의 그 성스러운 보금자리는 산타크로체 인 예루살렘("예루살렘의 성스러운 십자가") 성당이라는 이름을 얻었고, 로마의 7대 순례 교회 중 하나가 되었다. 그 교회는 지금도 여러 방문객과 순례자들을 맞이하고 있지만, 그 외양은 지난 수세기 동안 변화를 겪었다. 13세기에, 산타크로체 인 예루살렘 성당은 몇 번의 개조를 겪었고, 현재와 같은 바로크 양식의 외관을 갖춘 것은 18세기에 들어서였다.

카스트렌세 원형경기장을 지나 산타크로체 인 예루살렘 성당 쪽으로 걸어가서 잠시 성당 안으로 들어가보면, 헬레나가 예루살렘에서 참십자가를 찾아낸 이야기가 다시 한번 제단 뒤에 묘사된 것을 볼 수 있다. 카스트렌세 원형경기장의 고고학적 유적이 있는 정원 구역은 일반에게 거의 공개되지 않고, 공개된다 하더라도 교회의 안내인과 동행해야 한다. 하지만, 외부에서 우리는 어떻게 그 건물이 아우렐리아누스 방벽 속으로 병합되었는지를 아주 분명히 확인할 수 있다. 경기장으로의 모든 출입구 아치들은 폐쇄되었다. 20

킬로미터 길이의 이 거대한 로마 방벽은 아우렐리아누스 황제가 수많은 "야만인" 부족들을 막아내려는 필사적인 시도였지만, 그것의 건축은 또한 로마의 벽에 있는 이런 낙서를 상징하기도 할 것이었다.—"오래지 않아 아우렐리아누스 방벽도 더 이상 어떤 저항을 하지 않을 것이다."

콜로세움과 콘스탄티누스 개선문

십자가의 이름으로

밀비우스 다리 Ponte Milvio

서기 312년 10월 28일, 중대한 대립이 벌어졌다. "찬탈자"로 불렸던 막센티우스Marcus Aurelius Valerius Maxentius 황제와 그의 군대는 콘스탄티누스Aurelius Valerius Constantius 장군 및 그의 군대와 대치하고 있었다. 전에도 두 진영은 전장에서 몇 차례 마주쳤지만, 가장 중요한 전투가 바야흐로 이 로마에서 치러지게 된 것이었다. 막센티우스는 그의 부하들을 아우렐리우스 방벽 바로 바깥에 있는 플라미니아 가도Via Flaminia의 북쪽에 집결시켰다. 전도유망하고 야심찬 장군 콘스탄티누스는 자신이 승리할 경우 서로마 제국에 대한 통제권이 자신의 것이 될 것임을 뚜렷이 인식하고 있었다. 그리고 그 순간부터 동로마와 서로마의 분열은 더욱 뚜렷해질 것이었다.

자신의 통치 기간 동안, 콘스탄티누스는 로마 대신 비잔티움을 제국의 심장이자 수도로 삼았다. 그리고 이 "새로운 로마"의 이름에 자신의 이름을 넣어 콘스탄티노플이라 명명했다. 그러나 콘스탄티누스가 남긴 많은 흔적들은 이스탄불뿐 아니라 로마에서도 찾아볼 수 있다. 가장 널리 알려진 것은 콘스탄티누스 개선문Arco di Constantino인데, 그 이유는 이 개선문이 콜로세움 바로 옆에 있기 때문이다. 이 개선문은 여러 "약탈물", 그러니까 다른 오래된 기념물에서 떼어와 "재사용한" 장식적인 구조물들을 특징으로 한다. 콘스탄티누스 개선문에서 우리는 트라야누스, 하드리아누스, 그리고 마르쿠스 아우렐리우스 등 현제賢帝들의 기념물에서 가져온 "약탈물"들을 발견할 수 있다. 콘스탄티누스는 이런 방법으로 자신을 "현제"의 반열에 세우려 했던 것으로 짐작된다. 즉 자신의 개선문에 그 현제들의 흔적을 넣음으로써 자신을 그들의 미덕과 동일시하려 했던 것이다. 그가 직접 그렇게 했는지 여부는 분명치 않다. 결국 개선문은 원로원이 그에게 바친 것이기 때문이다. 개선문이 기리고자 하는 승리는 바로 그 312년 10월 28일, 로마에서 북쪽으로 6.5킬로미터쯤 떨어진 곳, 밀비우스 다리에서 일어났다.

그 다리는 막센티우스 본인의 요청에 따라 임시적인 배다리로 막 대체되었는데, 그다지 안정적이진 않았다. 콘스탄티누스의 군대는 적군보다 상당히 적었고, 이길 가능성은 그리 많지 않아 보였다. 나중에 그의 전기를 쓴 작가 에우세비우스Eusebius는 콘스탄티누스가 그 전날 하나의 환시幻視를 보고 자신감을 가졌다고 썼다. 그 환시란, 맑은 하늘에 십자가가 하나 나타났는데, 거기에 "이 문장紋章과 함께 승리하리라"in hoc signo vinces라고 씌어 있었다는 것. 다음날, 그는 정말로 승리했다. 밀려나던 막센티우스의 군대는 배다리로 몰려들었고, 불안정하던 배다리는 결국 무너지고 말았다. 병사들은 그들의 대장과 함께 테베레 강에 집단으로 빠져 죽었다. 막센티우스의 시신은 다음날 발견되었고, 이내 참수되었다. 이로써 앞으로 오랫동안 전해질 이야기가 시작되었다. 인류 역사상 처음으로 군사 전투가 기독교 십자가의 이름으로 승리한 것이다. 콘스탄티누스는 황제가 되었고, 후에 "대제"The Great라는 칭호를 얻었다.

콘스탄티누스가 실제로 기독교 신앙으로 개종하고 당시 전국적으로 벌어지던 기독교 박해를 중단시키는 등 친기독교 정책을 추구하긴 했지만, 기독교가 국교로 채택되기까지는 아직 시간이 더 흘러야 했다(테오도시우스 황제 때까지). 콘스탄티누스의 시대는 일종의 이행기로 비쳐진다. 콘스탄티누스는 종종(혹은 쾌히) "좋은" 황제로 여겨지지만, 전체적으로 보아 로마 자체는 사실 4세기 들어 출발이 "좋지 않았다". 이러한 가치판단에는 적지 않은 단서조항과 이의제기가 수반된다. 어쩌면 우리는 서로마 제국의 필연적인 몰락으로 이어지는 느리지만 꾸준한 쇠퇴의 명확한 상像을 제공하는 데 그러한 가치판단이 필요 없을 수도 있다. 지난날, 콘스탄티누스가 로마(그리고 유럽)의 역사에 끼친 영향은 종종 약간 과대평가되었다. 물론 그것은 역사의 전개, 특히 기독교의 전개와 연결되어 있다. 그러나 우리는 오늘날의 통찰만으로 역사를 해석하려 해서는 안 된다. 아무리 그 통찰을 무시하기가 어렵다고 하더라도 말이다. 그렇게 콘스탄티누스 통치의 영향과 혁신적 성격이 종종 다소 과대평가되긴 했지만, 결과적으로 볼 때 그가 유일신교인 기독교로 개종한 것은 매우 중요한 일이었다. 그의 뒤를 이은 모든 황제가, ("배교자") 율리아누스만 빼고, 다 기독교인이었다.

형태와 외양 면에서 볼 때 사실 로마 시는 콘스탄티누스 시대에 상당히 "불신자"heathen—기독교의 입장에서 볼 때—로 남아 있었다. 중심부의 그 많은 신전들은 건드려지지 않은 채였고, 훨씬 후에야 완전히 버려질 것이었다. 철학 학교들도 마찬가지였다. 콘스탄티누스 자신의 건축 계획은 주로 로마의 외곽에 집중되었다. 그는 교회의 창설자들인 베드로의 무덤(현 성 베드로 대성당)과 바울의 무덤(현 산 파올로 푸오리 레 무라 성당San Paolo fuori le Mura)에 기념비를 세웠다. 도시의 반대편에서는, 산타크로체 인 예루살렘 성당이 자신의 어머니 덕분에 생겨났고, 그 바로 옆 콘스탄티누스의 사유지였던 라테란 궁에서는 예수가 "구원자"로 숭배 받았다. 콘스탄티누스는 팔라티노를 떠나 신하들을 데리고 라테란 궁으로 이주한 최초의 황제였다. 그 단지는 후에 전부 교회에 기증되었고, 궁은 결국 총대주교관으로 바뀌었다. 콘스탄티누스는 그곳에 훗날 산조반니 인 라테란 성당San Giovanni in Leterano이라고 불리게 될 성당도 세웠는데, 원래는(그리고 지금도 공식적으로는) 산티시모 살바토레 성당Santissimo Salvatore이라고 불렸다. 그 때부터 산조반니 인 라테란 광장Piazza di San Giovanni in Laterano의 교회와 궁은 로마 교황들이 거주하는 장소가 되었다. 14세기에 로마에서 교황이 추방될 때까지 그렇게 유지되었다.

콘스탄티누스 시대에는 기독교 예배가 더 이상 개인 집에서 하는 신앙집회 식으로 이루어질 필요가 없었다. 이제 순교자들을 위한 교회 및 기념물의 건설이 공공연하게 일어났다. 콘스탄티누스 시대의 이와 같은 또 다른 건축 경향은 로마의 건축 역사에 더 큰 영향을 미칠 것이었다. "약탈품"은 새로운 건설 프로젝트의 거의 확실하고 피할 수 없는 부분이 되었다. 오래된 이교도들의 기념물에서 떼어낸 장식품들과 값비싼 재료들이 앞으로 교회의 건설에 이용될 것이었고, 이는 로마의 거의 모든 오래된 교회에서 반복적으로 나타날 관습이 되었다. 이렇게, 영원한 도시의 건설은 멈추지 않았다. 보스포루스에 "새로운 로마"가 세워졌지만, 아직까지는 테베레 강의 로마가 그 이름과 명성을 유지했다. 그러나 세계의 정치적 중심으로서의 그 로마의 입지는 점차 좁아지고 있었다.

교황들의 비밀 통로

보르고의 비밀의 길 Passetto di Borgo

순례자든 아니면 여행자든, "화해의 길"Via della Conciliazione의 시작점에 도착하여 거대한 베드로 대성당을 향해, 그리고 기념비적 대광장의 환영의 포옹을 향해, 마지막 몇 걸음을 떼게 될 때면, 누구나 어떤 감동을 받게 된다. 그 탁 트인 직선의 길이 그대로 가슴에 와 닿는 느낌이다. 하지만 방문객들은 다른 쪽, 그러니까 오타비아노Ottaviano 지하철역 광장에서 출발해 극장 광장의 옆 날개를 지나 베르니니의 천개天蓋 밑을 통해 광장에 도착하기도 한다. 이 곳의 기둥들은 바티칸 시국과 이탈리아 사이의 경계를 나타낸다. 그리고 그 옆으로, 화해의 길과 나란하게 달리는, 벽처럼 생긴 구조물이 있다. 낡고, 중세적으로 보이며, 상대적으로 높은 벽이다. 언뜻 보면 일종의 방어용 구조물처럼 보이기도 한다. 그러나 이것은 벽이 아니라 일종의 고가 통로이다. 로마의 가장 잘 은폐된 길인 이 통로는 파세토^{passetto}, "작은 통로"로 알려져 있다. 이 비밀스런 복도길은 성 베드로 대성당에서 카스텔 산탄젤로까지 800미터쯤 이어져 있다. 이 수상하고 비밀스러운 통로는 누가 사용하는 길일까?

콘스탄티노플을 수도로 둔 로마 제국의 동부 지역은 콘스탄티누스의 통치 이후 위상이 높아졌고, 수세기 동안 이 지역에서 힘을 행사하였다. 그러나 로마는 "야만족"들의 수차례 공격에 계속 시달렸다. 혼란과 불안이 잇따랐다. 상황은 견딜 수 없게 되었다. 결국 476년, 게르만족의 지도자 오도아케르^{Odoaker}가 로마의 마지막 황제인 로물루스 아우구스투스^{Romulus Augustus}를 무너뜨렸다. 로마, 그리고 서로마 제국은 쓰러졌고, 오랫동안 침범과 약탈의 처지에 놓이게 되었다. 6세기에 그 도시는 고트족의 손으로 넘어갔다. 롬바르드족이 이탈리아에 정착했을 때, 그들은 로마 문화의 어떤 것도 채택하지 않았다. 로마는 폐허가 되었고, 공적 질서를 회복할 황제나 원로가 없었다. 천년이 넘는 기간 동안 번영을 누렸고, 그중 상당 부분은 세계 제국의 펄떡이는 심장이었던 로마가, 어떻게 이런 멸망의 처지에 놓이게 되었을까. 그것은 오랫동안 논쟁의 주제가 되어왔다. 확실한 것은, 결코 어떤 단일한 요인에 의해 그렇게 된 것은 아니라는 점이다. 역사에서 거의 항상 그래왔듯이, 원인과 상황의 복잡한 조합이 있었다. 로마의 혼란이 오랫동안 지속된 것도 확실하다. 그당시 유럽은 불화가 지배하고 있었다.

로마의 도시 계획은 이 기간 동안 거의 건드려지지 않았다. 546년 고트족이 비잔틴으로부터 로마를 탈환했을 때, 그들의 파괴적인 지도자 토틸라Totila는 로마를 커다란 방목장으로 만들어버리겠다는 자신의 약속을 다행스럽게도 지키지 않았다. 그러나 그는 로마 성벽의 많은 부분을 파괴하긴 했다. 이때 하드리아누스 황제의 영묘—오늘날 우리가 카스텔 산탄젤로로 알고 있는 그 기념물—도 훼손되었다. 그 영묘는 아우렐리아누스 황제가 새로 방벽을 쌓으면서 영묘의 일부를 방벽에 병합했던 것인데, 그 순간부터 하드리아누스의 영원한 평화는 영구히 깨졌었다. 영묘의 둥근 천장은 성이 되었고, 격변의 시기에는 로마의 방어에 사용되기도 했다. 즉, 6세기 말 기적이 일어나기 전까지는 말이다.

로마는 유행병 수준의 끔찍한 흑사병으로 고통을 겪고 있었다. 590년에 교황(펠라지오 2세Pelagius II)마저 이 병으로 희생되었다. 그의 후계자인 "대교황" 그레고리오 1세Gregory I는 이 도시에서 역병을 몰아내기 위한 특별한 기도행렬을 계획했다. 헌신적으로 간구하는 신도의 행렬이 성 베드로 대성당에 거의 다다랐을 때, 그레고리오는 하늘 위에, 하드리아누스의 영묘 바로 위에, 대천사 미카엘이 칼을 들고 나타나는 것을 보았다. 놀란 그레고리오는 계속하여 하늘을 쳐다보았고, 다음 순간 천사는 칼을 칼집에 집어넣었다. 그레고리오는 이것을 기도가 응답되었다는 신호로 해석했고, 정말로 역병은 로마를 떠났다. 이 신성한 기적의 이야기는 수세기 동안 전해졌고, 1536년 칼을 든 미카엘 대천사상이 무덤 위에 놓였다. 대천사상은 지금도 여전히—비록 18세기 스타일이지만—카스텔 산탄젤로 위에 있다.

토틸라에 의해 파괴된 성벽을 다시 쌓을 필요가 대두된 것은 800년경이다. 대략 7세기에서 9세기 사이, 로마에서는 여행자들을 거의 찾아볼 수 없었다. 도시를 연구하는 사람들에게 있어 이 세기는 파악이 쉽지 않은 시기이다. 아마도 그 이유는 원대한 건축 계획을 지닌 명확한 지도자가 없었기 때문일 것이다. 우리가 들여다볼 수 있는 자료는 고작해야 7세기경 나타나기 시작한 이른바 순례안내서 정도이다. 그 안내서들에는 황제와 교황의 이야기는 없다. 대부분 구원 혹은 치유를 위해 여기저기 돌아다니는 신도들의 소박한 이야기만 전할 뿐이다. 그러나 로마로 여행하는 사람들의 증가가 도시의 역사에 미치는 영향은, 초기 교황의 영향이나 기독교로 개종한 황제의 영향보다 더 클 수도 있다. 비록 그 여행은 위험하고 비쌌겠지만, 이 여행자들은 스스로 로마에 왔다. 이러한 순례자 수의 증가는 유럽 전역에서 명성을 얻은 성자 및 순교자들의 무덤과 유적 근처에 머물기를 열망하는 소원에서 생겨난 것이다. 이 같은 관심에 고무된 몇몇 건설 프로젝트가 로마에 새로운 활력을 불어넣었다.

우리는 단순히 이 순례자들을 로마의 첫 번째 "여행자"라고 부를 수 없다. 왜냐하면 그들은 오늘날의 관광객들과 거의 모든 면에서 달랐기 때문이다. 순례 여행은 종종 그들을 로마의 중심지로 인도하지 않았고, 주로 성벽 바깥의 성인들의 무덤으로 인도했다. 성 베드로의 무덤은 순례의 종점 혹은 시발점이 되었고, 바울의 무덤 또한 항상 순례지 목록에 올라 있었다. 또한 로마 주변의 다른 지역에는 카타콤바catacomba라고 불리는 수 킬로미터 길이의 지하묘지에 성자들의 무덤이 많이 있었다. 그들의 묘지가 지하에 있다는 사실은 불가피한 면이 있었다. 즉 기독교인이 늘어나면서 화장보다 매장이 선호되었고, 그러다보니 무덤으로 쓸 땅이 부족해졌던 것이다. 그러나 6세기와 7세기에 지하 묘지는 점점 더 많은 수의 순례자들을 수용할 만큼 넓지도 않았고, 안전하지도 못했다. 그리하여 가장 중요한 순교자들의 무덤 주변에 무덤이 제거되고, 땅이 평평해지고, 교회가 세워졌다. 산로렌초 푸리 르 무라 성당San Lorenzo fuori le Mura와 산타그네세 성당Sant'Agnese, 남쪽의 산티 네레오 에 아킬레오 성당Santi Nereo e Achilleo, 서쪽의 산판크라치오 성당San Pancrazio, 성벽 북쪽 플라미니아 가도의 산발렌티노 성당San Valentino 등이 그 예이다.

샤를마뉴Charlemagne 시대 이후, 로마 교황은 도시에 있는 신자들의 목자 이상의 존재가 되었다. 샤를마뉴의 아버지인 단신왕 피핀Pepin the Short은 프랑크의 왕이었을 때 교황의 축복을 받았던 대가로 로마를 도우러 왔다. 피핀은 이탈리아에서 롬바르드족을 몰아냈고, 이탈리아 중부의 여러 지역에 대한 지배권을 교황에게 넘겨주었다. 이것이 교황령Papal State의 시작이었다. 샤를마뉴는 800년 12월 성 베드로 대성당에서 교황 레오 3세Leo III로부터 황제로 추대되었다. 그는 서로마 제국의 멸망 이후 서유럽에서 발전해온 새로운 정치적 연합인 신성로마제국의 황제로 선포되었다(여전히 비잔티움에 황제가 있었음에도). 샤를마뉴는 대관식을 싫어했는데, 왜냐하면 이 의식—교황의 축복을 받기를 바라는 선왕의 소원에서 비롯된—은 정의상, 관을 쓰는 자가 관을 씌우는 자보다 위치가 낮음을 드러내는 것이기 때문이었다. 황제라는 직함의 "선물"은 다음 세기 동안 교황에 대한 의존성의 상징으로 남아 있었다.

어쨌든 로마는 새로운 로마 제국의 종교적 중심지가 되었고, 교황 자신과 그의 행정요원들이 머무는 성 베드로 대성당은 적절한 보호를 받아야 하는 순례지로 변했다. 샤를마뉴의 죽음과 그의 제국의 분열 이후, 방어의 차원에서 몇 가지 조치가 행해질 필요가 있었다. 중동의 사라센은 유럽인들 사이에 해적 및 약탈자로 악명이 높았다. 이것이, 9세기 교황 레오 4세$^{Leo IV}$의 지휘 아래 처음으로 바티칸 전체를 둘러싸는 방어 구조가 성 베드로 대성당 주변에 지어지게 된 이유이다.

그러는 동안, 순례자들은 9세기와 10세기, 그리고 그 다음 세기 동안 계속해서 로마를 찾았다. 8세기와 9세기를 시작으로, 성벽 안에 있는 교회들은 점점 더 로마 순례 여행의 일상적인 부분이 되었다. 그 이유 중 하나는 교회의 "유골 정책"의 완화에 있다. 처음에는 성자들의 유해를 "방해"하는 것이 엄격히 금지되었지만, 이제는 그것을 옮기는 것이 용인되었다. 수세기가 지나면서, 성벽 밖에 있던 많은 무덤의 유해를 성벽 안으로 옮기는 게 더 안전할 것임이 점차 분명해졌다. 그래야 약탈로부터 보호받을 수 있기 때문이었다. 이 기간 동안, 많은 유해들이 새로 지어진 로마의 교회 지하로 옮겨졌다. 아마도, 신성한 유해를 이리저리 옮기는 모습이 12세기 순례자들이 표현한 그 불신에 기여했을 것이다. 즉, 그들은 자신들이 그토록 헌신적으로 무릎을 꿇고 있는 성소에 정말로 그 유해가 있는지 점점 더 의심했다. 이러한 회의가 교회들 사이―주로 라테란과 바티칸 사이―에서 유물 경쟁이 시작된 원인들 중 하나이다.

그러는 사이, 시대는 여전히 격변 속을 지나고 있었다. 11세기부터 교황은 추기경들에 의해 선출되었다. 즉, 정치 지도자가 아닌 종교 지도자들이 종교 사무실을 배정받았다. 이는 결국 이탈리아 북부의 도시국가들이 독립을 쟁취한 시점에 발생한 성직 임명권 분쟁으로 이어졌다. 그러나 교황과 가톨릭 교회의 권위는 보편적으로 받아들여지는 것과는 거리가 멀었고, 그 갈등은 교황 그레고리 7세

Gregory VII와 황제 하인리히 4세Heinrich IV가 논쟁에 휘말리면서 고개를 들었다. 얼마 후 13세기에 교황 니콜라스 3세Nicholas III(1277~1280)는 생명의 안전을 심각하게 우려하여 집무실을 라테란 궁에서 바티칸 궁으로 옮기고, 그곳에 비상 탈출로를 만들기로 결정했다. 방어가 용이한 카스텔 산탄젤로까지 이어지는 바티칸 외벽의 윗부분에 길을 만들었다. 이렇게 해서 교황의 비밀 통로라 불리는 고가통로가 만들어졌다. 그리고 수세기 후인 1492년, 보르자 교황 알렉산데르 6세 Alexander VI가 지붕이 있는 복도식 통로를 추가함으로써 오늘날의 모습을 갖추게 되었다.

과연 니콜라스 3세는 선견지명이 있었다. 1527년 5월 6일, 악명 높은 "로마 약탈"Sacco di Roma—카를 5세Karl V가 이끄는 독일과 스페인 군대에 의한 로마 약탈—때, 이 탈출로가 교황의 생명을 구했던 것이다. 로마는 샅샅이 털렸고, 교황 클레멘스 7세Clement VII는 목숨을 보전하기 위해 피신해야 했다. 충성스러운 스위스 근위병이 좁은 통로를 밝히기 위해 횃불만 들고 그를 호위했다고 전해진다. 탈출로는 계단을 통해 카스텔 산탄젤로의 지하 벙커로 연결되었고, 그곳에서 교황은 적지 않은 무서운 시간을 보냈다. 혹시 있을지 모르는 그 피난의 시간을 좀더 유익하게 보내기 위한 준비로, 16세기 교황들은 카스텔 산탄젤로에 교황용 숙소를 비롯하여 로지아(한쪽에 벽이 없는 복도), 영빈관, 상담실, 그리고 예배당까지 추가했다.

16세기에, 옛 것과 평행하게 새로운 "좁은 통로"가 일부 추가되고, 새로운 문도 보태졌다. 비교적 평온하고 번영했던 이 시기에 카스텔 산탄젤로는 교황의 은신처에서 감옥으로 그 용도가 바뀌기도 했다. 가장 최근의 변형은 교황 우르바노 8세Urban VIII 때 이루어졌다.

알렉산데르 6세가 추가했던 구간에 지붕을 설치한 것이다. 오늘날 이 길은 보통 폐쇄되어 있으며, 드문 경우나 사전 약속에 의해서만 출입이 가능하다. 그렇더라도 다행인 것은, 카스텔 산탄젤로 지붕과 성 베드로 대성당의 돔에서 교황의 이 비밀 통로를 잘 볼 수 있다는 점이다.

템플 기사단의 상속자

몰타 기사단 정원 Piazza dei Cavalieri di Malta

여덟 개의 꼭짓점을 가진 몰타 십자가^{Maltese cross}를 아시는지? 그런 것이 있다는 걸 한번 알아채면, 당신은 로마의 도처에서 그것을 보게 될 것이다. 트라야누스 시장 근처에 있는 것을 예로 들자면, 대부분의 경우 그것은 바람에 나부끼는 붉은색 깃발에 그려져 있다. 십자군 시대를 상기시키는 그 문양은 오늘날에도 존재하는 가장 오래된 기사단의 문장紋章이다. 이 기사단은 서유럽 국가들이 투르크 족에 맞서 싸우는 비잔틴 제국을 도우러 왔을 때 조직되었다. 몰타 기사단—정식 명칭은 성 요한의 예루살렘과 로도스와 몰타의 주권 구호기사수도회^{Sovereign Military Hospital Order Saint John}—은 원래 몰타에서 기원한 것이 아니라, 중세 시대에 순례자들과 십자군 병사들을 돌보는 순례자 병원이 있던 예루살렘에서 기원한 것이다. 전통적으로 그 병원은 베네딕트회 수도사들에 의해 운영되다가, 1113년에 병원 신도들이 떨어져나가자 스스로 자신들의 수도회를 만들었고, 이것이 교황으로부터 정식으로 인정받으면서 성립된 병원이었다. 몰타 기사단은 오늘날에도 약 1만 2천 명의 성직자 및 유럽 귀족들이 성원으로 참여하여 운영되고 있다. 주권이 있는 기사단이지만, 별도의 영토는 없다. 아니, 전혀 없긴 않다. 로마에 몇 군데 "부지"가 있긴 하다.

봄에 아벤티노 언덕을 오르면 참 좋다. 이때의 햇볕은 한여름처럼 강하지 않고, 여러 정원에는 장미가 지천이다. 몰타 기사단의 대수도원Grand Priory으로 가는 길에도 장미향으로 가득하다. 아벤티노 언덕은 로마의 다른 곳과 마찬가지로 로마의 초기 시대로 거슬러 올라가는 역사가 많은 곳이다. 이곳에서는 기원전 5세기부터 3세기까지 로마 시민들이 여러 차례 모여 귀족들의 특권적 지위에 저항했다고 전해진다. 더 정확히 말하면, 그들은 시민들의 "파업"을 여러 차례 조직하여 공공 생활을 완전히 중단시켰다. 그러니까, 1924년에 이곳에 모여 파시즘 정권에 반대하는 목소리를 냈던 이탈리아 국회의원들은 이 장소를 자신들의 파업을 위한 곳으로 택할 충분한 이유를 가지고 있었던 셈이다.

언덕 마루로 오르는 길은 여느 길과 다르지 않다. 이곳이 그런 역사가 있던 곳임을 알려주는 건 전혀 보이지 않는다. 장미향은 오렌지 정원Giardino degli Aranci과 아름다운 산타 사비나 성당Santa Sabina이 있는 길로 우리를 안내한다. 그 길의 끝에 몰타 기사단 광장Piazza dei Cavalieri di Malta이 있고, 그곳에서 몰타 기사단의 대수도원과, 인접한 산타마리아 델 프리오라토 성당Santa Maria del Priorato을 볼 수 있다. 대수도원 건물은 본래 939년 베네딕트회 수도원으로 지어진 것이었다. 안에는 성바실리오Saint Basilio를 기리는 교회가 있었다. 후에 아벤티노 성당의 관저와 교회가 템플 기사단의 소유가 되었다가, 1312년에 그들의 소유물이 몰타 기사단으로 이전되면서 이곳이 몰타 기사단의 대수도원이 되었다. 지금까지 그들의 자산은 소아시아와 유럽에서 기하급수적으로 증가했다. 템플 기사단의 자산을 상속받은 것은 수세기 동안 독지가들로부터 받아온 기부에 대한 엄청난 보완이었다. 그들은 각 지역의 모든 소유물을 감독하기 위해 대수도원을 설립했고, 그 수도원들은 다시 각각의 영지로 나뉘었다. 현재는 검은 수도사 복장을 한 기사단장이 이 영지들을 맡고 있다.

1530년, 몰타 섬이 소유 목록에 추가되었다. 찰스 5세가 그 섬을 기사단에 선물로 주었다. 그런데 그것은 몇 가지 부수적인 문제를 가진 선물인 것으로 밝혀졌다. 몰타 기사단은 얼마 지나지 않아 터키의 침략으로부터 최근에 획득한 영토를 방어해야 했다. 결국 몰타라는 이름은 남았지만 소유물은 아니었다. 나폴레옹은 기사 작위를 거부했고, 그 섬에서 이루어진 명령을 인정하지 않았다. 게다가 1800년에 몰타는 영국에 점령되었다. 이 순간부터 몰타 기사단은 이름뿐인 주권국가가 되었다. 기사단은 상트페테르부르크, 카타니아, 페라라 등지로 계속 자리를 옮기다가 결국 로마에서 영구적인 터전을 발견하여 그 이후 교황의 인정과 보호를 누리고 있다.

베네딕트 팸필리Benedict Pamphili 추기경이 몰타 기사단장이 되었을 때, 기사단은 아벤티노 대수도원과 그 앞의 광장에서 활동하고 있었다. 1765년, 교황 클레멘스 13세Clement XIII(그 또한 기사단원 중 한 명이었다)는 그의 조카 조반니 바티스타 피라네시Giovanni Battista Piranesi에게 광장과 산바실리오 성당의 외관에 대한 새로운 디자인을 고안해내도록 하였고, 그 헌당 과정에서 바실리오 성당은 산타마리아 델 프리오라토로 명칭이 바뀌었다. 두 개의 작은 오벨리스크 옆면에 새겨진 명문이 아직도 이를 기념하고 있다. 성당 안에 피라네시의 무덤이 있다. 전설에 따르면 피라네시는 몰타 기사단의 숨겨진 추종자였고, 그래서 그는 일련의 힌트와 암호, 상징들을 그의 광장에 숨겨놓았다고 한다. 전해지는 말로는 그곳에 숨겨진 성스러운 템플 기사단의 배가 있다고 하는데, 이 배는 수세기 동안 성지로 파견되어 출항할 준비를 하고 있었다고 한다. 아벤티노 언덕은 전체적으로 그 십자군 배의 상징이다. 테베레 강을 따라 내려오는 남쪽 부분은 거대한 V자 모양을 하고 있으며 활을 나타낸다. 또한 몰타 대수도원 건물의 입구는 뒷갑판이며 정원의 미로는 뒤엉킨 삭구(배에서 쓰는 로프 따위)를 상징한다. 광장의 오벨리스크들의 "숲"은 배를 띄우기 위해 필요한 나무(목재)를 상징한다. 자세히 살펴보면 모든 종류의 이상한 상징들이 오벨리스크에 새겨져 있는 것을 발견할 수 있는데, 아마도 "내부자들"만이 읽을 수 있는 비밀 메시지일 것이다.

수백 년 된 몰타 기사단의 대수도원 뒤에 숨겨 있는 몰타 저택—콘도티 거리Via dei Condotti의 궁과 더불어 몰타 기사단의 유일한 영토를 상징하는—의 대문(늘 닫혀 있다)의 청동 열쇠구멍을 들여다보라. 그러면 당신은 첫째, (바티칸 시국에서처럼) 이탈리아 것이 아닌 영토의 한 조각을 볼 수 있다. 그리고 둘째, 멀리 성 베드로 대성당의 둥근 돔을 고스란히 볼 수 있다.

교황 없는 로마

콜라 디 리엔조 거리 Via Cola di Rienzo

로마에서는 모든 것이, 심지어 동상 하나의 위치까지도, 매우 중요한 것일 수 있다. 마다마 루크레치아Madama Lucrezia나 피에 디 마르모 거리Via del Pie di Marmo의 대리석 발과 같은 조각상들은 오래 전 그곳에 신전이 있었음을 알려준다. 그런데 어떤 경우에는 수세기 동안 오인되어 실수로 눈에 띄는 자리에 놓이기도 한다. 카피톨리노의 마르쿠스 아우렐리우스 기마상이 바로 그런 경우이다. 그리고 흉행^兇^行 현장 조각상이라는 것이 있는데, 이는 그 곳에서 누군가의 삶이 끔찍하게 끝났음을 말해주는 조각상이다. 가장 잘 알려진 예는 캄포 데 피오리Campo de' Fiori의 철학자 조르다노 브루노Giordano Bruno의 동상이다. 브루노는 이곳에서 처형대에 묶여 화형 당했다. 콜라 디 리엔조Cola di Rienzo도 그 비슷한 동상을 갖게 된다. 그는 산타마리아 인 아라코엘리 성당^{Santa Maria in Ara Coeli}의 높은 계단에서부터 머리카락을 잡힌 채 끌려 내려와 군중의 트로피처럼 그곳에 매달려 죽었다. 그런 역사의 현장을, 많은 사람들은 알아채지 못하고 그저 지나간다.

우리는 이 잊힌 로마사의 한 장면을 빌라 보르게세^{Villa Borghese}에서 바티칸으로 향하는 길 위에서 발견한다. 이 동상 이외에도, 콜라 디 리엔조는 완벽하게 직선인 쇼핑 거리에도 자기 이름을 남겼다. 교황과 귀족 사이에 있었던, 바티칸과 빌라 보르게세 사이의 연결고리가 니콜라 디 리엔조 가브리니^{Nicola di Rienzo Gabrini}라는 이름을 따서 지어졌다는 것은 운명의 아이러니가 아닐 수 없다.

1313년에 태어난 콜라 디 리엔조는 시대의 아들이었다. 물론, 순례자들과 교황들은 후기 고대와 중세 초의 로마의 역사에 자신들의 자취를 남겼지만, 많은 다른 움직임과 발전이 동시에 일어나고 있었다. 예를 들어 12세기에는 전통적으로 권력을 주장한 교황과 귀족 가족 외의 또 다른 강력한 집단인 부르주아 계급이 노동계급으로부터 서서히 출현하고 있음이 분명해졌다. 유럽 다른 지역에서도 그랬듯이, 동종 업계 종사자들(상인, 은행가, 장인)이 길드로 조직되었고, 그럼으로써 이들은 개별로 활동할 때보다 더 강한 모습을 띠게 되었다. 12세기 중반, 바티칸은 로마의 단결된 시민들이 스스로의 의회를 구성할 수 있도록 허용했다. 단, 그 의회 의원에 대한 임명은 교황이 하도록 했지만. 그런 조치에도 불구하고 로마 시민들의 대표기구("코무네"^{comune})는 카피톨리노를 근거지로 삼아 자체 집회와 재판을 열었다. 현재의 로마 시청도 그곳에 자리하고 있다.

새로운 시민들에 대한 바티칸의 관대한 태도는 "공격 대상의 선정"과 관계 있었을 것이다. 교황은 로마 시민들이 침묵할 때 가장 행복했다. 그럴 때 교황은 로마에서의 세속적인 권력을 위해 경쟁하고 주장하는 몇몇 유럽 군주들처럼 그럭저럭 해나갈 수 있었다. 교황 클레멘스 5세Clement V가 1309년 교황청을 프랑스 아비뇽으로 옮기기로 급진적인 결정을 내렸을 때, 그 군주들의 공격은 로마의 상황에 심각하고 부정적인 영향을 미쳤다는 것이 명백해졌다. 그곳에서 교황은 적어도 그의 프랑스 가족의 보호에 의지할 수 있었고, 평화와 안전을 찾았다. 그 뒤로 70년 동안 교황들이 아비뇽에 머물렀다. 역사에서 "교황의 바빌론 유수幽囚"라고 부르는 시기이다.

그 상황은 로마에 충격을 주었다. 교황의 권위가 프랑스로 멀어졌다는 사실이 도시를 불안과 혼란에 빠뜨렸다. 로마의 명성은 훼손되었고, 순례자들은 로마로 가기를 꺼렸다. 순례여행에서 생기는 경제적 자극이 사라지자, 도시의 쇠퇴는 가속화되었다. 권위의 부재와 경제적 쇠퇴의 결합은 재앙이었다. 여관 주인과 세탁부의 아들로 태어난 콜라 디 리엔조는 그렇게 곤경에 처한 로마에서 자랐다. 그가 로마의 상황에 대해 걱정할 정도로 충분히 나이가 들었을 때, 그는 몇 차례 격한 비판을 쏟아냈다. 위대하고 자랑스러웠던 우리 로마에 무슨 일이 일어난 것인가? 어쩌다 우리 로마인이 이런 엉망진창에서 살게 되었는가? 리엔조를 지지하는 시민이 점점 늘어갔다. 그는 웅변가였고, 설득력과 카리스마가 있었다. 그가 로마 시민들을 향해 "좋은 나라"buono stato의 수립을 주창한 1347년, 그는 아직 서른다섯이 안 되었을 때였다. 카피톨리노의 코무네 본부에서 리엔조는 이 "새로운 나라"의 수립을 선언했다. 약속은 간단했다. 로마의 거리에, 법과 질서를 다시 가져오겠다는 것이었다.

새로운 나라, 새로운 시대의 시작을 알리는 의미에서 콜라 디 리엔조는 "해방 공화국 원년"을 선포했다. 아닌 게 아니라 리엔조 덕분에 로마는 오랫동안 시달려왔던 범죄자와 강도들로부터 "해방"되었다. 보안이 강화되자 서서히 순례자들이 도시의 성지로 돌아오기 시작했고, 상인들은 즐거이 자신들의 물건을 팔기 시작했다. 이러한 성공에 힘입어 리엔조의 이상은 로마 밖으로까지 번져갔다. 그의 가장 큰 소망은 이탈리아를 통일하고 로마를 그 자랑스러운 수도로 만드는 것이었다. 교황이 멀리 프랑스에 머물고 있는 상황에서, 그가 이탈리아의 유력자들을 로마로 초대하고 그들에게 로마의 지도자로서 인사하는 것을 막을 수 있는 사람은 아무도 없었다. 리엔조의 눈에 "새로운 이탈리아"는 논쟁의 여지가 없는 사실이었다. 하지만 그가 군주처럼 느낄수록, 더 군주처럼 행동했다. 그는 수행원의 수를 점점 더 늘렸고, 자신만의 친위대를 갖고 싶어 했다. 더 많은 돈을 썼고, 그래서 더 많은 세금을 필요로 했다. 과도한 비용에 대한 비난이 거세졌다. 항간의 불만은 결국 봉기로 이어졌고, 리엔조는 결국 쫓겨났다.

그로부터 얼마 지나지 않은 1354년, 콜라 디 리엔조는 과감히 로마로 다시 돌아왔다. 이번에는 교황 이노켄트 6세$^{Innocent VI}$의 특사 자격이었고, 로마는 그에게 두 번째 기회를 주었다. 그는 다시금 질서를 회복했다. 그러나 그가 소금과 포도주에 부과한 많은 세금은 국민들을 또다시 분노케 했다. 콜라 디 리엔조에 대한 비난에는 과거의 잘못까지 더 얹어졌다. 카피톨리노 언덕 아래 모인 성난 군중은 1354년 10월 8일, 그의 목숨을 요구했다. 콜라 디 리엔조는 군중들을 피하려 했으나 실패했다. 로마에 대한 원대한 꿈을 가졌던 그 남자는 한 무리의 시민들에게 구타를 당했고, 전해지는 바에 따르면 사지가 찢겨졌다고 한다. 콜라 디 리엔조, 혹은 그의 몸 중 남은 것들은 산타마리아 인 아라코엘리 성당의 가장 높은 층계참에서 끌려 내려와 군중의 트로피로서 거꾸로 매달려야 했다. 오늘날 바로 그 자리에, 그의 동상이 세워져 있다.

그레고리오 11세Gregory XI(1370-1378)가 교황의 자진 망명을 끝내고 로마로 돌아왔을 때, 그는 오늘날의 로마에 중대한 결과를 가져올 결정을 내렸다. 즉, 그는 라테란의 총대주교를 바티칸의 거주지와 업무실로 영구히 대체하기로 결정했다. 그 이후로 성 베드로 대성당의 열쇠를 건네받은 교황들은 모두 그의 본보기를 따라왔다.

베네치아 광장

베네치아인 교황과 카니발 축제

코르소 가도 Via del Corso

천천히 그러나 확실하게, 우리는 르네상스 시대의 로마로 들어선다. 이 "르네상스"라는 단어에서, 웅장한 예술이 가득한 로마, 그리고 미켈란젤로나 라파엘로 같은 더 웅장한 이름과 연결되어 있는 로마를 떠올린다면, 그 이미지는 오도된 것이다. 15세기 초 로마는, 국제 시장에서 부를 쌓아가는 국제적 엘리트가 있던 피렌체나 베네치아에 한참 못 미치고 있었다. 단명했던 리엔조 공화국의 몰락 이후, 콜론나^{Colonna}와 오르시니^{Orsini} 같은 유력 가문의 봉건 귀족들이 다시 로마를 지배하게 되었다. 그들의 사병 부대와 지역 기반의 권력은 중세 시대의 전임자들을 연상시켰다. 로마는 대부분의 광채를 잃었고, 오히려 중세 때와 비슷해졌다. 도시 개발은 주로 순례지 주변으로 국한되었고, 도시의 대부분은 포도원으로 사용되거나 혹은 풀이

제멋대로 자란 정원과 폐허로 구성되어 있었다. 포로 로마노는 "소들의 들판"이라는 뜻의 캄포 바키노Campo Vaccino로 바뀌었다. 악명 높았던 카피톨리노 언덕의 타르페이아 바위 부근 역시 가축들이 풀을 뜯는 초원이 되었고, 그 흔적이 오늘날 "염소 산"Mons Caprinus이라는 이름에 남아 있다.

그때까지는 오늘날 로마의 "제5의 가도"로 불리는 코르소 가도Via del Corso는 아직 존재하지 않았다. 고대에는 플라미니아 가도Via Flamini가 트라야누스 시장 바로 서쪽의 카피톨리노 언덕 기슭에서 시작되었다. 훗날 코르소 가도Via del Corso의 기반이 되는 그 거리는 밀비우스 다리 방향인 북쪽으로 나 있다. 그러나 현재의 코르소 가도는 약 1.5킬로미터 떨어진 포폴로 광장Piazza del Popolo에서 끝이 난다. 고대에는 오래된 중심부 외곽에서 가장 조밀하게 건설된 지역 중 하나였던 캄푸스 마르티우스Campus Martius는 플라미니아 가도의 서쪽에 자리 잡고 있었다. 고대 후기나 중세 시대에도, 사람들은 플라미니아 가도 근처에서 살며 일했다. 그후 이 거리는 흔히 "라타 거리"Via Lata(넓은 길)로 알려지게 되었다. 라타 거리를 방문하는 사람들은 점점 줄었다. 사람들은 현재의 비베라티카 길Via Biberatica과 산실베스트로 광장Piazza San Silvestro을 통해 그것을 피하길 선호했다. 도시의 북쪽으로 가는 그 대안적인 길은 그다지 빠르지도 않았고, 지루했기 때문이다.

로마인들에게 테베레 강은 늘 축복이자 저주였다. 교황들이 남긴 연대기에는, 강이 그 여울을 넘어 도시의 평지로 범람했다는 기록이 수도 없이 등장한다. 로마의 초기 역사 이후, 도시의 광장과 거리는 정기적으로 물에 잠겼다. 홍수는 적어도 50년에 한 번씩은 기본이고, 그보다 더 자주 발생한 적도 많았다. 라타 거리는 가장 자주 범람하는 지역의 한가운데 놓여 있었다. 교황 바울 2세^{Paul II}(1464-1471)인 피에트로 바르보^{Pietro Barbo}는 이 상황을 더 이상 방치할 수 없다고 생각했다. 1467년, 교황은 라타 거리를 수리하여 그 대부분이 오래된 플라미니아 길과 다시 나란하게 가도록 했다. 이전에 그가 추기경이었을 때, 그는 거리의 초입에 스스로 궁을 지었었다. 자신의 고향이 베네치아였으므로, 바르보는 그것을 베네치아 궁^{Palazzo Venecia}이라 불렀다. 오늘날의 베네치아 광장^{Piazza Venicia}은 이 이름에서 유래한 것이다.

추기경들이 로마 곳곳에 도시궁전을 짓는 일이 트렌드처럼 번졌고, 이것이 로마의 르네상스를 형성하는 한 힘이 되었다. 아비뇽 유수에서 돌아온 후 해결해야 할 행정적, 법적, 재정적 기능이 늘어났고, 그에 따라 교황청 행정기구인 쿠리아^{Curia}는 점점 더 비대해졌다. 16세기에 쿠리아의 전체 인원은 행정담당자와 교황 신료들을 포함하여 총 2,000명에 달했다. 추기경 대학 역시 꾸준히 성장했고, 점점 더 국제적으로 되었다. 이탈리아 전역의 귀족 가문들이, 피렌체의 메디치 가문이나 베네치아의 피에트로 바르보 같은 추기경들을 배출했다. 기독교 신앙은 검소함을 설교했지만, 추기경들의 자기과시적 사치는 점점 더 늘어갔다. 15세기 중반에 교황 니콜라스 5세^{Nicholas V}가 백성들은 오직 웅장한 규모의 건축물을 통해서만 교회의 장엄함을 이해할 수 있다고 주장한 이래, 교계에서는 점점 더 과시가 용인되었다. 로마 외 지역 출신의 추기경들은 로마 시내에 자신에게 어울리는 저택을 지었다. 그것은 외양에서뿐 아니라 면적에서도 어울리는 것이어야 했다. 추기경 한 명이 평균 약 100명에 달하는 가족 및 수행원을 데리고 왔다. 바르보의 베네치아 궁은 시작에 불과했다. 교황 식스토 6세Sixtus VI 때가 되어서는 추기경 대학의 정원은 30명까지 늘었다.

바르보는 교황이 되었고, 그래서 그는 당분간 로마에 더 머물렀다. 그는 자신의 고향을 그리워했음에 틀림없다. 자기 궁의 이름을 고향에서 따왔을 뿐 아니라, 교황 바울 2세로서 거주지 주변에서 카니발과 같은 베네치아의 풍습을 정비했으니 말이다. 물론 로마인들은 이미 이 축제를 기념하고 있었지만, 그것은 도시 외곽의 몬테 테스타치오Monte Testaccio 근처와 그 주변에 한정되어 있었다. 바울 2세는 그것을 더 웅장하고 중앙 지향적인 카니발로 바꾸었고, 거기에 가면무도회와 공식 연회 같은 요소들을 추가했다. 바울 2세에 의해 확대된 카니발 축제의 가장 극적인 부분은, 참회의 화요일[사순절 시작 전날]에 열리는 말 경주corse였다. 이 경주는 북아프리카 말 품종인 베르베로berbero의 이름을 따서 코르세 데이 바르베리Corse dei Barberi라고 불렸다. 그 진귀한 야생마들이 라타 거리—나중에 이 경주에 따라 코르소 가도라고 불리게 될—를 기사 없이 내달렸다. 이 경주는 기본적으로 비테 거리Via della Vite에서 포르투갈 개선문Arch of Portugal—교황 알렉산데르 7세가 더 많은 대중이 이 경주를 볼 수 있도록 하기 위해 17세기에 철거했다—을 거쳐 현재의 베네치아 광장까지 이어졌다. 교황 바울 2세는 자신의 궁에서 결승선을 편안하게 지켜볼 수 있었다.

카니발을 기념하기 위한 말 경주와 토너먼트가 캄포 데 피오리나 산탄젤로 다리 건너편에서 성 베드로 대성당에 이르기까지의 다른 지역에서도 개최되었다. 유명한 보르자Borgia 교황 알렉산데르 6세는 더 다채로운 경주를 위해, 악명 높은 매춘부들의 달리기 시합을 추가하기도 했다. 이 카니발 축제는 1883년 사망사고의 발생으로 폐지될 때까지 수 세기 동안 벌어졌다. 그 사고 이후 경주는 금지되었지만, 코르소라는 거리 이름은 살아남았다. 이탈리아 왕 움베르토 1세 Umberto I가 죽었을 때, 거리 이름이 공식적으로 코르소 움베르토 I세 Corso Umberto I로 바뀌었다. 1944년에 일시적으로 코르소 델 포폴로Corso del Popolo라는 이름이 붙었다가, 2년 뒤 코르소 가도로 다시 돌아왔다.

깨어나는 르네상스 도시

코로나리 거리 Via dei Coronari

해가 졌다. 마지막 순례자들이 성 베드로 성당을 떠났다. 그들은 오랜 기다림 끝에 성 베드로의 무덤을 눈으로 마주한 터라, 아직까지 그 감동이 가시지 않은 채였다. 순례자 무리는 테베레 강을 건너 로마 시내로 들어갈 수 있는 하나뿐인 다리를 건너기 위해 카스텔 산탄젤로를 향해 걷기 시작했다. 때는 희년禧年 ■ 인 1450년. 교황의 유수幽囚가 끝난 뒤 재개된 이 희년에 로마를 찾은 방문자 수는 역대

■ 희년(禧年, The Holy Year)은 성경에 나오는 규정으로, 안식년이 일곱 번 지난 50년마다 돌아오는 해를 가리킨다. 희년에는 로마에 있는 4대 성당의 성문(聖門)이 모두 열리며, 이들 4대 성당 및 세계 각지의 성지를 찾는 순례자들에겐 대사(大赦)가 주어진다. 현대에 들어와 최근의 희년은 성 요한 바오로 2세 교황 때인 2000년의 대희년과, 프란치스코 교황 때인 2016년의 특별희년이 있었다. — 옮긴이 주

최고였고, 로마는 그 엄청난 순례자들의 유입에 제대로 대처하지 못했다. 밀고 밀리던 군중들이 산탄젤로 다리를 지날 무렵, 다리 난간이 힘없이 무너졌다. 무수히 많은 순례자들이 테베레 강물에 빠져 죽었다. 군중의 발에 밟혀 죽은 이들도 셀 수 없었다.

후기 고대 때와 마찬가지로, 로마를 좀 나은 수준의 중세 축성 도시에서 존경받는 르네상스 도시로 바꾼 도시혁신의 이면에는 로마로 유입되는 순례자라는 엔진이 있었다. 중세 시대 동안 로마를 찾는 여행자들은 법적인 이유 때문에도 점점 늘어났는데, 그 이유는 교황청 법원이 로마에 있기 때문이었다. 추기경들의 신축 궁들이 로마 거리를 빛내고 있었지만, 전체 도시 디자인과 특히 순례자들에 의해 훼손된 거리 그 자체는 개선이 필요했다. 나보나 광장Piazza Navona 서쪽 구역(코로나리 거리Via dei Coronari, 줄리아 거리Via Giulia, 반치 누오비 거리Via de Banchi Nuovi 등)은 그러한 순례자들을 위한 크고작은 정비가 이루어진 곳이어서, 오늘날 우리는 이곳을 로마의 "르네상스 구역"이라고 불러야 마땅하다. 도심과 바티칸 사이의 이 지역 거리는 순례와 관련된 수송 및 물류의 동맥 역할을 했을 뿐 아니라, 교황들이 세계 각지에서 몰려든 신자들에게 자신의 표식을 남기는 주요 장소이기도 했다. 가령 교황들은 몇 가지 도시 재생 프로젝트에 자신의 이름을 붙이곤 했는데, 그 대표적인 예로 식스토 4세Sixtus IV는 —1450년에 있었던 그 극적 사건에 대한 직접적인 조처로—성 베드로 대성당으로 가는 대안 다리를 짓고는 이를 시스토 다리Ponte Sisto라고 명명했다.

식스토 4세—본명 프란체스코 델라 로베레Francesco Della Rovere—는 오늘날 수많은 부티크와 골동품 상점을 찾는 쇼핑객들로 붐비는 거리인 코로나리 거리도 만들었다. 나보나 광장 북단 부근에서 수평으로 테베레 강까지 이어지는 이 거리가, 고대에는 렉타 거리^{Via Recta}로 불렸었다. 당시에는 나보나 광장이 아직 없었고, 대신 도미티아누스 경기장이 있었다. 중세에 들어 렉타 거리는 근처의 탑의 이름을 따서 토르 상귀냐 거리^{Via di Tor Sanguigna}가 되었었다. 식스토 4세는 거의 모든 순례자들이 이용하는 이 길—리페타 다리^{Porta di Ripetta}에서 성 베드로 대성당까지 이어지는 순례길의 중요한 부분—을 개조할 기회를 움켜쥐었다. 그가 16세기에 이 거리를 코로나리라는 이름으로 봉헌했을 때, 그 새 이름에는 의도가 담겨 있었다. 코로나리 거리를 따라, 점점 더 많은 상인들이 다종다양한 성물聖物과 성화聖畵를 팔기 위해 모여들었다. 그중 가장 중요한 품목이 묵주, 곧 코로나리 묵주^{coronari del rosario}였다.

코로나리 거리는 특히 다수의 이색적인 주민들 덕분에 로마에서 이름을 얻었다. 15세기 중반 교황 바울 3세^{Paul III} 시절, 교황청 교서담당관이자 로마 방어요새의 병참총감이었던 프로스페로 모키^{Prospero Mochi}라는 사람이 이 거리의 148번지에 살았다. 그는 오늘날에도 마음에 와닿는 훌륭한 명언들을 그의 집에 많이 새겨놓았다. 그의 문에는 이렇게 씌어 있다. "tua puta que tute facis"(모든 일을 당신의 일로 여겨라). 2층에서는 그의 이름 "p. de mochis avvr. a."(교황청 교서담당관 프로스페로 모키)을 찾을 수 있으며, 3층에서는 "non omnia possumus omnes"(우리 모두가 모든 일을 할 수는 없다)와 "promissis mane"(당신의 맹세를 지켜라) 등의 명언을 만날 수 있다.

그러나 이곳 주민들 중 로마 역사에서 가장 널리 알려진 사람은 코로나리 거리 156번지에 살았던 사람이다. 그 집의 주인은 르네상스 로마의 가장 유명한 매춘부였던 피아메타 미카엘리스^{Fiametta Michaelis}였다. 코로나리 거리의 그 집은 이전 주인인 피콜로미니^{Piccolomini} 추기경의 죽음 이후 비어 있었을 때, 교황의 명령에 의해 그녀에게 주어졌다. 그것도 몇 개의 다른 집들과 포도밭과 함께. 물론 피아메타의 미모는 명성이 자자했다. 이 같은 사정 때문에 소문이 로마인들의 귀에서 귀로 전해졌다. 그녀가 교황 알렉산데르 6세의 장남 체사레 보르자^{Cesare Borgia}의 정부情夫였다고.

율리오 2세의 도로와 도시

줄리아 길 Via Giulia

16세기 초, 로마의 거의 모든 곳에 자신의 흔적을 남긴 새로운 교황이 즉위한다. 특히 바티칸 시국과 인근의 "르네상스 구역"에는 지금도 그 흔적이 남아 있다. 추기경 줄리아노 델라 로베레^{Giuliano Della Rovere}는 1502년 10월 30일 교황에 즉위, 율리오 2세^{Julius II}라는 이름을 갖게 된다. 이 이름은 물론 자신의 그의 본명과 비슷하기도 했지만, 그는 무엇보다 율리우스 카이사르^{Julius Caesar}를 떠올리게 하는 이름을 원했다. 율리오 2세는 카이사르 시대에 그랬던 것처럼 로마를 위엄의 도시, 즉 "세계의 수도"^{caput mundi}로 만들고자 했다. 그는 교황령과 베네치아, 프랑스, 그리고 영향력 있는 보르자^{Borgia} 가문 등과 많은 갈등을 겪었던 전쟁 교황으로서, 그리고 미켈란젤로나 라파엘로 같은 위대한 예술가들의 메세나^{maecenas}와 후원자로서, 또 새로운 성 베드로 대성당의 첫 돌을 놓았던 건축가로서 등, 거의 모든 방면에서 한 역사를 만들었다. 건축가 브라만테^{Bramante}의 도움으로, 그는 또한 "로마의 가장 아름다운 거리"를 만든 교황이기도 했다.

율리오 2세는 여러 얼굴을 가진 사람이었다. 전해지는 바에 따르면 그는 탐탁지 않은 사람에게는 자신의 지팡이로 협박하기도 했고, 예술과 고전을 친애하여 로마의 여러 걸작들을 후원하기도 했다. 또, 전임자인 보르자 교황 알렉산데르 6세^{Alexander VI}에 대한 강한 반감을 감추지 않았다. 방탕함으로 이름이 높았던 알렉산데르 6세에 대한 그의 경멸이 하도 커서, 그는 로드리고 보르자^{Rodrigo Borgia}(알렉산데르 6세)가 마련해둔 교황의 방에 들어가기를 거부했다. 율리오 2세는 자신의 핵심 건축가인 브라만테의 동료, 우르비노^{Urbino} 출신의 젊은 화가에게 다른 방을 장식할 것을 의뢰했다. 바티칸에 있는 이 새로운 교황의 방은 그것을 꾸민 화가의 이름을 따서 "라파엘로의 방"이라는 이름으로 세계적으로 유명해질 것이었다. 이것이 다가 아니었다. 거의 비슷한 시기에 율리오 2세는 삼촌인 교황 식스토 4세 델라 로베레가 짓고 자신의 이름을 부여한 예배당(시스티나 성당)의 천장화를 미켈란젤로에게 의뢰하기도 했다.

처음에 미켈란젤로는 이 의뢰를 반기지 않았다. 그는 막 〈다비드상〉^{David}을 완성한 참이었고, 이 성공으로 자신이 붓보다는 조각칼을 더 잘 다루는 사람임을 증명했기 때문이었다. 미켈란젤로는 조각가였다. 그것도 정말 출중한 조각가였다. 게다가 그는 다른 임무―율리오 2세의 영묘 디자인―를 위해 로마로 소환된 터였다. 그는 그일에 전념했고, 심지어 그 일에 필요한 자재들을 로마로 보낼 것을 이미 조치해놓은 상황이었다. 미켈란젤로와 별로 사이가 좋지 않았던 브라만테는 자신의 지위를 남용하여 교황에게 영묘 프로젝트에서 미켈란젤로를 제외하라고 개인적으로 설득한 것으로 전해지고 있다. 그 대신 브라만테는 교황에게 미켈란젤로로 하여금 시스티나 성당의 천장화를 그리게 할 것을 조언했다. 브라만테는 미켈란젤로가 그 의뢰를 거절할 것이며, 그렇게 되면 율리오 2세는 더 이상 그에게 일을 맡기지 않게 될 걸로 보았다. 가능성은 낮지만 혹시 미켈란젤로가 그 의뢰를 받아들이더라도, 그는 그림 경력이 많지 않은 데다 실력도 라파엘로보다 못할 것이므로 결국 초라한 결과가 나올 게 뻔하다고 그는 생각했다.

1512년 10월 31일 미켈란젤로가 시스티나 성당의 최종 결과물을 교황에게 보여주었을 때, 교황과 모든 추기경은 생각이 같았다. 라파엘로가 아름다움의 수준이라면 미켈란젤로는 숭고함의 반열이었다. 심지어 미켈란젤로의 가장 큰 라이벌이었던 라파엘로 자신도, 충격적인 인상을 받았다. 라파엘로는 너무 깊은 감명을 받은 나머지, 그가 1508년 가을부터 작업을 시작했던, 시스티나 성당 옆에 위치한 방에 그리고 있던 〈아테네 학당〉에 마지막 수정을 가하기로 결심했다. 〈아테네 학당〉은 라파엘로가 자기 시대의 예술가들을 그리스 철학자들로 위장하여 그린 일종의 헌정화였다. ■ 그런데 전해져 오는 본래의 스케치에는 하단 중앙 바로 왼쪽의 인물이 들어 있지

■ 알려진 바에 따르면, 〈아테네 학당〉에 나오는 플라톤은 레오나르도 다빈치, 헤라클레이토스는 미켈란젤로, 유클리트는 브라만테 등을 모델로 한 것이며, 오른쪽 하단에 라파엘로 자신의 얼굴도 넣었다고 한다. ─ 옮긴이 주

않았다. 약간 반항적인 자세로 철학 수업을 듣는 것처럼 보이는, 예술가 스타일의 수염 난 남자 말이다. 헤라클레이토스로 위장된 이 인물을 추가함으로써 라파엘로는 자기 그림에 거장 미켈란젤로를 위한 자리를 내준 것이었다. 이러한 결과 앞에서, 브라만테로서는 자신이 교황에게 괜한 추천을 했다고 후회했을 것임에 틀림없다.

알렉산데르 6세 치하에 브라만테는 건축가로서 이름을 날렸다. 브라만테가 알렉산데르 6세 보르자와 가까웠는데도 율리오 2세가 그를 자신의 측근으로 받아들인 것은 그 이유 때문이었다. 브라만테는 산피에트로 인 몬토리오 성당San Pietro in Montorio의 〈템피에토〉Tempietto를 통해 자신이 고전적인 건축의 이상을 희생하지 않으면서도 현대적 원리를 구현할 수 있음을 증명했고, 이것이 고전을 사랑하는 새 교황의 마음에 찼던 것이었다. 그 원형 예배당은 이후 르네상스 건축의 원형으로 알려져왔다.

한편, 일반 로마인들은 율리오 2세에 대해 그다지 달가워하지 않았다. 율리오가 주로 "주님의 포도밭"에서 시간을 보낸다는 소문이 돌았고, 그래서 교황이 총애하는 건축가에게 "파괴의 거장"maestro ruinante라는 비난 투의 별명을 붙여주었다. 브라만테에게 이런 별칭이 생긴 것은 율리오 2세가 그를 새로운 성 베드로 대성당과 벨베데레 정원Cortile Belvedere 건축의 수석 건축사로 임명했기 때문이었다(벨베데레 정원은 교황 이노켄트 8세Innocent VIII의 벨베데레 빌라와 바티칸의 나머지 사이의 넓은 뜰로, 율리오 2세의 미술 컬렉션을 위한 공간이었다. 나중에 바티칸 미술관이 되었다).

1506년 진행된 성 베드로 대성당의 재건축에 관한 한, 브라만테는 첫 번째 돌을 놓는 것과 관련된 의식보다 더 많은 것을 경험하지 못했다. 브라만테 사후, 그가 로마에서 얻은 명성과 관련된 풍자 하나가 출판되었다. 1516년 살레르노Guarna da Salerno가 쓴 이 이야기에 보면, 천국의 문을 지키고 있는 성 베드로 앞에 브라만테가 나타난다. 베드로가 지상에서 베드로 대성당을 개축한다며 기존 대성당의 흔적을 파괴한 브라만테를 책망하자, 재빨리 브라만테는 지상에서 하늘나라로 향하는 도로의 나쁜 상태에 대해 불평한다. 그리고는 자신이 천국에 있는 동안 아름다운 나선형 계단(그가 생전에 바티칸을 위해 디자인한 〈달팽이 계단〉chiocciola을 암시한다)도 만들고, 천국 전체를 다시 짓겠다고 제안한다. 이제 베드로도 근사한 집을 얻을 때가 되지 않았느냐고 하면서. 이야기 결말의 반전이 압권이다. 베드로는 브라만테에게 말한다. 베드로 대성당 공사가 끝날 때까지 천국의 문 앞에서 기다리라고.

말할 필요도 없이, 새로운 대성당을 완성하는 데는 상당한 시간이 걸렸다. 당시 로마의 베드로 대성당 재건축은 오늘날로 치자면 미국 보스턴의 도심고속도로 지하화 사업Big Dig이나 영-프 해저터널Chunnel 공사, 또는 암스테르담의 지하철 확장 공사 등에 견줄 수 있을 것이다. 그것은 감당하기 힘든 건설 프로젝트로서, 도시의 힘없는 주민들은 낭패감에 고개를 흔들 뿐이었다. 재건축이 그렇게 오래 걸린 이유 중 하나는 브라만테 사후 많은 예술가 및 건축가들이 관여했기 때문이었다. 결국 미켈란젤로는 브라만테에 대한 개인적인 경멸을 거두고, 브라만테의 디자인을 개축 계획의 중요한 영감의 원천으로 채택했다. 그 계획도는 거대한 돔을 포함하여 오늘날 우리가 경탄해 마지않는 대성당의 모습을 보여준다. 그 공사는 너무 거대해서 미켈란젤로의 일생보다도 더 오래 지속되었고, 여러 차례 수정되었다. 1626년이 되어서야 교황 우르바노 8세Urban VIII가 새로운 성 베드로 대성당을 축성했다.

분명히 율리오는 교황으로서 공중의 의견을 대부분 무시했다. 그는 바티칸과 로마 중심부에서 건설 계획을 계속했다. 로마에서 그는 몇몇 도로로 구성된 대규모 도시 개발 프로젝트를 시작했다. 바티칸과 시스토 다리(그의 삼촌인 식스토 4세가 건설한 다리)의 연결은 이 도로들 중 가장 특이한 것이었고, 이 때문에 율리오는 그가 총애하는 건축가 브라만테와 다시 계약을 했다. 이 도로는 테베레 강에 평행한 1킬로미터 길이의 직선 도로로 설계되었고, 수세기 동안 건설된 것 중 가장 길고 직선적이며 깔끔한 길이었다. 그 길의 이름은 율리오의 거리, 즉 줄리아 거리Via Giulia였다. 르네상스 양식의 아름다운 도시 궁궐들이 줄리아 거리 양옆을 따라 지어졌고, 곧 이 구간은 "로마의 가장 아름다운 거리"로 알려지게 되었다. 줄리아 거리는 오랫동안 그 명성을 누려왔는데, 부분적으로는 훗날 다양한 종류의 고급 상점 및 화랑들이 그 거리에서 문을 열었기 때문이기도 하다.

줄리아 거리는 오랫동안 부유한 구역으로 남아 있었다. 그러나 르네상스 시대의 웅장함에도 불구하고 이 거리에는 가난의 상징인 산타마리아 델로라치오네 에 모르테 성당Santa Maria dell'Orazione e Morte도 들어섰다. 1573년부터 이 성당은 로마의 길거리와 도랑, 테베레 강변 등에서 발견된 무연고 시신들을 돌봐왔다. 그 빈민들의 유골이 교회 지하에 놓였다. 교회에는 이런 문구들이 적혀 있다. "memento mori"(언젠가 당신도 죽으리라는 것을 기억하라), 또는 "hodie mihi cras tibi"(오늘은 내 차례지만, 내일은 당신 차례가 될 것이다). 1552년에서 1896년 사이에 8,000구 이상의 시신이 지하 묘지에 안치되었다. 그래서 지하에서 볼 수 있는 거의 모든 것들—장식과 등불을 포함한—이 사람의 두개골과 뼈로 만들어져 놓여 있다.

그 교회 밖에서 당신은 줄리아 거리 위의 아치를 볼 수 있다. 이는 르네상스 전성기의 건축적 낙천주의—혹은 건축적 자만심—의 상징이다. 이곳에 미켈란젤로는 파르네세 궁^{Palazzo Parnese}과 강 건너의 파르네시나 빌라^{Villa Farnesina}를 잇는 다리를 짓고자 했었다. 이 프로젝트는 불발되었지만, 지금도 줄리아 거리에서 그 첫 발자국을 볼 수는 있다.

캄피돌리오 광장으로 오르는 미켈란젤로의 계단

다시 태어난 광장

캄피돌리오 광장 Piazza del Campidoglio

1471년 12월 14일, 교황으로 선출된 지 넉 달이 되었을 때, 식스토 4세^{Sixtus VI}는 특별한 결정을 내렸다. 고대부터의 그의 모든 개인 소장품들을 로마 사람들에게 기증하기로 한 것이다. 그는 모든 소장품의 관리권을, 중세 시대부터 카피톨리노 언덕에 거주해온 로마 원로원에 넘겼다. 이 후한 기부에는 그 때까지 라테란 궁전에 세워져 있던 〈암늑대〉^{Lupa}와 〈가시를 뽑고 있는 소년〉^{Spinario} 같은 유명한 청동 조각상들이 대거 포함되었다. 이 작품들은 콘스탄티누스 대제의 거상 같은 다른 고대 예술 작품들과 함께, 카피톨리노 언덕에 있는 두 개의 행정 건물 중 하나인 콘세르바토리 궁^{Palazzo dei Conservatori}에 보관되었다. 이로써 식스토 4세의 희망에 따라, 고위 성직자들뿐 아니라 일반 로마 시민들도 이 수세기 된 걸작들을 가까이서 즐길 수 있게 되었다. 세계에서 가장 오래된 박물관 중 하나인 카피톨리노 박물관Museo Capitolino은 이렇게 개관되었다.

피렌체에서 시작되어 로마로 빠르게 확산된 르네상스는 바티칸의 외양을 비롯하여 로마의 순례와 관련된 환경에 몇 가지 변화를 가져왔다. 그러나 고대의 예술, 건축, 문학으로부터 영감을 받은 조화와 대칭이라는 새로운 예술적 이상은 교황의 권력이 분명히 나타나는 장소에만 적용된 것이 아니었다. 코무네의 언덕, 카피톨리노 언덕도 변화를 겪었다. 한때 로마의 무한한 힘의 자랑스러운 상징이었던 유피테르 옵티무스 막시무스Jupiter Optimus Maximus 신전이 있던 곳이지만, 그때와 지금은 완전히 달랐다. 도시의 두 행정 건물 말고는, 잡초 속에 방치된 폐허와 가축의 방목지, 그리고 가끔 열리는 시장 외에 "염소 산"에서 찾을 수 있는 건 없었다.

자신의 군대가 로마를 약탈하고 주민들을 강간과 굴욕 속으로 몰아넣은 지—당시 메디치 교황 클레멘스 7세Clement VII와 그의 신하들은 "교황의 비밀통로"로 카스텔 산탄젤로로 피할 수 있었다—9년 후인 1536년, 로마-독일 황제 카를 5세Karl V는 신성로마제국의 수도라 할 로마를 방문할 계획이었다. 방문은 공화정 로마 당시의 성공한 장군들처럼 카피톨리노 언덕까지 이어지는 개선 행사가 될 예정이었다. 1534년 이후 교황으로 재위중이던 바오로 3세Paul III는 카피톨리노 언덕이 "염소 산"으로 바뀐 것을 보고 무척이나 골치가 아팠을 것이다. 바오로 3세는 카를 5세가 말에서 내릴 때 진흙에 파묻히게 하지 않으려면 그 언덕에 광장을 닦을 필요가 있음을 깨달았다. 그 일은 당연하게도 미켈란젤로에게 맡겨졌다.

지금도 여전히 카피톨리노 언덕 위를 장식하고 있는 타원형 광장은 미켈란젤로의 제도용 책상에서 유래되었다. 미켈란젤로는 바오로 3세로부터 전권을 위임받은 상태였다. 그러나 미켈란젤로는 일을 시작하기 직전, 교황이 라테란 궁에서 카피톨리노 언덕으로 옮긴 청동 기마상과 기존 행정 건물은 설계에 통합되어야 한다는 요구를 들었다. 그리하여 기마상—이는 사실 "이교도" 황제인 마르쿠스 아우렐리우스^{Marcus Aurelius} 황제의 기마상인데, 사람들은 이를 초대 "기독교도" 황제인 콘스탄티누스 황제의 기마상으로 오인했고, 그 덕분에 이 기마상은 중세 시대에도 살아남을 수 있었다—은 새 광장 중앙의 가장 눈에 띄는 위치와 어울리는 받침대를 갖게 되었다(1990년, 동상은 다시 안으로 옮겨졌고, 현재 그 자리에 있는 것은 복제품이다).

미켈란젤로는 오늘날에도 여전히 캄피돌리오 광장을 에워싸고 있는 세 건물 중 세나토리오 궁^{Palazzo Senatorio}과 콘세르바토리 궁^{Palazzo dei Conservatori}, 두 채를 설계했다. 즉, 그는 이 궁들의 파사드^{facade(전면)}를 새로이 디자인하고, 원로원 궁에 계단을 더했다. 오늘날 콘세르바토리 궁과 함께 카피톨리노 박물관을 구성하는 누오보 궁^{Palazzo Nuovo}은 17세기까지 건설되지 않았었다. 미켈란젤로는 광장 바닥에 기하학적으로 완벽한 패턴을 디자인했고(그 완성은 1940년에야 이루어졌다), 로마와 관련이 있는 고전적인 조각들로 광장 전체를 장식했다. 언덕을 오르는 기념비적인 계단("코르도나타"^{Cordonata}) 꼭대기에는 디오스쿠로이^{Dioscuri}, 즉 카스토르와 폴룩스^{Castor and Pollux} 동상이 있다. 미켈란젤로의 수정 후에야 그곳에 놓인 로마 여신은 마르쿠스 아우렐리우스 상의 뒤쪽에 있고, 미켈란젤로의 강의 신들(나일 강 신과 티그리스 강 신)도 로마 시청사 계단의 양쪽에 편안히 놓여 있다. 티그리스 강의 상징이었던 호랑이는 후에 암늑대로 바뀌었고, 그때부터 늑대상이 로마와 테베레 강의 상징물로 남게 되었다.

민중의 화형장

캄포 데 피오리 Campo de' Fiori

교황 바오로 3세[Paul III]가 우리의 발길을 캄피돌리오 광장에서 캄포 데 피오리[Campo de'Fiori]로 이끈다. 때는 그가 아직 추기경 알레산드로 파르네세[Alessandro Farnese]였던 때, 그리고 논란이 되고 있는 르네상스 궁전인 파르네세 궁전[Palazzo Farnese]을 짓기 위해 그곳 캄포 데 피오리 근처의 수많은 집들을 허물던 때이다.

사실 그는 정식으로 사제 서품을 받은 적도 없고, 오히려 감옥에서 시간을 보낸 적이 있는 사람이었다. 그럼에도 그는 추기경 대학에 입학할 수 있었다. 그것은 교황 보르자 알렉산데르 6세[Alexander VI]의 비호 덕분이었다. 사람들은 무엇이 파르네세로 하여금 그런 영광을 가질 수 있게 하는지 잘 알고 있었다. 그의 미모의 여동생 줄리아Giulia가 교황 알렉산데르 6세인 로드리고 보르자Rodrigo Brogia의 비공식적인 정부情夫라는 사실을 모르는 로마 시민은 없었다. 정확히 말하자면, 그녀가 그의 가장 숭배 받는 애인이긴 했지만, 유일한 애인은 아니었다.

로드리고에게는 자신이 추기경이었을 때 함께 지냈던 "공식적인" 정부가 있었다. 그녀의 이름은 반노차 카타네이Vannozza Cattanei로, 몬토바Montova의 귀족 가문의 딸이었다. 그녀는 캄포 데 피오리 인근의 골목 비콜로 델 갈로Vicolo del Gallo에서 로칸다 델라 바카Locanda della Vacca 같은 몇 개의 여관을 운영했다. 그 여관에 가면 지금도 벽에 걸려 있는 그녀의 가문의 문장紋章을 볼 수 있다. 그 문장에는 우측 상단과 좌측 하단에 중앙을 향하는 사자가 있고(카타네이 가문의 상징), 좌측 상단에는 황소가, 우측 하단에는 6개의 밝고 어두운 줄무늬가 그어져 있다(보르자 가문의 상징). 이 문장에 보르자 가문의 상징이 들어간 이유는, 반노차가 로드리고 보르자의 정부였을 뿐 아니라 그의 네 자식들인 체사레Cesare와 루크레치아Lucrezia, 후안Juan, 그리고 조프레Gioffre의 어머니이기도 하기 때문이었다. 반노차의 여관은 그녀가 로마 최고의 사교계로 진출할 수 있게 해준 교두보였다. 거물급 인사들이 수시로 반노차의 "여관"을 찾았다. 이유는 반노차가 자신의 "고위급" 고객들에게 최상의 창녀들을 제공하기 때문이었다.

15세기 말 무렵, 캄포 데 피오리 주위에 반노차의 것과 같은 여관이나 술집, 혹은 식당들이 우후죽순 생겨났다. 로마의 큰 시장이 1478년에 나보나 광장Piazza Navona으로 옮겨졌으며, 그쪽 지역에 상당한 상권이 형성되었다. 그 전까지 캄포 데 피오리 일대는 귀족 오르시니Orsini 가문이 살던 저택들 사이로 양귀비와 데이지, 물망초들이 피어 있던 들판이었다. 이 시기를 지나면서 그곳은 piazza(광장)로 불리는 대신, campo de'fiori(꽃이 흐드러진 들판)으로 불리게 되었다. 시장의 형성과 끝없는 순례자들의 유입은 그 지역을 금세 상업과 각종 산업의 중심지로 만들었다. 오늘날 캄포 데 피오리 근처에서는 수많은 와인 바와 빵집, 그리고 식당을 발견할 수 있다. 이것은 이미 15세기와 16세기부터 이어져온 모습이다. 그런데 이와 동시에 캄포 데 피오리는 어둠의 장소로 악명이 높기도 했다. 가령, 광장 한가운데서 처형이 집행될 때면, 군중이 구름떼처럼 몰려들었다.

과거의 몇몇 그림에서는 캄포 데 피오리의 오르시니 리게티 궁 Palazzo Orsini Righetti의 측면에 교수대가 설치되었던 것을 볼 수 있다. 그곳 광장에 처형대가 수시로 세워지곤 했던 것인데, 그 장소를 지금도 확인할 수 있다. 1889년 6월 9일, 에토레 페라리Ettore Ferrari가 제작한 동상 하나가 이곳에 공개되었다. 지금도 동상 주변에는 그를 숭배하는 사람들이 모이곤 한다. 그 동상은 1600년 2월 17일 이단의 죄목으로 화형대에서 불에 타 죽은 철학자 조르다노 브루노Giordano Bruno의 것이다. 16세기 이탈리아에서는 종교 개혁에도 불구하고 여전히 로마 가톨릭 교회가 사람들의 세계관을 붙들고 있었다. 그러나 브루노는 자신만의 생각을 지니고 있었다. 그가 신을 믿었다는 것에는 의심의 여지가 없지만, 그의 신은 저 위에서 세상을 조종하는 인형술사가 아니었다. 브루노에 의하면 신은 "영감의 원리"inspiring principles의 형태로 이 땅에 존재했다. 신은 어디에나 존재한다는 이러한 생각은 범신론汎神論이라고도 알려져 있다. 브루노는 지극한 범신론자였다. 그는 시스티나 성당의 천장에 묘사되어 있는 노인의 형상, 혹은 신의 아들 예수의 형상으로 묘사되는 그런 인격적인 신은 믿지 않았다. 이러한 신념으로, 그는 자신의 사형 선고에 서명하기를 마다하지 않았다.

브루노는 자신의 사형 선고를 듣고 이렇게 말했다. "선고를 받는 나보다 선고를 내리는 당신들의 두려움이 더 클 것이오." 그는 의심할 여지없이 옳았다. 교회는 도전에 처하게 되었고, 점점 더 많은 반대파들을 마주해야 했다. 교황 레오 10세Leo X가 성 베드로 대성당의 개축을 위한 자금을 모으기 위해 면벌부를 판매한 것이 대중의 분노를 일으켰다. 사보나롤라Savonarola 수도사와 나중에는 마르틴 루터Martin Luther가 이러한 행태를 비판했다. 파괴적인 "로마 약탈"Sacco di Roma은 그러한 분노를 보여주는 고통스러운 증거였다. 브루노에게 이것은 모두 고대의 역사였다. 그의 시대에는 반反개혁이라고 알려진, 교황 식스토 5세Sixtus V가 이끄는 격렬한 기독교적 반反운동이 한창이었다. 브루노는 심문관들 앞에서 반복하여 자신의 신념을 옹호해야 했다. 그의 책들은 금서 목록Index Librorum Prohibitorum에 올라 불에 태워졌다.

교황의 견책은 브루노가 시대의 상징—혹은 시대 변화의 상징—인 자유사상가들의 순교자가 되는 것을 막지 못했다. 몇 세기가 지나지 않은 1889년, 베드로 대성당 방향을 응시하는 그의 동상이 세워졌다. 그러나 동상의 설립을 놓고 충돌이 일었다. 바티칸과 로마시 정부가 막아섰다. 결국 브루노는 종교의(그리고 시민의) 불복종의 상징이었기 때문이다. 누구도 선뜻 나서기는 쉽지 않았다. 그때 로마 대학의 한 위원회가 1876년, 동상 건립을 위한 국제 모금을 시작했다. 새로운 로마 정부 선출 1년 후인 1889년, 마침내 동상이 제막되었다. 그 해 6월 30일, 교황 레오 13세Leo XIII는 이 동상을 "가톨릭에 반대하는 투쟁의 상징"이라고 규정했다.

브루노 상의 발아래에는 청동으로 된 글씨가 새겨져 있다. "A BRUNO—IL SECOLO DA LUI DIVINATO—QUI—DOVE IL ROGO ARSE"—"브루노에게. 그대가 불에 태워짐으로써 그 시대가 성스러워졌노라." 그의 생각은 마침내 반향을 얻었지만, 그에게는 너무 늦었다. 비록 1999년에 교황 요한 바오로 2세가 조르다노 브루노의 처형에 대해 교회를 대표하여 사과했지만, 아직 브루노의 공식적인 복권은 이뤄지지 않았다. 그것에 대한 항의의 표시로, 브루노에 대한 동정과 찬사를 표하면서, 학자들은 매년 2월 17일 그가 사망한 날에 캄포 데 피오리에 모인다. 1869년에 시장이 나보나 광장Piazza Navona 에서 현재 장소로 옮겨졌는데, 사람들이 브루노를 만나는 곳은 그 시장 가판대들 사이의 그 자리, "시대가 성스러워진 자리"이다.

행복은 길에 있다

콰트로 폰타네 거리 Via Delle Quattro Fontane

우리를 바로크 시대로 이끌어줄 길로서 식스토 교황의 콰트로 폰
타네 거리^{Via Delle Quattro Fontane}만큼 적절한 건 없을 것이다. 오늘날 이
"네 개 분수의 거리"는 스페인 계단 근처의 트리니타 데이 몬티 교회
^{Trinita dei Monti}에서 산타크로체 인 예루살렘 성당^{Santa Croce in Gerusalemme}
까지의 약 3킬로미터가 좀 넘는 길을 가리킨다. 그러나 교황 식스
토 5세^{Sixtus V}가 핀초 언덕^{Pincio Hill}과 산타마리아 마조레 성당^{Santa Maria}
^{Maggiore}을 연결하는 완벽한 직선의 거리를 닦았던 당시에는, 교황의
이름인 펠리체 페레티^{Felice Perretti}를 따서 스트라다 펠리체^{Strada Felice},
즉 "행복한 거리"라 불렸었다. 이 길은 교황 식스토 5세가 로마에 건
설하려 한 많은 새로운 도로들 중 하나였고, 그가 복원한 수십 개의
도로들 중 하나였다.

율리오 2세^{Julius II} 같은 유명한 르네상스 시대 교황들이 (고전주의적) 과거를 되살리는 데 초점을 맞추었다면, 식스토 5세는 로마와 교회의 미래를 열어갈 위대한 혁신자(그리고 불가피하게 파괴자)가 되려고 했다. 그의 개혁은 단호했다. 순례 교회와 로마의 언덕들은 아름답고 곧게 뻗은 길로 연결되었고, 어떠한 위험한 돌출물도 그 길 위에 있어서는 안 되었다. 그 결과 로마는 전보다 한결 안전해졌다. 새 교황의 공포정치는 범죄자들에게 심각한 타격이 되었다. 도시의 해묵은 "비거주지역"^{disabitato}에 다시 활기가 돌았다. 1585년 교황의 자리에 즉위한 그 순간부터, 식스토 교황은 자신의 도시 계획을 밀고나가는 데 조금도 느슨해진 적이 없었다. 자신의 길을 가로막는 오래된 로마 유적들은 단칼에 헐어냈다. 이 기간 동안, 콜로세움도 하마터면 그런 운명을 맞을 뻔했다. 콜로세움이 무용한 건물이라고 본 교황은 새 길을 만들기 위해 그것을 밀어버리고 싶어 했다. 로마라는 도시를 그렇게 단호하게 재건하려 했던 사람은 식스토 교황 이후 한 명도 없었다. 20세기의 무솔리니 전까지는.

우리는 이것이, 1517년 마르틴 루터^{Martin Luther}가 교회 문 앞에 내걸었던 95개 조의 테제에 대해 식스토 5세가—트렌트 공의회^{Council of Trent}■ 이후 약 25년 만에—내놓은 대답이라고 볼 수 있다. 교황 레오 10세^{Leo X}의 면벌부를 통한 돈벌이는 교회의 명성을 심각하게 훼손했다. 하지만 이제 반개혁의 때가 왔다. 활력을 되찾은 가톨릭이

■ 1545~1563년 이탈리아 트렌토에서 열린 종교 회의. 18년 동안 세 차례에 걸쳐 진행되었다. 가톨릭과 프로테스탄트 사이의 화해를 목적으로 열렸으나 신교 쪽이 참석을 하지 않았기 때문에 가톨릭 쪽의 결속이 이루어져 반종교 개혁 운동으로 발전하였고, 교황권의 승리로 끝났다. — 옮긴이 주

자신의 거룩함을 다시 찬양하고 기릴 때가 온 것이다. 식스토 5세가 도시 개조 프로그램을 통해 반개혁주의적 이상을 펼칠 수 있었던 것은, 건축가 도메니코 폰타나Domenico Fontana가 있었기에 가능했다. 폰타나는 식스토 5세를 위해 라테란 궁Lateran Palace을 재건했고, 교황이 닦은 길인 스트라다 펠리체의 번잡한 교차로(현재는 퀴리날레 거리Via del Quirinale와 벤티 세템브레 거리Via XX Settembre가 합류하는 곳)에 네 개의 분수 부조浮彫를 만들었다. 첫 번째 분수는 아르노 강을 상징한다. 곱슬 머리에, 피렌체의 상징인 사자를 거느리고 있다. 두 번째 분수는 테베레 강으로, 그의 손에는 많은 뿔이 있고, 빠져서는 안 될 상징인 암늑대와 함께 있다. 세 번째 분수는 힘을 나타낸다. 왕관을 쓰고 사자를 거느린 부유한 여성(혹은 여신)으로 표현되어 있다. 마지막 네 번째 분수는 충성을 상징한다. 팔을 식스토 5세의 세 개의 전령의 산에 팔을 기대고 있는 여성이며, 개를 거느리고 있다.

우리는 1748년의 로마 지도에서는 스트라다 펠리체 전체를 볼 수 있다. 하지만 1878년의 지도에서는 거의 찾아보기 힘들다. 실제로 스트라다 펠리체는 서서히 다른 거리로 쪼개졌다. 시스티나 거리Via Sistina, 콰트로 폰타네 거리Via Delle Quattro Fontane, 아고스티노 데프레티스 거리Via Agostino Depretis, 카를로 알베르토 거리Via Carlo Albertto, 콘테 베르데 거리Via Conte Verde, 그리고 산타크로체 인 예루살렘 거리Via di Santa Croce in Gerusalemme 등이 그것이다. 이 도로명 중 1870년 이전에 존재했던 것은 하나도 없다. 콰트로 폰타네 거리도 그랬다. 17세기 초, 한 예술 건축가가 이 거리를 자주 지나다녔을 것이다. 혁신적 작품으로 바로크 정신뿐 아니라 반개혁의 정신을 드러내며 그 신념의 가장 중요한 옹호자가 되었던 인물, 바로 잔 로렌초 베르니니Gian Lorenzo Bernini 말이다. 그리고, 공동건설 프로젝트로 가는 여정에서, 그의 그림자 속에는 프란체스코 보로미니Francesco Borromini가 들어 있을 것이었다. 보로미니는 건축가로서는 베르니니에 뒤지지 않았다. 그러나 베르니니에게 있던 사교적 재능과 낙관주의가, 그에게는 없었다.

콰트로 폰타네 거리를 따라 이루어진 베르니니와 보로미니의 공동건설 프로젝트인 〈바르베리니 궁〉Palazzo Barberini은 본래 1627년 카를로 마데르노Carlo Maderno에 의해 시작되었다. 그러나 그는 그 기초가 마련되었을 때 세상을 떠났다. 한편, 마페오 바르베리니Maffeo Barberini 추기경이 1623년 8월 6일 교황 우르바노 8세Urban VIII로 취임했다. 이는 베르니니의 경력에서 가장 중요한 변화요소였다. 그 야심찬 예술가는 이제 겨우 스무 살이었다. 그리고 이미 〈프로세르피나의 납치〉Proserpina와 〈아폴론과 다프네〉Apollo e Dafne를 완성한 때였다. 두 조각상은 포르타 핀치아나Porta Pinciana 근처에 있는 스키피오네 보르게세Scipione Borghese 빌라를 장식하고 있었다(현재도 그러하다). 교황 우르바노 8세가 수행해야 할 핵심 과제는 전쟁 교황의 역할이었다(가톨릭과 유럽의 개혁된 나라들 사이에 30년 전쟁이 한창인 때였다). 그러나 그는 또한 예술의 후원자이기도 했다. 그가 특히 아끼는 예술가는 베르니니였다. 마데르노가 죽었을 때 교황은, 베르니니를 그의 도시 궁전의 신임 건축가로 맞아들이게 되어 기뻤다.

베르니니가 자신의 경력에서 보로미니의 조력이 필요하다고 느낀 적이 몇 번 있었는데, 이때가 그 중 하나였다. 사실 베르니니는 (아직) 건축가가 아니라 조각가였다. 그 점에서 카를로 마데르노의 외조카이자 제자였던 보로미니가 필요했다. 게다가 베르니니는 우르바노 8세가 의뢰한 성 베드로 대성당의 청동 캐노피―나중에 그의 불후의 건축학적 예술 작품으로 남게 될—를 위해서도 보로미니의 디자인적 도움이 필요했다. 이 두 남자는 1633년에 완성될 때까지 여러 해 동안 〈바르베리니 궁〉에서 협력했다. 최종 결과는 마데르노가 원래 디자인한 것과는 많이 달랐다. 가령 마데르노가 상상했던 중앙의 열린 로지아loggia는 실현되지 않았다. 대신에 베르니니는 연회장Gran Salone를 지었다. 피에트로 다 코르토나Pietro da Cortona가 천장에 프레스코화를 그린 거대한 홀이 바로 그곳.

〈바르베리니 궁〉의 완성으로 베르니니는 스타로 떠올랐다. 반면, 보로미니는 별나고 다소 병적인 사람으로 주로 알려지게 되었다. 그럼에도 불구하고 보로미니는 1634년에 콰트로 폰타네 거리에서 자신의 첫 개인 계약을 맺게 된다. "네 개의 분수"가 있는 이 사거리의 한 모서리에 그는 로마에서 가장 아름다운 작은 교회 중 하나를 짓는다. 바로 〈산카를로 알레 콰트로 폰타네 성당〉San Carlo alle Quattro Fantane이다. 보로미니는 3년간 이 작업에 매달렸다. 그의 디자인은 도전적이었다. 보로미니는 네 개의 분수 중 하나의 벽감alcove이 교회의 모퉁이에 위치하고 있음을 잊지 않았다. 그래서 그는 세 개의 삼각형과 네 개의 타원형이 서로 안으로 오목하게 들어가는 형태의 평면구조를 디자인했다. 타원의 두 중심에 하나씩의 정삼각형을 두는 기하학적 형태의 구조였다. 돔에는 착시현상을 도입했다. 위로 올라갈수록 패턴을 점점 더 작게 만들고, 보이지 않는 창문을 통해 빛이 들어오게 함으로써 돔이 실제보다 훨씬 더 높게 보이도록 했다. 이 교회가 거의 완성 단계에 이르렀을 때(보로미니는 그의 경력을 마칠 때까지도 파사드를 만들지 않았다) 동료들은 그의 교회를 비하하고 조롱했다. 보로미니는 그의 후기 프로젝트—〈산타그네세 인 아고네 성당〉Sant'Agnese in Agone과 특히 〈산티보 알라 사피엔차 성당〉Sant'Ivo alla Sapienza——에 가서야 비로소 세인들의 감탄과 존경을 받을 수 있었다. 그러나 이런 성공도, 그의 자살을 막지는 못했다. 1667년, 그는 우울증과 싸우다 스스로 생명을 거두었다.

한편 바르베리니 광장Piazza Barberini에서 베르니니는 〈트리톤 분수〉 Fontane di Tritone와 〈꿀벌 분수〉Fontane delle Api로 큰 호평을 받았다. 베르니니가 참여한 거의 모든 작품에는 기어가는 것처럼 보이는 꿀벌이 들어 있는데, 그 이유는 바르베리니 가문의 문장이 꿀벌이기 때문이다. 베르니니의 경력은 우르바노 8세의 죽음과 함께 일단 끝난다(그는 베르니니가 디자인한 성 베드로 대성당의 무덤에 안치되었다). 운 나쁘게도 새로 즉위한 교황 이노켄트 10세Innocent X(지오반니 바티스타 팜필리Giovanni Battista Pamphili)는 전임자를 무척이나 싫어했고, 그와 관련된 모든 것을 멀리하려 했다. 신임 교황은 우르바노 8세 선종 이듬해인 1645년, 그의 상속인을 횡령죄로 고발했다. 교황청은 바르베리니 궁을 압수했다가 1653년이 되어서야 가족에게 돌려주었다. 바르베리니 가문의 소유였던 궁은 약 300년 뒤인 1949년, 마지막 상속자(사케티 바르베리니 콜론나Sacchtti Barberini Colonna)로부터 이탈리아 국가로 이관되었다.

베르니니가 할 수 있는 일은 새 교황의 기분이 바뀌기를 기다리는 것뿐이었다. 자신의 재능이 무시되지 않을 것임을 알았던 베르니니는 교황이 다시 자신에게 호감을 갖게 될 순간을 끈기 있게 기다렸다. 베르니니는 계속 의뢰를 받았고, 그의 스튜디오는 계속 성장했다. 이 기간(1647~1652년) 동안 그는 산타마리아 델라 비토리아 성당Santa Maria della Vittoria의 코르나로 예배당Cornaro Chapel에서 작업했다.

그 결과로 나온 것이 바로크 예술의 위대한 상징으로 평가받는 걸작 〈성녀 테레사의 환희〉Santa Teresa in estasi이다. 결국 베르니니의 인내심은 보상받았다. 마침내 교황 이노켄트 10세의 마음이 바뀌었다. 그렇게 베르니니의 가장 유명한 로마 작품은 팜필리 교황의 의뢰로 탄생했다. 게다가 그 장소도 다름아닌 교황의 "뒷마당"으로 불리던 곳, 나보나 광장Piazza Navona이었다.

판테온의 재사용

로톤다 광장 Piazza della Rotonda

나보나 광장에서 연출되는 연극적 아름다움을 만끽하러 가기 전에, 먼저 로톤다 광장Piazza della Rotonda에 들러 로마 바로크 시대의 어두운 면에 대해 잠시 생각해보자.

1625년 교황 우르바노 8세Urban VIII는 성 베드로 대성당의 베드로의 무덤 위에 천개天蓋를 만들 수 있도록 베르니니에게 산타마리아 로톤다 성당Santa Maria Rotonda—판테온이라는 이름으로 더 잘 알려진—의 청동 현관 지붕을 떼어올 수 있도록 허락했다. 베르니니가 구상하는 거대한 예술작품을 만드는 데 필요한 청동을 그곳 말고 달리 어디에서 구해올 수 있겠는가? 그리고 사실, 포로 로마노나 콜로세움 같은 로마의 오래된 폐허나 기념물에서 이런저런 건축 자재를 조달

해오는 일은 당시에 그다지 이상한 일이 아니었다.

　다른 많은 로마 유적들과 달리, 판테온(별칭 "라 로톤다"ˡᵃ ʳᵒᵗᵒⁿᵈᵃ ■)
은 사실상 고대부터 계속 사용되어왔다. "모든 신을 위한" 로마 신
전이 서기 608년 교회 건물로 바뀌었다. 오늘날 산타마리아 로톤
다 성당—공식 명칭은 산타마리아 아드 마르티에스 성당ˢᵃⁿᵗᵃ ᴹᵃʳⁱᵃ
ᵃᵈ ᴹᵃʳᵗʸᵉˢ—은 지금도 교회로 사용되고 있다. 판테온이 지금의 그 자
리에 처음 세워진 게 기원전 27~25년임을 생각하면, 이는 놀라운
지속이 아닐 수 없다. 당시 신전의 건립비용을 댄 사람은 아우구
스투스의 장군인 아그리파ᴹᵃʳᶜᵘˢ ᴬᵍʳⁱᵖᵖᵃ(기원전 63~12년)였다. 오늘날
의 발굴 작업의 결과는 이 신전이 처음에는 지금과 달리 "보통의"
(즉, 사각형의) 신전이었음을 말해준다. 건립된 지 수십 년이 지난 뒤,
도미티아누스 황제(서기 51~96년)가 신전의 복구비용을 지원했다. 서
기 80년, 인근에서 화재가 발생해 신전이 훼손되었던 것이다. 이 신
전에 관한 가장 유명한 업적을 기리는 명문이 건물 정면에 지금도
읽을 수 있게 새겨져 있다. "M. AGRIPPA. L. F. COS. TERTIVM. FE-
CIT"—"루키우스의 아들 마르쿠스 아그리파가 자신의 세 번째 집정
관 때에 짓다." 사실 아그리파가 처음 신전을 지을 때는 지금과 같
은 원형이 아니었다. 지금처럼 개조된 것은 하드리아누스 황제 때
였다. 이 개축 작업은 서기 118~125년에 이루어졌던 것으로 알려져
있다. 당시 대부분의 황제들은 자기가 비용을 내는 건축 프로젝트
에 자기 이름 걸기를 좋아했다. 그러나 하드리아누스는 그렇게 하

■ 라틴어의 'rotundus(원형의)'에서 파생된 말. 둥그런 평면구조를 가지며 주로 윗부분이 돔으로 되
어 있는 독립적 건물을 가리킨다. — 옮긴이 주

지 않았다. 그는 건립의 영예가 최초 건설자인 마르쿠스 아그리파에게 그대로 돌아가도록 해주었다. 그렇게 함으로써 하드리아누스는, 사람들이 신전을 볼 때마다 과거의 그 영광스러웠던 날들을 떠올리기를 바랐을 것이다.

하드리아누스의 개선 작업은 꽤 많았다. 그는 그 오래된 신전을 재사용하되, 그 방향을 바꾸고 원형의 건물을 추가했다. 거대한 돔을 가진 이 새로운 판테온은 독창적인 로마 기술력의 총아였다. 건축가들은 보이지 않는 아치를 이용하여 거대한 돔의 전체 무게가 둥근 벽으로 분산되도록 설계했다. 바닥에서 돔의 꼭대기까지의 거리는 돔의 지름의 길이와 일치한다. 공간의 유일한 빛은 천장의 둥근 구멍인 "오쿨루스"oculus(라틴어로 "눈")로 들어온다. 고대에는 판테온의 벽감에 로마의 신성한 영토의 모든 신("판테온"이 모든 신이라는 뜻이다)들의 조각상이 모셔졌었다. 훗날 그 벽감은 로마 및 이탈리아의 역사상 저명한 인물들의 무덤으로 사용되었다. 대표적인 예로, 라파엘로가 1520년에 이곳에 안치되었다. 그의 무덤에는 이렇게 씌어 있다. "ILLE HIC EST RAPHAEL TIMUIT QUO SOSPITE VINCI/ RERUM MAGNA PARENS ET MORIENTE MORI"—"여기 라파엘로가 누워 있노라. 그가 살아 있는 동안 자연도 그에게 정복당할까 두려워했고, 그가 죽을 때 자신도 같이 죽을까 두려워했노라."

판테온 바로 앞의 광장인 로톤다 광장Piazza della Rotonda은 아직도 로마 중심부에서 이 지역의 화려했던 과거를 짐작할 수 있는 곳이다. 14번지 집에는 1847년까지 이곳에서 시장이 열렸다는 새김글이 적혀 있다. 중세 시대 이후로 고기나 생선, 야채, 그리고 과일들이 로톤다 광장에서 판매되었다. 시장의 술꾼들이 흘리거나 남긴 것들로 광장의 위생이 엉망이 되었다. 일부 노점과 가판들이 판테온의 현관 쪽으로 옮겨가기 시작했을 때, 로톤다 광장은 많은 교황들의 눈엣가시 같은 존재가 되었다. 그러나 1823년이 되어서야 교황 비오 7세Pius VII의 명령으로 더럽고 황폐한 곳간은 치워지고, 광장에는 포장석이 깔렸다. 그로부터 다시 20년이 훌쩍 지나서야, 오물을 유발하는 시장은 이 광장에서 영구히 퇴출되었다.

로톤다 광장 중앙의 분수는 15세기 교황 에우제니오 5세Eugene V가 사자로 장식된 두 개의 작은 수반을 설치한 때부터 그곳에 있었다. 몇 차례 보수가 이어졌다. 교황 클레멘스 11세Clement XI(1700~1721)가 분수대 받침대를 약간 넓혀 분수대를 빙 둘러싸는 나직한 계단으로 만들되, 한쪽은 다섯 계단, 반대쪽은 두 계단으로 만들었다. 이렇게 글자 그대로 층이 지게 함으로써 시간이 흐름에 따라 광장에는 높이의 차가 생기게 되었다. 이 교황은 또 분수대 위에 오벨리스크를 보탰다. 이 오벨리스크는 산타마리아 소프라 미네르바 성당Santa Maria sopra Minerva 근처에서 발견되었고, 한동안 산마쿠토 성당San Macuto 앞에 세워져 있던 것이다. 지금도 6미터 이상의 오벨리스크를 일 마쿠테오Il Macuteo라고 부른다. 이 오벨리스크는 본래 고대 이집트의 헬리오폴리스의 태양의 신전에 세워져 있던 것일 가능성이 있다. 관례대로, 오벨리스크는 제국 시대 동안 로마 시내의 이시스 신전에 놓여졌었다.

68번지 집에서는 판테온의 나무 바닥을 묘사한 특이한 글씨가 새겨진 명판이 발견된다. 이 글은 1906년 부에노스아이레스 시장이 방문했을 당시 로마 시가 받은 특별한 선물을 가리킨다. 시장은 판테온과 그 안에 있는 묘석에서 감명을 받았다. 그러나 그로서는 이해되지 않는 일이 하나 있었다. 어떻게 그런 역사를 가진 대성당과 중요한 무덤을 대중의 소란 속에 놔둘 수 있단 말인가? 그는 그 무덤들이 "엄숙한 침묵에 싸여져야" 한다고 생각했다. 그래서 그는 로마 시에게 로톤다 광장을 위한 아르헨티나의 열대 우림의 나무로 만들어진 새 마루를 선물하여 그 죽은 유명한 사람들의 영원한 안식이 더 이상 거리의 소음으로 인해 방해를 받지 않게 했다. 그 나무 바닥은 제거되기 전까지 판테온 앞에 잠시 놓여 있었다.

역사에서 너무 나아간 이야기는 이 정도로 하고, 이제 판테온의 청동을 통해 베르니니에게 돌아가자. 이 오래된 신전은 거의 무궁무진한 재료의 원천으로 밝혀졌다. 베르니니가 캐노피를 만드는 데 쓸 청동을 충분히 확보하고 나서도, 여전히 상당한 양의 청동이 남게 되었다. 교황 우르바노 8세는 이를 새로운 대포로 주조하여 카스텔 산탄젤로Castel Sant'Angelo에 설치할 것을 명했다. 수년 후인 1632년, 교황은 베르니니에게 판테온의 양쪽에 두 개의 작은 종탑을 설치할 것을 주문했다. 그러나 설치되는 순간부터 그것은 "당나귀 귀"처럼 생겼다는 비아냥을 들어야 했고, 결국 1883년에 끝내 철거되었다.

로마인들은 바르베리니Barberini 교황이 로마의 문화유산을 야만적인 방식으로 취급하는 것을 놓고 그의 이름과 연관지어 "바르바릭"barbaric이라는 말로 꼬집었다. 이는 로마 제국의 몰락 당시 바르바리안족("야만족")에 의한 로마의 황폐화를 간접적으로 비꼬는 말이었다. 로마의 날카로운 입, 파스퀴노Pasquino가 이를 더 적절하게 표현했다. "Quod non fecerunt barbari fecerunt barberini"—"야만인들도 하지 않은 짓을 바르베리니가 했다." 이는 파스퀴노 및 그와 생각이 같은 다섯 주인공이 남긴 기발하고 풍자적인 농담들 중 하나이다. 유창한 언어유희로 교황의 정책에 대해 거리낌 없이 비판을 날렸던 이 로마인이 누구였는지 궁금하다면, 나와 함께 다음 장소로 이동해보자.

로마의 말하는 돌

바부이노 거리 Via del Babuino

15세기 어느 날, 로마의 석상인 〈파스퀴노〉Pasquino가 말하기 시작했다. "로마의 말하는 조각상" 중 그가 가장 먼저 입을 열었다. "위트 의회"Congresso degli Arguti라고도 불리는 이 말하는 조각상은 로마 시내의 여섯 개 조각상을 합쳐 부르는 이름이다. 이들의 공통점을 굳이 들자면 모양이 좀 말쑥하지 않다는 점이라고 할까. 그 "의원"들을 소개하자면 리더인 파스퀴노(그의 이름을 딴 광장에 있다)를 비롯, 앞에서 언급했던 산마르코 광장Piazza San Marco의 마다마 루크레치아Madama Lucrezia, 카피톨리노 박물관 누오보 궁Palazzo Nuovo의 마르포리오Marforio, 비도니 광장Piazza Vidoni의 수도사 루이지Luigi, 라타 거리Via Lata의 일 파키노Il Facchino, 그리고 그의 이름을 딴 거리인 바부이노 거리Via del Babuino의 일 바부이노Il Babuiono, 이렇게 여섯이다.

그들의 "말하기"는 주로 로마 교황의 정책에 대한 논평이 대부분이었다. 정치적 논평과 노골적 비판을 재치 있는 말로 포장해서 발표했다. 심지어 조각상들 사이의 대화도 있었다. 물론 그 대화나 논평이란 조각상이 아니라 로마 시민 중 누군가가 풍자와 언어유희를 종이에 써서 그 조각상들에 붙인 것을 말한다.

파스퀴노와 마르포리오가 이 모임의 가장 잘 알려진 멤버이긴 하지만, "원숭이"인 바부이노도 주목 받을 발언을 많이 했다. 오늘날 거의 직선처럼 뻗은 길인 바부이노 거리Via del Babuino는 15세기의 다소 엉성했던 길을 다듬어 만든 것이다. 당시엔 거리가 둘로 나뉘어 있었다. 첫 번째 부분은 오르토 디 나폴리 거리Via dell' Orto di Napoli라 불렸었다. 그곳에 나폴리에서 이주해온 사람들이 많았던 까닭이다. 두 번째 부분은 카발레토 거리Via del Cavalletto라는 사뭇 음산한 이름을 가지고 있었다. 이것이 음산한 이름인 이유는 여기서 cavalletto가 그림 도구인 "이젤"이 아니라 고문 내지 형벌의 도구인 "작은 말"을 의미했기 때문이다. 교황에 의해 유죄선고를 받은 자는 나무로 된 이 말 위에 앉혀져 양쪽 다리에 자기 죄에 해당하는 만큼의 무거운 것을 달고 있어야 했다.

1525년, 교황 클레멘스 7세Clement VII가 그 두 거리를 연결하고 자기 이름을 따서 클레멘티나 거리Via Clementina라고 명명했다. 후에 교황 비오 5세Pius V가 이곳에 분수를 만들기 위해 몇몇 수로를 클레멘티나 거리 쪽으로 옮기면서 길의 이름은 파올리나 거리Via Paolina로 바뀌었다. 비오 5세는 오래된 로마식 수반水盤을 가져와 그 위에 고대 그리스 신화에 등장하는 반인반수半人半獸 종족인 실레누스silenus 조각상을 올려놓았다. 실레누스는 물의 근원과 연관되어 있었으며, 종종 양 가죽을 쓴, 못 생기고 통통하며 털이 많은 존재로 묘사되었다. 그래서 이 실레누스의 조각상도 자연 그대로의 모습, 그러니까 헝클어지고 흉측한 모습을 하고 있었다. 로마인들은 이 조각상이 너무 못 생겨서 원숭이한테나 비유될 수 있다고 생각했다. 그래서 이 조각상은 원숭이 조각상, 즉 바부이노로 알려지게 되었다.〔baboon은 이탈리아어로 '원숭이'〕

많은 농담과 풍자들 덕분에 이 조각상은 점점 더 유명해졌다. 바부이노의 명성이 절정에 달했을 때, 로마인들은—파스퀴노의 풍자시 혹은 풍자문을 "파스퀴네이드"pasquinade라 불렀던 것처럼—바부이노에 부착된 날카로운 정치 논평과 풍자들을 "바부이네이드"babuinade라 부르기 시작했다. 바부이네이드는 종종 교황에게 직접 전달되기도 했다. 오래 지나지 않아 바부이노는 당당히 "위트 의회"에 입회되었다.

로마가 이 못 생긴 원숭이를 완전히 받아들였음이 분명해진 것은, 1957년 바부이노 거리의 원래 장소에서 시민들의 계속되는 지지 성명과 시위로 이 로마식 수반을 원래 위치로 돌아오게 했을 때였을 것이다. 1738년 이 분수 맞은편에 있던 알레산드로 그란디 궁Palazzo Alessandro Grandi의 본콤파니 케라시 궁Palazzo Boncompagni Carasi의 건설을 위해 철거되어야 했을 때, 분수와 수반도 거리 아래쪽의 한 후미진 곳으로 밀려났었다. 그러다 1887년 실용의 목적으로 바부이노 분수가 재설치되어야 했다. 이때 조각상만 본콤파니 케라시 궁의 정원으로 옮겨지고, 오래된 로마식 수반은 플라미니아 가도Via Flamnia의 다른 곳으로 옮겨졌었다. 그러다 1957년, 조각상과 수반이 함께 원래 위치로 돌아오게 되었던 것이다.

베르니니와 보로미니의 예술적 결투

나보나 광장 Piazza Navona

이른 아침, 화가를 비롯한 여러 예술가들이 속속 광장으로 모여든다. 그들은 여행자들의 캐리커처를 그리거나, 문과 발코니를 소재로 한 인상주의풍 그림—구매하려면 꽤 비용이 든다—을 그리며 하루를 보낼 것이다. 이 길거리 예술가들은 여행자들이 카푸치노 한잔을 마시기 위해 적잖은 돈을 쓰는 노천카페로 둘러싸여 있다. 여행자들, 길거리 예술가들, 그리고 행인들이 나보나 광장Piazza Navona의 두 거장, 베르니니Bernini와 보로미니Borromini 사이의 예술적 결투를 지켜본다.

1647년, 교황 이노켄트 10세Innocent X는 자신이 "여물통을 좀 다듬은 수준"이라고 비난했던 나보나 광장 분수를 적절한 다른 작품으로 대체하기로 결정했다. 지롤라모 라이날디^{Girolamo Rainaldi}는 이미 광장을 개조하고 있었고, 팜필리 궁^{Palazzo Pamphili}도 교황을 배출한 가문이라는 명성에 걸맞게 도시궁전으로 재단장되는 중이었다. 상인들과 도시 거주자들이 몰리는 나보나 광장은 말하자면 교황의 뒷마당과도 같은 곳이었다. 교황은 최고의 예술가들이 참가하는 일종의 분수 경연대회를 조직했다. 이름난 예술가들이 디자인 스케치를 제출하도록 초대받았다. 물론 보로미니도 참여했고, 네 개의 강이 있는 분수를 제안으로 제출했다. 딱 한 사람, 베르니니는 초대에서 제외되었다. 그가 바르베리니 교황 우르바노 8세^{Urban VIII}가 총애했던 인물이었다는 점 때문이었다. 그러나 교황청에 연줄을 가진 한 친구의 도움으로 베르니니도 자신의 안을 제출했다. 그 친구가 베르니니의 축척 모형을 슬쩍 갖다놓았던 것이다. 그 모형이 이노켄트 10세의 눈에 띄었다. 교황은 보로미니의 안에서 가져온 네 개의 강 아이디어를 포함하고 있는 이 디자인이 단연 최고임을 공개적으로 인정했다. 1651년, 분수의 건설이 시작되었다.

베르니니는 그 프로젝트를 이끌었지만, 그 실제 실행에는 거의 관여하지 않았다. 대신 다른 예술가들이—물론 베르니니의 설계와 그의 예술적 및 기술적 노하우에 따라서—분수에 있는 네 가지 거대한 형상을 만들어냈다. 그 형상들은 갠지스 강, 다뉴브 강, 나일 강, 라플라타 강 등 당시 알려진 가장 큰 강들을 상징했다. 한편 이노켄트 10세는 1647년 4월 27일, 산세바스티아노 성당^{San Sebastiano}을 방문했다가 그곳에서 큼지막한 오벨리스크 하나를 발견했다. 그것은 치르쿠스 막센티우스^{Circus of Maxentius}의 유적 발굴터 한 편에 방치되어 있던 것이었는데, 오벨리스크에 새겨진 명문을 보니 도미티아누스 황제가 언급되어 있었다. 이로써 사람들은 이 오벨리스크가 본래 도미티아누스 경기장에 있던 것이라고 여겼다(나보나 광장은 고대에 도미티아누스 경기장이 있던 자리에 만들어진 광장이었다). 이런 과정을 거쳐 그 오벨리스크는 1649년 8월 12일, 〈네 개의 강 분수〉Fontana dei Quattro Fiumi 위에 놓이게 되었다.

떠도는 이야기에 따르면, 이 〈네 개의 강 분수〉에는 맞은편에 있는 〈산타그네세 인 아고네 성당〉Sant'Agnese in Agone—교황의 의뢰를 받아 보로미니가 개축한 성당—에 대한 베르니니의 경멸을 나타내는 몇 가지 단서가 있다고 한다. 나일 강의 형상에 씌워진 베일과 라플라타 강의 형상이 취하고 있는 자세가 그 교회를 보지 않으려는 의도를 암시하고 있다는 해석이다. 혹자는 라플라타 강의 자세가 맞은편의 그 성당을 두려워하는 방어자세라고 보기도 한다. 그러나 이속설이 아무리 그럴싸한 재미를 준다고 해도, 실제로 베르니니가 그 분수대에 그런 단서를 넣었다고 보는 건 난센스다. 왜냐하면 보로미니의 〈산타그네세 인 아고네 성당〉보다 베르니니의 〈네 개의 강 분수〉가 먼저 완공되었기 때문이다.

산타그네세 인 아고네 성당이 처음 그 자리에 지어진 것은 서기 304년이라고 알려져 있다. 이른 나이에 강간으로 희생된, 불운하지만 신앙심 깊은 소녀인 아그네스에게 헌정된 교회였다. 교회의 위치는 그녀가 학대를 당했던 장소를 나타낸다. 아그네스는 자발적인 "그리스도와의 결혼"을 이유로 들어 유력 로마 시민과의 결혼을 거부했다. 고문자들이 그녀의 옷을 찢으며 덤비는 순간, 아그네스의 머리카락이 자라 그녀의 온몸을 뒤덮는 기적이 일어났다. 그녀를 범하려 했던 남자는 그녀 앞에 쓰러져 죽었다. 하지만 결국 아그네스는 로마인들의 칼에 목이 베이어 죽었다. 교회 이름에 "아고네"라는 말이 더해진 건, 아그네스가 견뎌야 했던 고통(agony)을 의미하는 게 아니라, 현재의 광장 약 6미터 아래에 있었던 고대의 경기장 치르쿠스 아고날리스Circus Agonalis 때문이다. 고대 도미티아누스 황제 때 만들어진 이 경기장에서 "아고네스"agones라는 이름의 스포츠 경기가 열렸고, 그래서 이 지역을 아고네스라고 불렀던 것이다. 광장의 이름도 이와 관련이 있다. 인 아고네in agone가 인나고네innagone로 되었다가 다시 나보네navone로 바뀌었다. 여기서 나보나Navona라는 이름이 나온 것이다.

나보나 광장의 〈네 개의 강 분수〉에 비해 다른 두 분수는 관심을 덜 받는 편이다. 두 분수는 그리 크지도 않고 인상적이지도 않으며, 특별한 "해프닝"을 갖고 있지도 않다. 그러나 두 분수 모두 야코포 델라 포르타Jacopo Della Porta(1537-1602)의 훌륭한 건축 사례이다. 광장의 남쪽 끝에는 네 명의 트리톤이 있는 〈무어 분수〉Fontana del Moro가 있다. 분수 중앙에 무어인이 돌고래와 싸우고 있는 모습이다. 본래 설계에는 무어 상이 없었는데, 베르니니가 이를 추가했다. 광장의 북쪽 끝에는 델라 포르타가 수반水盤만을 디자인한 〈넵튠 분수〉Fontana del Nettuno가 있다. 넵튠 조각상들은 1878년에야 추가될 수 있었다.

팜필리 교황 이노켄트 10세가 나보나 광장을 꾸민 것은 자신의 명망을 높이고자 한 의도뿐만 아니라 광장의 기능을 재정비하기 위한 실용의 목적도 있었음이 분명하다. 깨끗한 식수를 구하기 쉽지 않았던 그 당시, 분수 하나가 얼마나 환영받는(필수적인) 것이었는지 우리는 상상조차 하기 힘들다. 16세기에 있었던, 아쿠아 비르고Aqua Virgo—로마 외곽의 수원지에서 로마로 식수를 끌어오기 위해 설치했던 11개 수로 중 하나—의 개조 공사는 물길을 나보나 광장으로 돌릴 수 있는 맞춤 맞은 기회였다. 그 공사에 맞춰 나보나 광장에 분수가 건설되기 시작했다. 이로써 이미 15세기 후반부터 조성된 시장이 더욱 활기를 띨 수 있었다. 광장은 또한 만남의 장소였다. 나보나 광장에서 온갖 종류의 축제와 행사가 열리기까지는 오래 걸리지 않았다. 몇몇 그림을 통해 알 수 있듯이, 로마인들은 축제 때 시원함과 각종 유희를 즐기기 위해 배수구를 막아 광장을 물로 채우기도 했다.

나보나 광장

베르니니의 포옹

성 베드로 대광장 Piazza San Pietro

로마와 가장 떼려야 뗄 수 없는 이름을 가졌던 그가 여든두 살의 나이로 영면했다. 베르니니는 세상을 뜨기 얼마 전까지도 매일 아침 일곱시에 대리석 돌덩이 앞에 섰다고 한다. 조각칼을 그는 손에서 놓지 않았다. 평생 동안 그가 한 것은 오직 일, 일, 일뿐이었다. 교황으로부터 끊임없이 의뢰가 들어왔고, 가끔은 사적인 요구도 들어주어야 했다.

그의 나이 쉰여덟이던 1656년, 베르니니는 마페오 바르베리니^{Maf-feo Barberini}처럼 당대의 위대한 예술가 후원자로 알려지게 될 신임 교황 알렉산데르 7세^{Alexander Ⅶ}(파비오 치기^{Fabio Chigi})로부터 특별한 의뢰 하나를 받았다. 새로운 베드로 대성당이 드디어 완성되었고, 따라서 로마로 오는 순례자들의 수가 가파르게 늘던 때였다. 순례자들만이 아니었다. 르네상스 이래로 숱한 인문주의자와 예술가들이 고대를 직접 눈으로 확인하기 위해, 또는 각종 원고를 검증하기 위해 로마를 찾았고, 그 뒤로도 수세기 동안 학자와 학생들이 로마로 몰려들었다. 당연히, 그들 중 많은 이들이 새로운 베드로 대성당을 찾았다. 결국, 이 모든 방문객들이 만날 수 있는 넓고 아름다운 광장이 필요했다. 새로운 광장은 또한 축복을 주는 바티칸 궁을 가장 잘 바라볼 수 있도록 좋은 조망도 제공할 필요가 있었다.

베드로 대성당은 처음 지어진 세기 동안에는 수수한 외양이었을 것이다. 그것은 주변이 온통 무덤들뿐이었던 공동묘지 한가운데 있는, 성 베드로의 무덤이라고 추정되는 곳에 세워진 보통의 기념물로 시작되었다. 4세기 들어, 콘스탄티누스 대제에 의해 로마식의 새로운 성당이 지어졌다. 그것은 상대적으로 평범한 교회였지만, 수백 년 동안 존속했다. 수세기 동안 이어진 순례자들의 흐름은 성 베드로 대성당 아래 지역인 보르고^{Borgo}에 영향을 미쳤다. 보르고에서 발생한 대화재를 묘사한 라파엘로의 〈보르고 화재〉^{Incendio di Borgo}는 그렇게 밀집된 구역에서 어떤 혼돈이 발생할 수 있는지를 보여준다. 〈보르고 화재〉는 그 이름을 따서 명명된 방—전에는 교황의 식당이었고, 오늘날에는 바티칸 미술관의 한 부분—에 그려진 프레스코화 중 하나이다. 라파엘로는 그 프레스코화의 배경에, 과거의 베드로 대성당의 모습을 영구히 새겨놓았다. 그것은 모자이크로 장식되었던 대성당의 모습을 보여주는 희유한 그림이다.

새로운 베드로 대성당을 위한 공사는 오랫동안 진행되었다. 하지만 그 지역은 여전히 조밀한 주거지역이었다. 휘넓은 광장 조성을 위해 그 지역의 일부를 정리하는 것이 교황 알렉산데르 7세의 즉위 후 첫 주문 중 하나였다. 전해오는 얘기에 따르면 그는 자신의 의도에 대해 지나치게 꼼꼼해서, 베르니니에게 광장 및 열주(列柱)의 치수까지 제시했다고 한다. 물론, 열주가 있는 타원형 광장이라는 구상에 대한 찬사는 베르니니 몫이다. 그가 디자인한 각 기둥의 지름은 모두 1.5미터 이상이다. 베르니니는 284개의 기둥을 광장에 두었고, 이를 88개의 벽기둥으로 보완했다. 광장의 좌우 너비는 240미터이고, 최대 수용 인원은 약 40만 명이다. 이로써 베르니니는 순례자들에게 충분한 공간을 제공하라는 요구를 만족시켰다.

성 베드로 광장이 완성된 후, 열주랑은 곧 어울리는 별칭을 얻었다. "베르니니의 포옹"abbraccio berniniano이다. 네 줄 이상의 육중하고 인상적인 기둥들이 베드로 광장을 감싸 안는다. 그러나 때로는 기둥이 한 줄로만 보일 때도 있다. 눈을 몇 번 깜빡이고 보면 다시 두 줄로 보인다. 이렇듯 베르니니는 그가 만든 광장 안에 착시현상을 심었다. 그의 의도를 정확히 알고 싶다면, 광장 바닥에서 두 개의 초점을 찾아야 한다. 바로 오벨리스크와 분수대 사이이다. 그 대리석 원위에 보면 "CENTRO DEL COLONNATO"—"열주의 중심"이라는 문구가 보인다. 그 원에 정확히 서서 당신에게 가장 가까운 열주를 보면, 거기서는 네 줄이 아닌 한 줄의 기둥만을 보게 될 것이다. 보로미니는 이미 비슷한 형태의 트롱프뢰유trompe-l'œil를 사용한 바 있다. 〈산카를로 알레 콰트로 폰타네 성당〉의 돔과 〈스파다 궁〉Palazzo Spada 에서 볼 수 있는 유명한 원근법적 착시현상이 그것이다. 바로크 시대에는 환상적인 효과가 유행했다. 예술은, 르네상스 시대보다 더욱, 관객들을 놀라게 하기 위한 것이 되었다. 이를 표현하는 것은 보로미니와 베르니니의 예술뿐 아니라, 그 시대의 그림들도 마찬가지였다. 우리는 그것을, 17세기 말에 안드레아 포초Andrea Pozzo가 산티그나치오 디 로욜라 성당Sant'Ignazio di Loyola의 천장에 그린, 착각에 의한 돔에서 볼 수 있다. 그러나 한 화가가 다른 방향으로 독특한 스타일을 발전시킨 것이, 상당한 파문을 일으켰다.

로마의 카라바조

디비노 아모레 골목길 Vicolo del Divino Amore

1604년 5월 8일, 한 젊은 화가가 로마 중심가의 골목인 디비노 아모레 길Vicolo del Divino Amore(당시에는 산비아조 길Vicolo San Biagio이라고도 불렸다)의 한 집을 임대했다.

북이탈리아의 작은 마을 카라바조Caravaggio 출신의 미켈란젤로 메리시Michelangelo Merisi는 1593년 스물두 살의 나이에 로마로 왔다. 처음 몇 년간은 어느 유명 예술가의 도제徒弟로 지냈다. 미켈란젤로 대신 카라바조라는 이름으로 불린 그는 서서히 자기 자리를 잡아가기 시작했고, 〈홀로페르네스의 목을 베는 유디트〉Judith Beheading Holofernes 같은 초기 작품에서 보이는 명백한 재능으로 많은 잠재고객들의 주목을 받았다. 명성이 쌓이는 만큼 의뢰가 계속 늘었고, 1604년에는 팬

찮은 집도 한 채 임대할 수 있었다. 그의 이 이사에 관한 이상하리만 큼 많은 세부자료가 보존되어 있다. 그럴 수 있었던 이유는 근처의 산니콜라 데이 프레페티 교구San Nicola dei Prefetti에서 주민의 전출입 상황을 매우 세세하게 기록해왔기 때문이다.

카라바조가 로마에서 처음 받은 공식적인 주문은 산루이지 데이 프란체시 성당San Luigi dei Francesi의 콘타렐리Contarelli 예배당 장식화였다. 이를 위해 그는 성 마태Saint Matthew의 삶을 묘사한 석 점의 그림을 그렸다. 그림을 보는 순간, 우리는 이 젊고 독특한 예술가가 그의 작품에 얼마나 혁신적인 방식을 도입했는지를 알 수 있다. 카라바조는 영웅적 인물이라고 해서 고전적이고 이상적인 이미지로 묘사하지 않는다. 그는 자신이 보고 느낀 그대로, 즉 실제 세계의 실제 인물 그대로를 화폭에 옮겨놓는다. 썩어가는 과일, 발가락의 때, 나이 든 여자, 그리고 온화한 젊은 남자까지, 카라바조는 그림의 주제가 무엇이든 상관없이 자신의 인물이나 소재를 윤색 없이 있는 그대로 그려낸다. 그의 작품 속 드라마가 강렬한 느낌을 주는 또 다른 이유는 "키아로스쿠로"chiaroscruro로 알려진 그의 독특한 빛과 어둠의 배치 때문이기도 하다. 그것은 마치 연극 연출가가 자신의 주제를 강조하기 위해 조명을 조절하는 것과도 같다. 콘타렐리 예배당에 이어 카라바조는 1600년 산타마리아 델 포폴로 성당Santa Maria del Popolo의 케라시Cerasi 예배당에서도 의뢰를 받았다. 카라바조는 로마에서 유명해졌다.

산니콜라 데이 프레페티 교구의 옛 기록보관소에서 1604~1606년의 자료를 보면, 임차인이 카라바조 혼자가 아니라 그의 도제 프란체스코와 공동 임차한 것으로 나온다. 이는 카라바조가 도제를 둘

정도가 되었음을 보여준다. 그런데 다른 기록에는 카라바조와 그의 도제가 프루덴치아 브루니Prudenzia Bruni라는 또다른 임차인과 공동 임차한 것으로 나온다. 그녀의 "상황"에 기록된 바는, 그녀가 제화업자이자 가금류 상인인 보니파치오 시니발디Bonifacio Sinibaldi의 아내임을 말해준다. 그리고 1601~1604년 동안 그 건물의 보수/복원 공사 기록을 보면, 해당 건물의 이용 가능한 생활공간이 두 개의 주거공간으로 나뉘어 있음을 알 수 있다. 이 자료들을 종합해보면, 산니콜라 데이 프레페티 교회의 오른쪽 첫 번째 집은 프루덴치아 브루니가 제1임차인이며, 카라바조는 1604년 5월 8일, 그녀로부터 그 집의 절반을 임대 받은 것이었다.

카라바조가 어떻게 이 집과 연결되었는지 확인하는 건 어렵지 않다. 집의 소유주가 바로 카라바조에게 〈마리아의 죽음〉Morte della Vergine—현재 파리의 루브르 박물관에 소장되어 있다—을 의뢰했던 라에르치오 체루비니Laerzio Cherubini였던 것이다. 그밖에도 다른 경로도 확인된다. 프루덴치아와 그녀의 남편은 동네 미용사 마르코Marco의 조수였던 피에트로파올로 펠레그리니Pietropaolo Pellegrini와 아는 사이였다. 경찰은 1597년 7월, 그 조수를 치안방해죄로 심문했다. 그 심문 조서가 지금도 남아 있는데, 그 조서에는 이 조수가 카라바조를 1596년부터 잘 알고 지냈다고 말한 것으로 씌어 있다.

5월 8일 체결한 임대차 계약서에 카라바조는 자신이 임대 공간의 구조를 변경할 수 있다는 조항을 적시했다. 브루니는 카라바조가 임대기간이 끝나기 전에 그 공간을 원상 복구한다는 조건 하에 이 조항에 동의했다. 필자는 카라바조의 구조변경 요청이 어떤 것이었는지에 대한 해석을 독자의 상상에 남겨두고자 한다. 더 많은 빛이 들어오게 하기 위해 천장의 일부를 헐어내고 싶었을 수도 있고, 아니면 대형의 캔버스를 들일 만한 공간을 마련하려 했을 수도 있겠다. 어떤 경우든, 그가 이 집을 주로 스튜디오로 사용한 것은 틀림없어 보인다. 카라바조는 로마에서 사는 내내, 부유한 은행가이자 미술품 수집가인 주스티아니^{Vincenzo Giustiani}가 그의 후원자가 된 후, 확실히 많은 작품들을 그려냈기 때문이다(이 관계의 가장 유명한 결과는 "사랑은 모든 것을 이긴다"^{Amor Vincit Omnia}일 것이다). 프루덴치아 브루니는 일 년 후 자신의 측근을 법정에 세우면서 다시 기록보관소에 모습을 드러낸다. 임차료를 잘 내던 카라바조가 1605년 2월부터 갑자기 지급을 못하게 되었고, 그후 7월까지 적잖은 빚을 지게 되었다. 브루니는 법적 조치를 구했고, 결국 카라바조의 소유물을 합법적으로 압수해도 된다는 처분을 받았다.

카라바조가 법정다툼에 연루된 건 이번이 처음이 아니었다. 그의 악명 높은 재능에는 늘 악명 높은 기질이 따라다녔다. 길지 않은 생애 동안, 그는 주기적으로 공권력과 충돌했다. 로마의 술집들에서 자주 말썽을 부렸고, 싸움도 여러 차례 벌였다. 그러다 결국 중대한 고비를 맞고 말았다. 1606년, 테니스 경기 때문에(또는 분명치 않지만, 어떤 여자 때문에) 다툼이 벌어졌고, 결국 카라바조가 상대방에게 치명적인 상처를 입혔다. 이제 저 키아로스쿠로의 명수는 범법자 신세가 되었고, 로마에서 도망쳐야 했다. 그러다 수년 후, 모진 방랑 끝에 빈털터리 신세로 세상을 떠나고 말았다.

디비노 아모레 길은 그곳에 살았던 가장 유명한 거주자 때문에 그 이름을 갖게 된 것은 분명 아니다. 카라바조가 그곳으로 이사 왔을 때, 그 길은 산티 체칠리아 이 비아조 성당Santi Cecilia e Biagio의 이름으로 불렸었다. 그후 그 성당은 18세기에 콘프라테르니타[형제애] 델 디비노 아모레 성당Confraternita del Divino Amore으로 넘겨졌다. 카라바조가 끌고 왔던 그 스캔들에도 불구하고, 그 골목길은 지금도 "성스러운 사랑의 형제애"라는 이름으로 불린다.

로마의 현관

포폴로 광장 Piazza del Popolo

만약 여성이 로마에서 개선 행진을 갖는다면, 그 여성은 북유럽의 걸출한 여왕이었던 스웨덴의 크리스티나^{Christina} 여왕이어야 한다. 수세기 동안, 북쪽에서 출발하여 로마에 도착하는 여행자들은 플라미니아 가도^{Via Flaminia}를 통해 우리가 오늘날 포폴로 광장^{Piaza del Popolo}이라고 이름 하는 로마 땅에 발을 디뎠다. 이 광장은 바부이노 거리^{Via del Babuino}, 코르소 가도^{Via del Corso} 그리고 리페타 거리^{Via di Ripetta}가 만나는 지점에 있었고 지금도 그렇다. 포폴로 문^{Porta del Popolo}이 로마의 현관으로 간주되고, 포폴로 광장^{Piazza del Popolo}이 영빈관으로 간주되는 건 당연한 일이다.

이곳에서는 로마로 향하던 그 옛날 여행자들의 눈을 통해 보는 게 여전히 가능하다. 왜냐하면 이곳 주변의 풍경은 지난 몇 세기 동안 다른 곳에 비해 덜 변했기 때문이다. 플라미니아 가도에서 내려서 자마자 사람들이 가장 먼저 보게 되는 건 포폴로 문이었다. 이 문의 바깥쪽 장식은 교황 비오 4세Pius IV가 미켈란젤로에게 맡긴 프로젝트의 결과이다. 당시 꽤 나이가 많았던 미켈란젤로는 이 일을 제자인 나니 디 바키오 비조Nanni di Baccio Bigio에게 넘겼고, 그가 이 과제를 1562~1565년에 끝냈다. 문에 있는 기둥은 미켈란젤로가 옛 베드로 대성당에서 가져온 것이다. 어쨌든 베드로 대성당의 개축에 대해 가장 잘 아는 미켈란젤로였으니 가능한 일이었을 것이다.

1655년, 알렉산데르 7세Alexnander VII가 팜필리 교황 이노켄트 10세Innocent X의 뒤를 이었다. 알렉산데르는 토스카나 은행가들 중에서도 유명한 키지Chigi 가문의 후손이었다. 그의 전임자처럼 그도 17세기의 확실한 건축 거장 잔 로렌초 베르니니Gian Lorenzo Bernini를 기쁜 마음으로 계속 고용했다. 새 교황이 중점을 둔 것은 로마의 "영빈관"인 포폴로 광장과 베드로 대성당이었다. 그가 로마의 현관을 새로이 단장하게 된 까닭은 멀리 북쪽 나라 스웨덴에서 개종자로 자처하는 한 여성이 로마를 방문하기로 했기 때문이다. 크리스티나는 "스웨덴, 고트족, 반달족"의 여왕이었다. 변덕스러웠지만 인습에 얽매이지 않았고, 예술 애호가였고, 자유로운 학문 연구를 주창한 군주였다. 그러나 스웨덴은 그녀가 있을 땅이 아니었다. 수년 동안 가톨릭으로 개종할 뜻을 비쳤지만, 스웨덴에서는 그것이 불가능했다. 그녀는 1654년 공식적으로 왕위에서 물러났고, 익명으로 개신교 조국을 떠났다. 그녀가 향한 곳은 로마였다.

1655년 12월 23일, 스웨덴의 크리스티나 전前여왕과 그녀의 수행원들이 로마로 입성했다. 알렉산데르 7세는 성공적인 영접을 위해 고심했다. 교황은 유명한 개종자인 크리스티나가 첫눈에 로마에 매혹되기를 바랐고, 그래서 그녀에게 잊을 수 없는 광경을 선사하고 싶었다. 베르니니에게 포폴로 문의 안쪽을 다듬고 명문을 추가할 것을 주문했다. 그리고 문 바로 맞은편의 이집트 오벨리스크—식스토 5세가 1589년에 그 자리에 세웠다—건너편에 산타마리아 데오 미라콜리 성당Santa Maria deo Miracoli과 산타마리아 인 몬테산토Santa Maria in Montesanto 두 성당을 지었다. 로마 중심부로 향하는 세 길의 모퉁이를 가리키는 이 두 교회는 완전히 똑같아야 했다. 이 "쌍둥이 교회"는 포폴로 광장의 상징이 될 것이었다(하지만 모든 것이 보이는 그대로인 것은 아니다. 자세히 들여다보면 그 둘이 완전히 같지 않음을 알 수 있다). 그러나 이 두 성당은, 베르니니와 카를로 폰타나Carlo Fontana가 둘 다 참여했음에도 불구하고, 알렉산데르 7세의 생전에 완성을 보지 못했다.

어쨌든 1655년 12월 23일의 환영식은 대단했다. 포폴로 광장에 발을 내려놓는 순간, 크리스티나는 압도당했다. 광장의 장관도 장관이려니와, 카스텔 산탄젤로에서 환영의 축포 소리가 울려퍼졌던 것이다. 그리고 축제행사가 끝없이 이어졌다. 수천 명의 환호하는 군중 속에서 펼쳐진, 바르베리니 궁 정원에서의 행렬은 이 축제의 백미였다. 크리스티나는 아름다운 파르네세 궁에 방을 얻었다. 이틀 뒤인 크리스마스 날, 교황 알렉산데르 7세는 공식적으로 그녀에게 세례를 주었다. 이날부터 그녀는 크리스티나 알렉산드라 마리아Christina Alexandra Maria로 불렸다.

크리스티나를 그렇게 의기양양하게 맞아들인 포폴로 광장이라는 이름은 광장 북단에 있는 가장 오래된 건물인 산타마리아 델 포폴로 성당Santa Maria del Popolo에서 기원한다. 이 교회의 설립을 둘러싼 이야기는 11세기로 거슬러 올라간다. 그 근방에서 네로 황제의 사악한 영혼이 자꾸 출몰한다는 소문이 교황 파스칼 2세Paschal II의 귀에 들려왔다. 교황은 1099년, 악령을 영구히 쫓아내기 위해 그곳에 성모 마리아를 기리는 교회를 봉헌하기로 했다. 교회 건립비용은 모두 시민의 세금으로 충당된 것으로 알려졌다. 결국 민중이 낸 돈으로 지어진 교회이기 때문에 산타마리아 델 포폴로(popolo : "민중의") 라는 이름이 붙게 되었다. 15세기 후반 식스토 4세Sixtus IV 때 전면 중수되었다.

만약 크리스티나가 잠깐 말에서 내려 산타마리아 델 포폴로 성당을 참배했더라면, 그녀는 이 영원의 도시에 대해 훨씬 더 깊은 인상을 받았을지도 모른다. 그녀가 도착하기 반세기 전에 카라바조가 이 교회의 케라시Cerasi 예배당에 〈성 바오로의 개종〉The conversion of Saint Paul과 〈십자가에 못 박힌 성 베드로〉The Crudifixion of Saint Peter를 그렸기 때문이다. 이 걸작은 지금도 원상 그대로를 감상할 수 있다.

많은 사람들이 댄 브라운Dan Brown의 〈천사와 악마〉를 읽은 계기로 산타마리아 델 포폴로 성당을 방문하곤 한다. 그러나 거기 나오는 것은 라파엘로가 디자인한 키지Chigi 예배당이다. 그곳만 보고 돌아가는 방문자들은 불행하게도 르네상스 화가 핀투리키오Pinturicchio의 프레스코화 연작과 성가대를 장식하는 안드레아 산소비노Andrea Sansovino의 두 개의 예술적 무덤을 놓치곤 한다.

트레비 분수는 세 갈래 길에

트레비 광장 Piazza di Trevi

8만 킬로리터— 로마의 트레비 분수^{Fontana di Trevi}가 하루에 뿜어내는 물의 양이다. 교황 클레멘스 13세^{Clement XIII}가 이 드라마틱한 분수를 헌정한 것이 1762년 5월 22일이니까, 분수는 250년이 넘도록 그 일을 하고 있는 것이다. 이 으리으리한 건축물은 높이가 30미터에 달하며, 너비도 20미터를 넘는다. 이 인상적인 통계 목록을 완성하기 위해, 매년 3천만 원어치의 동전이 분수대 안으로 던져진다. 그리고 이 장소는 로마에서 가장 작은 광장의 하나이다. 그렇긴 하지만 이곳이 고대 로마 시대인 기원전 19년에 만들어진 비르고 수로^{Aqua Virgo}의 물을 볼 수 있는 가장 멋진 장소라는 데는 의심의 여지가 없다. 비록 대부분의 관광객들은 그저 동전을 던지기 위해 모여들지만 말이다.

이 광장과 분수의 이름은 세 갈래 길의 교차로라는 뜻에서 지어
졌다. 이는 오늘날 크로키페리 소광장Piazza dei Crociferi에 서보면 가장
잘 알 수 있다. 처음에 로마인들은 그 광장과 분수를 "Di Treyo"라
고 불렀다. treyo는 trivio(tre vie)의 방언으로, 세 갈래 길의 교차로라
는 뜻이다. 그렇게 treyo가 trevi로 되었다. 그런데, 원래는 이 분수가
지금처럼 큰 분수가 아니었다. 본래 이 자리에는 아담한 분수가 있었
다. 비르고 수로에서 흘러온 신선한 물이 세 개의 수반水盤으로 떨어
지는 정도였다. 그런데 이 물이 어찌나 인기가 좋던지 중세 시대에
특별 공무원들을 두어 트레비 분수의 물을 지켜야 할 정도였다. 시
당국은 그들에게 "물도둑"acquaroli을 단속하라는 임무를 맡겼다. "물
도둑"은 분수에서 물을 "훔쳐서" 높은 가격으로 배달 판매를 하던 자
들을 말한다.

15세기에는, 세 개의 수반이 있던 분수가 하나의 수반만 있는 새
로운 디자인의 분수로 바뀌었다. 그러나 수반은 하나뿐인데도 세 개
의 출수구에서 모두 물이 흐르고 있었다. 이는 1762년에 새로 지어
진 거대한 분수에서도 마찬가지였다. 여전히 바르베리니 교황 우르
바노 8세Urban VIII의 의뢰로, 베르니니는 이 새로운 트레비 분수를 위
한 첫 번째 스케치를 만들었다. 베르니니의 아이디어들은 모두 너
무 비쌌기 때문에 교황은 포도주에 대한 세금을 인상해야 한다고 느
꼈다. 베르베리니 교황의 재위 기간 중 야근을 하던 파스퀴노Pasquino
는 이렇게 말했다. "우르바노 우리더러/ 와인 값을 더 내라네/ 와인
값 다 털리고/ 분수 물 마시다니!"

사람들은 계속 투덜거렸고, 베르니니가 이미 도시로부터 수많
은 건축 자재들을 훔쳐갔음에도 불구하고 그 이후에 아피아 가도Via

Appia에 있는 체칠리아 메텔라Cecilia Metella의 무덤을 약탈해 고대 유물을 그의 새 분수를 위한 건축 자재로 사용할 계획이라는 소식을 들었을 때, 그들의 불평은 극에 달했다. 이것이 야기한 소동이 너무 커서 결국 베르니니의 디자인은 철회되었다. 우르바노 교황과 베르니니는 트레비 분수가 본격적으로 건설되기도 전에 죽었다. 그 계약은 18세기 초까지 이루어지지 않았고, 이번에는 교황 클레멘스 12세가 작성했다. 니콜라 살비Nicola Salvi가 그 계약을 따냈고, 1735년에 공사를 시작했다. 트레비 광장에 서보면 바로 알 수 있듯이 살비는 원래 무대 디자이너였고 베르니니의 스케치에서 영감을 얻었다. 드라마틱한 감각으로, 그는 대양의 신 오케아노스를 작은 광장의 분수 한가운데에 있는 거대한 조개껍데기에 올려놓았다. 조개껍데기 위의 대양의 신은 거칠고 잔잔한 바다의 상징인, 두 개의 날개가 달린 말에 의해 이끌려가고 있다.

1960년대, 한 이탈리아 영화가 하룻밤 사이에 트레비 분수를 세계적으로 유명하게 만들었다. 페데리코 펠리니Federico Fellini 감독은 〈달콤한 인생〉La Dolce Vita에서 아니타 에크버그Anita Ekberg와 마르첼로 마스트로얀니Marcello Mastroianni가 그 분수 속으로 걸어들어가도록 했는데, 이 장면이 영화광들의 집단기억에 아로새겨졌다. 이후 에토레 스콜라Attora Scola 감독은 〈우리는 그토록 사랑했네〉C'eravamo Tanti Amati에 이 우상적 장면을 작은 헌정으로 담았다. 펠리니가 그 장면을 찍는

■ 헹크 판 게셀(Henk Van Gessel), 《파스퀴노, 로마의 조롱과 풍자》(Pasquino, Spot en satire in Rome), 암스테르담, 2006.

바로 그 순간에 한 무리의 젊은이들이 분수 앞을 지나간다. 분수에 동전을 던지는 관행은 미국 영화 〈애천愛泉〉Three Coins in the Fountain이 개봉된 1954년 이후 생겼다. 그 영화 이후 로마를 방문하는 거의 모든 사람들이 트레비 분수를 찾아와 동전을 던지고 돌아간다. 분수를 등지고 서서, 오른손의 동전을 왼쪽 어깨 위로, 휙. 로마로 다시 돌아올 수 있게 해달라는 염원을 담아.

로마와 그랜드 투어

카로체 거리 Via delle Carrozze

18세기에 서부 유럽에서 로마까지 여행하기란 여간 고초가 아니었을 것이다. 바다를 통한 여행은 불편도 하고 건강상 위험도 따랐다. 마차를 타고 육로로 여행하는 것 역시 위험하기는 마찬가지였다. 그런데도, 카로체 거리^{Via delle Carrozze}에 가보면 18세기 후반에 이 "영원의 도시"에서 국제적 문화관광^{cultural tourism}이 얼마나 부흥했었던가를 확인할 수 있다.

그 뚜렷한 징후 중 하나는 18세기 초 스페인 계단 바로 옆에 있던 조반니 바티스타 피라네시^{Giovanni Battista Piranesi}의 아틀리에였다. 피라네시는 18세기 중반 로마에서 동판화가로 겨우 생계를 유지했었다. 그러다가 로마의 가장 손꼽히는 기념물들과 풍경을 담은 커다란 사이즈의 동판화—베두타^{veduta}〔풍경〕 연작—를 로마에 온 외국인 예술가 및 지적 "문화관광객"들에게 팔기 시작했다. 결과는 대성공이었다. 그의 작품은 불티나게 팔렸다.

피라네시는 베네치아에서 태어났다. 그의 아버지는 석공이었다. 젊은 피라네시는 건축가가 꿈이었다. 1740년, 그는 베네치아 대사인 마르코 포스카리니^{Marco Foscarini}와 함께 처음 로마에 왔다. 로마와의 만남, 특히 고대로부터 내려온 기념물과 유적들과의 만남은 그와 그의 일을 완전히 바꾸어놓았다. 시대는 우호적이었다. 당시 교황은 지성과 예술문화에 대한 사랑으로 널리 존경받던 베네딕토 14세^{Benedict XIV}였다. 물론 당시에도 이미 셀 수 없이 많은 방문자들이 로마를 찾고 있었다. 그러나 그들은 대개 종교나 외교, 예술, 법률, 혹은 학문 등 특정한 목적을 가지고 오는 사람들이었다. 이제 로마는 유럽의 역사적 수도에서 지적 엘리트를 위한 보편적인 문화적 중심으로 한 단계 더 올라설 수 있었다. 많은 부유한 유럽인들이 고전 교육을 받고 있었다. 이제 전반적인 상태가 양호해지고 사회 기반시설이 확충됨에 따라, 이러한 교양(및 자녀교육) 과정은 고전 문화의 기원에 대한 답사여행으로 최종 마무리하는 것이 하나의 유행처럼 되었다. 그랜드 투어^{Grand Tour}는 이렇게 생겨났다. 즉, 엘리트 가문의 자녀교육의 필수 코스가 그랜드 투어였고, 그랜드 투어의 하이라이트 중 하나가 로마 유적의 답사였다.

유럽 도처에서 부유한 여행객들이 로마로 또 로마로 몰려들었다. 아름다운 삽화로 장식된 여행 가이드와 더불어, 로마에 온 기념품으로 간직하면 좋을 큼직한 동판화에 대한 수요가 폭발적으로 증가했다. 피라네시에게 그것은 마르지 않는 수입원이 되어주었다. 수십 년 동안 그는 로마에 있는 수많은 건물과 유적들을 동판화로 그려왔다. 그런데 그 중 잘 팔려나간 작품을 보면, 당시 가장 인기 있었던 명소가 오늘날과 크게 다르지 않았음을 알 수 있다. 그가 주로 찍어 낸 판화는 콜로세움, 포로 로마노, 트레비 분수, 그리고 판테온이었다. 그가 죽으면서 세상에 남긴 것은 몇 건 안 되는 건물(몰타 기사단의 교회 및 빌라)과 천 점이 넘는 동판화였다. 피라네시는—처음부터 그렇게 의도했던 건 아니지만—위대한 건축가라기보다 재능 있는 동판화가로 역사에 새겨졌다.

카로체 거리는 로마를 향한 기나긴 마차 여정을 마치는 마지막 구간이었다. 프랑스와 영국의 많은 관광객들이 스페인 광장이나 혹은 그 근처에서 하차했기 때문이다. 당시는 그랜드 투어리스트들 말고는 일반 관광객이 아직 없었다. 대부분의 방문자는 오늘날의 로마 여행자들보다 훨씬 더 오랫동안(몇 주, 길게는 몇 달 동안) 로마에 머물렀다. 이 근방에서 방문자들이 서로를 찾는 일이 점점 많아졌다. 곧, 로마에 온 18세기 그랜드 투어리스트들은 스페인 계단 주변에 많이 모였다. 이곳에 영국인이 하도 많아서, 언제부터인가 이곳을 "영국인 거주지역"ghetto degli inglesi이라 부르는 사람들도 생겨났다. 이곳은 만남의 장소일 뿐 아니라, 비슷한 정서를 가진, 잘 교육받은 여행자들의 창의성의 온실이자, 서로 문화와 아이디어를 교환하는 장소이기도 했다.

토스카나나 다른 북이탈리아 지역—그곳 역시 그랜드 투어의 일부였다—에서 로마를 향해 길고 불편한 마차 여행을 시작하기 전에, 여행자들은 자신뿐만 아니라 마차를 위해서도 충분한 회복의 시간을 가져야 했다. 스페인 광장으로 향하는 길이 빠듯하다 보니 마차들이 서로 오가다 고장이 나거나 심지어 크게 부서지는 경우도 있었다. 그러자 점차 새로운 형태의 관광 산업이 생겨났다. 스페인 계단 근처에 몇몇 마차 수리점이 문을 열었다. 만약 여행자들이 빠른 수리를 원할 때는, 마차들은 특별한 한 거리로 보내졌다. 카로체 거리, 즉 "마차 거리"라는 이름은 그렇게 망가진 마차들이 이 거리를 지나다니던 때를 떠올리게 한다.

카페 그레코의 단골손님들

스페인 광장 Piazza di Spagna

1760년, 그리스 사람 니콜라 델라 마달레나^{Nicola Della Maddalena}가 콘도티 거리^{Via dei Condotti}에 카페 그레코를 오픈했다. 이 카페의 방들 중 하나인 옴니버스^{Omnibus}는 로마에 온 그랜드 투어리스트들에게 유명한 얼굴을 대할 수 있는 기회를 제공했다. 카사노바^{Casanova}, 괴테^{Goethe}, 바그너^{Wagner}, 쇼펜하우어^{Schopenhauer}, 스탕달^{Stendhal}, 바이런^{Byron}, 그리고 셸리^{Shelly} 등이 이 카페를 찾는 단골이었기 때문이다. 다시 말해 카페 그레코는 당시 유럽의 문화, 예술, 문학을 대표하는 이름을 가진 이들의 만남의 장소였고, 낭만주의^{Romanticism}의 영지였으며, 의심의 여지없이 새로운 사상의 탄생지였다.

이 유명한 카페가 지금도 여전히 자리를 지키고 있는 거리인 콘도티 거리는 당시에는 비교적 새로운 길이었다. 그전에는 트리니타 티스 거리^{Via Trinitatis}라고 불리다가 그 아래 수도관^{condutturi}이 설치되면 서 지금의 이름으로 불리게 되었다. 그 때부터 비르고 수로의 물이 이 수도관을 통해 마르스의 평원^{Field of Mars}까지 흘러갈 것이었다. 지 금은 사라진 이름인 트리니타티스 거리는 교황 바오로 3세^{Paul III}(알레 산드로 파르네세^{Alessandro Farnese})와 율리오 3세^{Julius III} 재위 때까지 거슬 러 올라가야 그 의미를 알 수 있게 된다. 즉, 이 길은 그 두 교황이 닦 은 것으로, 당시에는 트리니타 데이 몬티 성당^{Trinita dei Monti}(또는 산티시 마 트리니타 알 몬테 핀초 성당^{Santissima Trinita al Monte Pincio})까지 시원하게 뻗 은 새로운 길이었던 것이다. 그리고 그 옛 길은 또한 현재의 이 길보 다 훨씬 더 길었다. 지금의 폰타넬라 디 보르게세 거리^{Via della Fontanella di Borghese}와 클레멘티노 거리^{Via del Clementino}까지 포함하고 있었기 때 문이다.

카페 그레코는 스페인 광장으로 향하는 여행자들이 콘도티 거리 에서 기분 좋게 들를 만한 마지막 카페 중 하나였다. 이 광장의 중앙 을 장식하고 있는 바르카차 분수^{Fontana della Barcaccia}(일명 "난파선 분수") 는 1629년 바르베리니 교황 우르바노 8세^{Urban VIII}를 위해 지어졌다. 잔 로렌초 베르니니^{Gian Lorenzo Bernini}의 아버지인 화가 겸 조각가 피에 트로 베르니니^{Pietro Bernini}가 이 작업을 의뢰받아 아들과 함께 만들었 다. 그는 난파선에서 물이 흘러내리는 형상으로 설계함으로써 낮은 수압 문제를 영리하게 해결할 수 있었다. 그 당시 광장에는 교회로 오르는 계단이나 그 앞의 오벨리스크가 없었다. 이 웅장하고 넓은 계단은 교황 이노켄트 13세^{Innocent XIII}의 의뢰로 1723~1726년에 지어 졌다. 표고^{標高}의 차이를 계단으로 연결짓는다는 구상은 16세기 후반에 처음 언급되었다. 교황 그레고리오 13세^{Gregory XIII}는 "아라코엘리"^{Aracoeli} 같은 계단(카피톨리노 언덕에 있는 산타마리아 인 아라코엘리 성당 Santa Maria in Aracoeli로 향하는 계단)이 있기를 원했다.

최종 디자인은 프란체스코 데 산크티스^{Francesco De Sanctis}에 의해 완성되었는데, 그는 베르니니의 실현되지 않은 프로젝트 중 하나에서 영감을 받았다. 교회와 계단은 상징적으로 연결되어 있다. 트리니타 데이 몬티 성당이 성삼위일체(성부, 성자, 성령)^{Holy Trinity(Trinita)}에 봉헌된 것과 마찬가지로, 이 기념비적인 계단 역시 세 부분으로 구성되었다. 그런데 1728년 계단이 완공되자마자 계단 일부가 무너져내렸다. 복구는 즉시 이뤄졌지만, 건축가인 데 산크티스는 더 이상 로마에서 일을 의뢰받지 못했다고 한다.

이 계단의 공식 명칭은 스칼리나타 디 트리니타 데이 몬티^{Scalinata di Trinita dei Monti}이다("스칼리나타"가 계단이라는 뜻이다). 즉 이 커다란 계단의 이름은 꼭대기에 있는 교회 이름에서 따온 것이다. 비록 "스페인" 계단이라고는 하지만, 교회를 만드는 데 들어간 4백 년 넘은 돌들은 프랑스의 역사를 갖고 있다. 즉, 산티시마 트리니타 성당^{Santissima Trinita}은 프랑스 왕 루이 12세^{Louis XII}가 16세기 초에 설립한 것이고, 그래서 교회와 수도원 모두 공식적으로 지금도 프랑스 국가에 속해 있다. 이 계단과 광장의 명칭에 "스페인"이라는 이름이 들어간 까닭은 바로 근처에 스페인 대사관 건물이 있기 때문이다. 스페인뿐 아니라 영국도 이 광장에 자신들의 흔적을 남겼다. 계단 바로 옆의 키츠-셸리 하우스^{Keats-Shelly Memorial House}는 존 키츠^{John Keats}가 의사의 권고로 결핵 치료를 위해 로마에 왔다가 스물다섯의 나이로 세상을 떠난 건물 안에 세워진 기념관이다.

키츠는 그의 친구 셸리Percy Bysche Shelley가 바랐던 대로 로마에서 개신교 신자가 묻힐 수 있는 유일한 묘지인 치미테로 아카톨리코Cimitero Acattolico에 묻혔다. 가톨릭 교회는 세스티우스의 피라미드Pyramid of Cestius 근처의 이 작은 땅을 비가톨릭 신자들이 묻힐 수 있는 묘지로 개방했다. 오늘날 치미테로 아카톨리코로 불리는 캄포 세스티오Campo Cestio는 이성적인 계몽주의와 바로크 시대를 계승하는 영국 낭만주의 시인들 중 가장 유명하고 존경받는 두 명인 키츠와 셸리의 팬과 추종자들을 위한 순례지가 되었으며, 독창성 및 자연의 힘과 아름다움의 장소로 (재)선언되었다. 당시는 괴테와 베토벤, 슈베르트, 그리고 키츠와 셸리의 시대였다. 시인으로서, 두 사람 모두 18세기 말에 문화적인 유럽을 통해 불어오는 낭만적인 바람의 화신이었다.

혁명의 격랑

칸첼레리아 광장 Piazza della Cancelleria

19세기 초, 말하는 조각상 파스퀴노^{Pasquino}가 수수께끼 같은 부호를 언급했다. 장소는 자신의 받침대가 아닌 근처의 벽이었다. 그는 당시 프랑스의 장군 미올리^{Miollis}가 묵던 도리아 궁^{Palazzo Doria} 벽에 "NNN"이라고 썼다. 그것이 무슨 뜻인지 몰라 약간 짜증이 난 프랑스 남자는 그 세 글자가 무슨 의미인지 알려주는 사람에게 사례를 하겠노라 약속했다. 다음 날, 설명이 보태졌다. "NAPOLEONE NUOVO NERONE"—"나폴레옹, 새로운 네로". 그 밑에 금세 이런 멘트가 붙었다. "GRATIS."〔고맙다〕파스퀴노에게는 보상이 필요하지 않았다.

유럽 정치는 18세기 말 로마를 상처 없게 놔두지 않았다. 프랑스 혁명이 발발했던 1789년 당시, 로마의 교황은 비오 6세^{Pius VI}(조반니 안젤로 브라스키(Giovanni Angelo Braschi)였다. 1796년, 젊은 프랑스 장군 나폴레옹이 이탈리아를 점령했다. 비오 6세는 군사적으로 압도되었고, 나폴레옹은 교황에게 굴욕적인 평화조약에 서명하도록 강요했다. 그가 교황청에 부과한 채무는 교황령 화폐로 수천 만 스커디scudi에 달했다. 이 엄청난 액수의 빚을 변제하기 위해 비오 6세는 로마의 제수이트 교회인 제수회the Gesu로부터 은을 강탈해오기까지 했다. 프랑스군이 수백 점의 바티칸 미술품을 약탈해 본국으로 가져가자 마르포리오와 파스퀴노 사이의 풍자적인 대화가 이어졌다. "E vero che i francesi sono tutti ladri?"(모든 프랑스인이 도둑이라는 말이 사실인가?)—"Tutti no, ma buona parte"("전부는 아니지만, 대다수가 그래"). ■ buona parte("대다수")는 Bonaparte, 즉 나폴레옹을 암시했다.

나폴레옹은 로마 땅의 외국인 정복자였다. 그리고 파스퀴노는 프랑스인 정복자를 묵인하지 않겠노라 장담했다. 그러나 이미 프랑스혁명의 정신이 로마 거리까지 번져왔다. 프랑스의 지지에 힘입은 로마인들은 교황의 절대권력에 대항하여 일어났다. 수개월 후, 프랑스는 로마 전체를 점령했고, 로마를 공화국으로 선포했다. 그에 상응하는 상징적 조치의 하나로, 이 공화국의 새로운 재판소tribunal가 캄포 데 피오리 근처 칸첼레리아 궁Palazzo della Cancelleria에 세워졌다. 1486~1513년에 세워진 이 르네상스 궁은 16세기 이래 교황청 상법부가 있던 곳이었다. 하지만 이제 로마는 교황의 멍에로부터 벗어난 상태였다. 비오 6세는 여든이 넘은 나이에 바티칸에서 쫓겨났고,

---

■ 판 게셀(Van Gessel), 《파스퀴노》(Pasquino)

결국 1799년 프랑스 군대에 붙잡혀 포로 상태에서 죽음을 맞이했다.

비오 7세Pius VII가 새 교황으로 발표되었다. 장소는 역사상 처음으로, 로마가 아닌 베네치아였다. 대부분의 추기경들이 베네치아로 몸을 피했으므로, 1800년의 콘클라베Conclave는 그곳에서 열릴 수밖에 없는 처지였다. 파스퀴노는 비오 7세를 조롱했다. 교황이 외교적인 수단을 택했고, 프랑스 교회와 로마 사이의 이른바 "종교협약"Concordat에 협력했다는 이유였다. 심지어 그는 1804년 나폴레옹의 황제 대관식에 끼기도 했다. 그러나 비오 7세의 이같은 고분고분한 태도에도 불구하고, 나폴레옹과의 또 다른 충돌은 피할 수 없었다. 1809년, 나폴레옹은 교황국을 프랑스의 위성국 수준으로 강등시켰다. 칸첼레리아 궁은 프랑스 황실의 소유가 되었고, 교황은 로마에서 추방되었다. 그로부터 5년도 지나지 않아, 유럽 모든 나라가 나폴레옹에게 등을 돌렸다. 이번엔 황제가 엘바 섬으로 추방되었다. 비오 7세는 바티칸으로 돌아와 새로운 노란색-흰색의 깃발을 디자인하고, 교황국의 복원된 명예를 강조했다. 그는 또 로마의 모든 거리에 대리석 안내판을 걸었다. 칸첼레리아 궁이 다시 교황국 소유로 넘어왔다. 1849년의 짧았던 재기와 달리, 이번에는 그 상태가 오늘날까지 이어지고 있다. 나폴레옹은 1815년에 워털루 전투에서 완전히 패했다.

전 유럽이 되돌릴 수 없는 격랑에 빠져들었다. 도처에서 혁명의 움직임이 일어났다. 혁명의 해인 1848년은 로마에서도 그냥 지나가지 않았다. 교황—그 사이 바티칸은 비오 9세Pius IX가 차지하고 있었다—도 자유주의적 정책을 모색하지 않을 수 없었다. 그러나 급진파가 장악하고 있던 의회는 교회와 국가의 완전한 분리 외에는 어떤 것도 수용하려 하지 않았다. 교황청 장관이자 교황 옹호자였던 펠레그리노 로시Pellegrino Rossi가 결국 칸첼레리아 궁 계단에서 급진파 인물의 칼에 암살당했다. 반세기 동안 두 번째로, 로마 공화국이 선언되었다. 하지만 이 역시 오래 가지 못했다. 1849년, 루이 나폴레옹Louis-Napoleon─1년 뒤 나폴레옹 3세 황제가 될 인물─이 피신한 교황을 구하러 왔고, 로마는 재차 교황국의 지배하로 돌아갔다. 비오 9세는 31년간 교황직을 누렸는데, 이는 그때까지의 역사상 최장의 기간이었다. 그러나 운명과 역사의 과정은 그를 교황국의 마지막 주권 교황으로 기록할 채비를 하고 있었다.

이탈리아의 탄생

가리발디 광장 Piazzale Garibaldi

로마의 오래 된 중심부에 있는 거리명은 대부분 이탈리아의 다른 곳에는 존재하지 않는 유일한 이름이다. 로마에도 있고 다른 이탈리아 도시에도 있는 거리나 광장 이름은 그것이 최근에 생긴 것, 혹은 이른바 "리소르지멘토"^{Risorgimento}—하나 된 이탈리아—이후의 역사 과정에 생긴 것임을 드러내는 이름이다. 이제부터는 누구나 자신의 도시국가나 왕국(피렌체, 베네치아, 나폴리 혹은 로마 등) 내에서만이 아니라 하나 된 이탈리아 전체에서 추앙을 받는 영웅이 될 수 있게 되었다. 이 점을 이해하면, 왜 거의 모든 이탈리아 도시에 가리발디^{Giuseppe Garibaldi}라는 이름을 가진 거리나 광장이 있는지를 알 수 있게 된다.

자유, 평등, 박애. 프랑스 혁명의 이 정치적 이상의 영향을 받아, 각 민족의 독립을 쟁취하려는 집단적 움직임이 유럽 도처에서 생겨났다. 사실 그동안 이탈리아는 그동안 한번도 "이탈리아"였던 적이 없었다. 장화처럼 생긴 이 반도는 항상 수많은 작은 국가, 공화국, 왕국 등으로 쪼개져 있었고, 때로는 외국인 지배자의 통치를 받기도 했다. 19세기 중반, 많은 지식인들이 이탈리아의 이러한 분열상에 대해 공개적으로 애통함을 표했고, 심지어 교황 비오 9세^{Pius IX}도 이런 관점에서 거의 자유주의적인 생각을 품고 있었다.— 예컨대 그는 어느 정도의 언론의 자유를 승낙했다. 서로 결합되어 있다고 느끼기 시작한 많은 이탈리아인들이 이로부터 뜻을 얻었고, 오리가리 쪼개져 있던 이탈리아에서 아주 서서히 통일 운동이 일어나기 시작했다. 비오 9세의 희미한 자유주의로는 사회적, 정치적 긴장을 해결할 수 없었다(사태의 진전 과정에서 교황은 점점 더 반대 입장으로 선회했다). 급진주의자들이 자신의 이상을 향해 얼마나 멀리 나아가려고 하는지 곧 분명해졌다.

주세페 가리발디는 민족주의자들—대부분 자니콜로^{Gianicolo} 언덕에서 온 사람들—을 영웅적으로 이끌었다(오늘날 가리발디 광장^{Piazzale Garibaldi}이 있는 곳도 이 자니콜로 언덕이다). 이 호전적이고 두려움 없는 가리발디는 누구이며, 어디에서 왔을까? 참으로 역설적이게도, 이탈리아의 가장 유명한 이 통일의 투사는 이탈리아 출신이 아니었다. 그는 1807년에 프랑스 동남부의 항구도시 니스^{Nice}에서 태어났다. 1814년 그의 고향이 사르디니아^{Sardinia} 왕국의 손에 떨어지고 나서야 그는 어떤 의미에서 이탈리아인, 그러나 우선 사르디니아인이 되었다. 그의 부모는 그가 의사나 신부가 되기를 바랐지만, 가리발디는 그쪽에 관심이 없었다. 그는 공부 대신 모험을, 도그마 대신 이상을 원했다. 어린 나이에 그는 상선을 타고 세계를 여행했고, 곧 주세페 마치니^{Giuseppe Mazzini}의 민족주의 운동에 심취되었다.

초반의 혁명 시도의 실패로 사형선고가 떨어지자, 그는 1835년 남미로 피신했다. 그곳에서 가리발디는 군인이 되었다. 브라질에서 열여덟 살의 아니타^{Anita}를 만났다. 그녀의 정식 이름은 아나 마리아^{Ana Maria}였는데, 당시 그녀는 이미 결혼한 몸이었다. 시간이 지나면서 가리발디와 아니타의 만남 이야기가 거의 신화 수준으로 각색되었지만, 두 사람이 서로 격한 사랑에 빠져들었음은 분명했고, 곧 아니타는 남편 대신 가리발디를 택했다. 1848년 혁명의 해가 그 막을 올릴 무렵, 가리발디가 단 1초의 의심도 없이 확신했던 두 가지가 있었다. 하나는 자신이 이탈리아로 돌아가는 첫 번째 배에 승선한다는 것, 또 하나는 그 배에 아니타가 함께 승선한다는 것.

1848년, 교황국의 총리였던 펠레그리노 로시^{Pellegrino Rossi}가 백주 대낮에 피살되고 교황 비오 9세가 피신했던 그때, 가리발디는 로마의 혁명 운동에 가담하기로 결심했다. 루이 나폴레옹이 교황의 바티칸 환궁을 돕는다고 나섰을 때, 나폴레옹 군대의 두 번째 로마 진군이 이루어졌다. 자니콜로 언덕의 산피에트로 인 몬토리오 성당^{San Pietro in Montorio} 벽에 있는 대포알은 1849년 가리발디 군과 프랑스 군 사이에 벌어졌던 피의 전투를 상기시켜준다. 프랑스 군은 급진적 혁명가들을 물리쳤고, 가리발디의 군대는 도시 밖의 야산에 피난처를 만들어야 했다. 교황국의 투정에도 불구하고, 이탈리아 통일 운동은 꾸준히 확산되었다. "Viva Verdi!"라는 구호가 이탈리아 반도 전체로 느리지만 확실하게 퍼져나갔다. 그것은 "**Viva Vittorio Emanuele, Re**

D'Italia"—"이탈리아의 왕 빅토르 에마누엘레 만세!"를 줄인 말로, 혁명적 민족주의자들이 좋아하는 구호였다.

통일을 위해 싸운 전사들은 1861년에 그 인내를 보상받았다. 사르디니아-피에몬테의 에마누엘레 2세Emanuel II를 왕으로 하고 피렌체를 수도로 하는, 이탈리아 연합왕국이 선포되었다. 비오 9세와 그로 대표되는 교황국은 프랑스 군의 보호를 받으며 상황을 관망하고 있었다.

그러나 유럽의 정치 상황을 고려할 때, 관망은 현명한 처사가 아니었다. 1870년, 독일-프랑스 전쟁(보불전쟁)이 터졌다. 교회와 교황을 보호하던 프랑스 군대가 다른 곳에 필요해졌다. 민족주의자들이 기다려왔던 기회가 왔다. 1870년 9월 20일, 빅토르 에마누엘레 2세의 군대는 로마의 코앞까지 들이닥쳤다. 병사들이 포르타 피아Porta Pia 근처의 벽에 구멍을 뚫는 데 성공했다. 비오 9세는 자신이 수십 년 동안 두려워했던 바로 그날이 닥쳤음을, 따라서 자신의 운명이 다했음을 깨달았다. 벽이 뚫리는 엄청난 소리를 들었을 때, 그는 이렇게 중얼거렸다고 전해진다. "Consummatum est"—"다 이루었다!"(요한 19:30) 바티칸의 하늘 위로 흰색 깃발이 나부꼈다. 곧, 새로운 통일 이탈리아에 합류할지를 놓고 로마인들의 투표가 시작되었다. 그리고 마침내, 수백 년간 이어져온 교황권과 교황국의 불은 꺼지고 말았다. 이제 파스퀴노도 입을 열 일이 없을 터였다.

빅토르 에마누엘레 2세를 지도자로 하는 이탈리아 민족주의자들은 교황을 "바티칸의 포로"로 만들었다. 교황과 교회가 이탈리아 국가의 호의를 되찾고 바티칸 시국의 주권을 인정받기까지는 그후로도 50년 넘게 더 기다려야 했다. 1870년 로마는 통일 이탈리아의 새

로운 수도가 되었고, 새로운 통치자들은 즉시 도시의 철저한 점검을
위해 건축가와 기술자들을 고용했다. 이 때가 자니콜로 언덕 마루
가 전쟁터에서 대중을 위한 공원으로 바뀐 무렵이다. 오늘날 가리
발디 광장에서는 근사한 로마 풍경과 더불어 가리발디의 기마상을
볼 수 있다. 그 받침대에는 가리발디가 가장 좋아했던 전투 구호가
이탈리아어로 적혀 있다. "ROMA O MORTE"—"로마가 아니면 죽음
을." 1932년 브라질이 로마에 아니타 기마상을 기증했다(곁안장에 앉
은 모습이다). 이 동상은 가리발디 동상 아래, 그에게 걸맞은 아내의
모습으로 놓여 있다.

새로운 수도의 건축가들이 추진한 가장 두드러지고 주목 받은 건
축 프로젝트 중 하나는 이탈리아의 초대 왕인 빅토르 에마누엘레 2
세를 기리는 기념비였다. 1878년 그의 죽음 이후 후계자인 움베르
토 1세가 주도한 이 프로젝트는, 비유적이고 상징적인 장식을 통해
리소르지멘토 정신을 담아 "국가의 아버지"를 기리자는 것이었다.
1880년에 디자인 경연대회가 개시되었는데, 결실은 1911년이 되어
서야 나왔다. 현재 베네치아 광장에 세워져 있는 비토리아노[Vittoriano]
또는 조국의 제단[Altare della Patria]이라 불리는 흰색 기념물(헌정자는 빅토
르 에마누엘레 3세)이 그것이다. 그것은 분명 로마에서 아주 두드러진
건축물 중 하나이지만, 수년 동안 이 건축물에는 타자기, 치열교정
기, 웨딩케이크 등의 조롱하는 듯한 별명들이 붙었다. 어쨌든 이 비
토리아노의 낙성식은 이탈리아 통일 50주년 기념식과 동시에 열렸
다. 1921년 11월 4일, 데아 로마[Dea Roma](여신의 형상으로 인격화된 로마)
입상 아래에 1차 세계대전 당시 전사한 무명전사들을 기리는 묘[Ignoto Militi]가 만들어졌다.

로마의 벨 에포크

콜론나 광장 Piazza Colonna

1870년에 로마는 급작스럽게 통일 이탈리아의 수도가 되었다. 그러나 로마를 문화적 대도시라고 부르는 것은 아직 억지요 과장일 터였다. 교황과 시민은 여전히 갈등 중이었고, 교회가 목소리를 높일수록 상대적으로 로마는 고립되는 상황이었기 때문이다. 그래서 1870년 9월, 로마의 미래를 위한 기본계획이 신속히 마련되었다. 안전, 건강, 그리고 쾌적함에 초점을 맞춘 다양한 도시 개조 아이디어가 이 계획에 담겼다.

상황이 호전되면서 비교적 짧은 기간 동안에 인구가 두 배로 늘었다. 새로운, 자각적인 시민계급이 등장했다. 유럽의 여러 다른 수도와 마찬가지로 로마도 사회적, 문화적 중심으로 성장하고 있었다. 마치 로마 역사의 모든 장면의 주인공들, 즉 성직자에서 귀족정치가까지, 지식인 및 학자에서 예술가까지, 저널리스트에서 공무원까지의 그 모든 주인공들이 각자 자신의 위치에서 제 역할을 하는 것처럼 보였다. 그때가 로마 버전의 벨 에포크belle epoque■였다. 상처와 비애만이 가득한 1차 세계대전(1914~1918)의 끝에서 보면, 향수鄕愁 없이는 돌아볼 수 없게 되는, 상대적으로 근심이 없었던 좋은 시절 말이다.

18세기의 그랜드 투어리스트들이 주로 스페인 광장 부근의 카페 그레코 근처에서 모였던 반면, 19세기 후반 및 20세기 초의 여행자들은 대부분, 중앙에 우뚝 선 마르쿠스 아우렐리우스의 기둥colonna에서 그 이름이 유래한 광장인 콜론나 광장Piazza Colonna 근처의 카페들에서 만나길 더 좋아했다. 1866년에 로마에서 전기식 가로등이 처음 도입된 곳이 이 광장이었고, 보들레르가 19세기의 "산책자"를 문학적 전형으로 노래한 이후, 저녁의 "산책"이라는 관념이 로마의 거리 속으로 들어온 것도 바로 이 광장을 통해서였다. 이곳에서, 예컨대 이탈리아 역사상 가장 참여적이면서 정치적 영향력이 큰 시인이자 작가였던 가브리엘레 단눈치오Gabriele D'Annunzio의 걸음과, 네덜란드 헤이그에서 내려온 작가 루이스 쿠페루스Louis Couperus의 걸음이 서로 스쳐 지나갔을 것임을 우리는 머릿속에 그려볼 수 있다. 로마와 피렌체에서 한동안 살았던 쿠페루스는 자신이 "황제 시대로부터 환생한 로마인"처럼 느껴진다고 말했다.

■ "좋은 시절"이라는 뜻의 프랑스어로, 유럽의 19세기말에서 20세기초에 걸치는 시기를 가리킨다. 소비와 오락이 대중화되기 시작하고 문학, 미술, 음악 등 예술이 꽃 피었던 시기이자, 그 화려함 속에서도 '세기말'적 불안이 공존했던 시기이다. — 옮긴이 주

쿠페루스의 거의 모든 여행 기록이 네덜란드 문학잡지 《가이드》De Gids에 연재되었다(1894년 2월~5월호). 그 에세이의 한 꼭지를 들춰 보자면, 그는 로마를 이렇게 묘사하고 있다. "핀초Pincio 언덕에서 내려다보이는 로마는 흡사 돔의 담요로 덮인 도시 같다. 우선, 이 언덕의 발치인 포폴로 광장 가까이에 (······) 쌍둥이 돔이 보인다. 그리고 그 돔 너머에서부터 저 멀리 시야가 끝나는 곳까지가 온통 돔이다. 원형의 돔, 타원형 돔, 약간 평평한 돔(······), 그러니까 로마는 온통 돔을 이고 있는 교회들의 바다다."

단눈치오와 쿠페루스의 유럽에, 이리로 또 저리로 변화의 바람이 불었다. 파리에서 에펠탑은 진보의 자부심과도 같은 상징이 되었고, 증기기관은 황금기로 접어들고 있었다. 베를린의 전례를 따라, 로마도 트램Tram을 맞아들였다. "백화점"의 개념이 파리와 미국으로부터 확산되었고, 로마에서도 1886년 리나센테 백화점La Rinascente이 콜론나 광장 대각선 맞은편에 문을 열었다. 새로운, 자각한 (남/녀) 부르주아지들이 최신의 패션과 동행했다. 그러다가 1914년 이후, 상점 윈도우, 산책자, 그리고 태평함의 세계가, 로마에서—그리고 다른 유럽의 모든 도시들에서도—모두 일순간에 사라졌다. 1차 세계대전 동안 쿠페루스는 피렌체에 있었고, 단눈치오는 로마에 머물렀다. 이곳에서 그는 문학적 멋쟁이에서 벗어나 전쟁 영웅으로 거듭났다. 비록 그가 의도했던 것은 아니었지만, 단눈치오의 광신적 민족주의와 선동적 연설은 이탈리아에서 막 스타로 떠오르던 한 남자의 중요한 영감의 원천이 되었다. 그 남자는 바로 베니토 무솔리니였다.

무솔리니의 새로운 길

제국의 광장 거리 Via dei Fori Imperiali

이제 우리는 20세기 로마로 들어섰다. 1차 세계대전은 유럽의 모든 곳에 깊숙한 상흔을 남겼다. 1918년 이후, 당연하게도 사람들은 뒤를 돌아보기보다 앞을 바라보기를 선호했다. 진취적 분위기가 다시 로마에 빠르게 퍼졌으며, 이는 수많은 도시 개축으로 가시화되었다. 1886년 지어진 코르소 비토리오 에마누엘레 2세 거리^{Corso Vittorio Emanuele II}는 신축된 포로 아르겐티나^{Foro Argentina}를 통해, 6년 전에 이미 개통되었던 아레눌라 거리^{Via Arenula}와 연결되었다. 이 과정에서 발굴된 고고학 유적을 담당한 이가 베니토 무솔리니^{Benito Mussolini}였다. 이에 대한 그의 관심은 개인적이라기보다 정치적인 것이었다. 1920년대와 30년대를 지나면서, 신생 민족국가 이탈리아의 수도를 위한 무솔리니의 원대한 계획에서 고대 로마가 중요한 위치를 차지하게 될 것임이 차츰 분명해졌다.

제국 시대의 광장들—트라야누스 광장, 아우구스투스 광장, 율리우스 카이사르 광장, 그리고 네르바 광장—을 따라 무솔리니의 새 길이 닦였다. 수많은 기둥, 돌무더기, 그리고 각종 신전의 잔해 형태로 남아 있는 (초기) 로마 제국 시대의 자랑스러운 명성을 기리는 이 길, 베네치아 광장과 콜로세움 광장을 잇고, 그럼으로써 비토리아노와 콜로세움을 잇는 이 탁 트인 직통로가 바로 제국의 광장 거리^{Via dei Fori Imperiali}이다. 이 거리는 고대의 거리가 아니라 파시스트의 거리가 되었다. 그 길을 낼 때 무솔리니는 자신이 그 위대한 로마 황제들의 뒤를 잇고 있다고 여겼다.

1922년 10월, 파시스트 당원인 "검은셔츠단"의 로마 행군과 더불어, 로마의 새로운 시대가 시작되었다. "일 두체"^{Il Duce}(수령) 무솔리니가 이끄는 파시스트 운동에 박차가 가해지기 시작했다. 일 두체는 이탈리아, 특히 로마에 대한 원대한 계획을 품고 있었다. 그는 숙련된 선전가였고, 탁월한 연설가였다. 1924년 4월 21일 무솔리니는 콘세르바토리 궁^{Palazzo dei Conservatori}에서 연설했다. 내용은 "로마의 문제점"과, 로마의 유적을 하루빨리 "해방"(나중에 추가된 것의 제거)하여 고대 로마의 "위엄"을 되살려야 한다는 것이었다. 무솔리니의 메시지는 분명했다. 이탈리아가 아우구스투스의 "황금기"만큼 위대해질 수 있고, 또 위대해져야 한다는 것.

무솔리니가 내세우는 파시스트 이데올로기와 이론이 로마의 도시 경관으로 표현되기 시작했다. 로마의 각종 건설 계획과 프로젝트에는 새로운 인프라 효과의 측면보다, 로마라는 고대와 파시스트라는 현재를 직접적으로 연결하려는 이데올로기의 측면이 더 강하게 고려되었다. 과거만큼 현대적인 것은 없다— 무솔리니는 역사에서 사건들을 선별하여 그것을 교묘하게 자신의 메시지를 강화하는 요소로 활용했다. 과거를 본래의 역사적 연관에서 뜯어내서 20세기라는 새로운 맥락에 갖다 붙였다. 파시스트 역사가들은 무솔리니를 고대 로마와 연결하는 다양한 방법을 연구했다. 물론 그 목적은 분명했다. 수령 이데올로기의 정립과, 파시스트 이탈리아의 정당화였다.

무솔리니는 새로운 이탈리아 제국을 꿈꾸었다. 야심찬 지도자가 대개 그러하듯, 그의 꿈은 웅대했다. 로마는 그의 철학과 제국주의적 야망의 상징이 될 터였다. 그는 두 개의 새로운 길을 건설함으로써 이 야망의 일부를 펼치고자 했다. 첫 번째는 베네치아 광장과 로마의 오래된 항구도시인 오스티아Ostia를 곧장 연결하는 새로운 길, 마레 가도Via del Mare였다. 두 번째는 1932년 건설하기 시작한 새로운 도로, 제국의 길Via dell'Impero이었다. 물론 여기서 제국이란 이탈리아 제국을 가리켰다. 무솔리니는 자신의 업무공간을 비토리아노 기념상 아래의 베네치아 광장에 있는 베네치아 궁Palazzo Venezia으로 옮겼다. 베네치아 광장과 콜로세움을 잇는 널따란 도로 덕분에 그는 고대 로마의 웅장한 기념물인 콜로세움을 시야에 둘 수 있었다. 어렸을 때부터 무솔리니는 군대 행진을 좋아했다. 새로운 대로가 특히 그 목적에 어울리는 길임이 증명되었다.

그 당시를 기록한 사진과 영상이 없었다면, 제국의 길 건설을 위해 어느 정도의 파괴와 철거가 자행되었는지 상상하기 쉽지 않을 것이다. 철거 기간 동안 고고학자들이 날마다 무솔리니를 찾아가 연구 목적의 접근을 요청했다. 그러나 무솔리니는 로마 유적에 담긴

학문적 가치에 관심이 있는 사람이 아니었다. 무솔리니는 고고학자들을 쫓아냈다. 제국의 길 프로젝트는 촌각을 다투는 일이었고, 건설 현장에는 어떠한 외부인도 접근이 배제되었다. 많은 로마인들에게 잠 못 이루는 밤이 계속 되었다. 교황 율리오 2세의 줄리아 거리 Via Giulia의 뒤를 이어, 새로운 제국의 길이 "세계에서 가장 아름다운 거리", 말 그대로 로마의 특선상품이 될 것이라고 선전되었다. 무명전사의 무덤이 있는 조국의 제단에서부터 콜로세움의 웅장한 폐허에까지 이르는 이 새로운 길에, 상징적인 의미가 부여되었다. 제국의 길은 로마 파시스트 정권의 새로운 질서의 상징이자, 로마의 모든 과거를 다시 일으켜 세워 그것을 무솔리니의 로마와 연결하는 웅장한 축이 되었다.

1938년 아돌프 히틀러Adolf Hitler가 친히 로마를 방문했을 때, 무솔리니는 자신이 이 대로의 건설에 박차를 가한 것을 기뻐했다. 무솔리니는 히틀러를 인상적인 군대 사열로 예우했는데, 이는 물론 총통 Führer의 눈앞에서 일 두체의 위신을 뽐내기 위한 것이었다. 어쩌면 무솔리니의 파시즘이 때때로 히틀러에게 약간의 영감을 주었을 수도 있다. 하지만 그렇더라도, 히틀러의 눈에는 이탈리아인 역시— 노예나 집시나 유태인보다는 윗길이었지만—자기처럼 우월한 인종에는 비할 바가 못 되었다. 그러므로 무솔리니는 악착같이 히틀러를 감동시켜야 했다. 무솔리니가 원하는 퍼레이드는 당시 현실이 허락하는 수준을 상회하는 것이었다. 그에게는 군대가 부족했다. 그는 같은 병사들이 제국의 길을 수회 이상 돌게 함으로써 히틀러의 눈을 속였다. 사열대는 콜로세움을 지나 원을 그리며 행진했는데, 병사들은 콜로세움을 지날 때 재빨리 군복을 갈아입었다. 그들이 지닌

무기 중 일부는 판지로 꾸민 것이었다. 제국의 길 공사가 덜 끝난 구간에는 무대 장치를 세워 황폐한 집들을 숨기기도 했다.

히틀러의 방문은 또 무솔리니로 하여금 포로 로마노의 막센티우스 바실리카 외벽에 다섯 개의 커다란 석조 지도를 걸도록 고무시켰다. 현재 넉 점이 남아 있는 이 지도는 로마 제국의 발전과 지리적 확장을 보여주는 것이었다. 다섯 번째 것은 1936년에 에티오피아를 추가한 파시스트 이탈리아, 즉 무솔리니의 제국을 묘사한 것이었다. 이탈리아는 1882년에 에리트레아^{Eritrea}를, 1889년에는 소말리아를 손에 넣었다. 그 사이에 하일레 셀라시에 황제^{Haile Selassie}의 아비시니아(현 에티오피아)도 완전히 불공평한 전투 후에 파시스트 군화에 짓밟혀 이탈리아에 병합되었다.

무솔리니가 그 지도들을 제국의 길 옆에 게시했던 이유는, 고대 로마의 대리석 지도가 바로 그곳에 걸려 있었다고 전해졌기 때문이다. 그 지도의 일부는 지금도 카피톨리노 박물관에 소장되어 있다. 2차 세계대전이 끝난 뒤, 로마는 다섯 번째 지도는 제거했다. 무솔리니의 특선상품이었던 거리의 명칭은 지금은 제국의 광장 거리^{Via dei Fori Imperiali}로 바뀌어 지금까지 이어지고 있다.

성 베드로 대광장과 '화해의 길'

이탈리아와 바티칸의 화해

화해의 길 Via della Conciliazione

1911년 있었던 조국의 제단^{Altare della Patria} 낙성식은 이탈리아의 통일을 축하하기 위한 것이었다. 그러나 그것은 또한 이탈리아(특히 로마)에 대단한 충격을 가했던 또 다른 사건, 즉 교황의 세속적 권위의 종언을 기념하는 자리이기도 했다. 그후 이탈리아와 바티칸의 갈등관계는 계속 이어졌다. 둘 사이에 화해가 이루어진 것은 1929년 라테란 협정^{Lateran Treaty}에서였다. 협정의 내용은, 파시스트는 바티칸 시티의 영토적 독립과 주권을 인정하고, 대신 바티칸은—파시스트의 관점이 가톨릭의 근본교리와 배치되는 바가 있다 하더라도—앞으로 파시스트 정권을 인정한다는 것이었다. 이 같은 화해에 따라, 협정 직후 산탄젤로 다리^{Ponte Sant'Angelo}와 성 베드로 광장을 잇는 길이 닦이기 시작했고, 1936년 완공과 더불어 이 길은 화해의 길^{Via della}

Conciliazione이라고 명명되었다.

원래 이 길은 고대에는 코르넬리아 길Via Cornelia로 알려졌었다. 도시 바로 외곽이었던 이 길은 무덤으로 둘러싸인 길이었다. 20세기에 들어 이 길이 다시 세인들의 주목을 받았다. 교황 비오 11세Pius XI(1922~1939)가 자신이 죽으면 성 베드로의 무덤에 최대한 가까운 곳에 묻히는 게 소원이라고 밝혔을 때, 사람들은 베드로 대성당 제단 바로 밑 지하 납골당이 더 밑으로 내려져야 한다고 결정했다. 성 베드로의 무덤은 정확히 베르니니의 천개天蓋 아래 놓여야 했다. 역사상 처음으로, 이 유구한 역사의 현장에 대한 발굴이 이루어지기 시작했다. 얼마 지나지 않아, 고대 로마의 무덤들과 구舊 베드로 대성당의 잔해, 그리고 무덤 근처에 지어졌던 기념물 등이 발견되었다.

베드로 대성당 지하에 대한 고고학적 발굴과 성 베드로의 진짜 무덤을 찾는 작업은 1940년까지 계속 되었다. 바로 그 해, 바티칸의 연구자들은 마침내 그들이 갈망하던 것을 발견했다. 그것은 단지 작은 상자였다. 상자를 열어보니 몇 개의 뼛조각과 약간의 해어진 천 조각이 들어 있었다. 철저한 조사 결과, 뼛조각은 노인의 유골로, 그리고 해어진 천은 금실이 수놓아진 자주색 옷에서 유래한 것으로, 각각 판명되었다. 바티칸의 고위급 인사들 사이에 떠돈 얘기로는, 상자에는 두 발의 뼈를 제외한 나머지 뼈가 모두 들어 있었다고 한다. 이는 성 베드로가 십자가에 거꾸로 매달렸었다고 하니, 무덤 파는 인부들이 그의 시신을 십자가에서 내리기 위해서는 필경 발목을 잘랐기에 그리 되었을 거라는 얘기였다. 학계의 비판에도 불구하고, 교황 바오로 6세는 1968년, 오래 전 코르넬리아 거리에 묻혔던 사도 베드로의 무덤이 마침내 발견되었다고 공식 발표했다.

무솔리니는 1936년에 성 베드로의 무덤을 염두에 두지 않았음이 분명하다. 그 전까지 로마를 찾은 순례자 및 여행자들이 베드로 대광장을 찾기 위해서는 보르고Borgo 구역의 길거리를 제법 헤매어야 했었다. 화해의 길의 건설은 대칭적인 1점 투시透視를 창출했고, 이로써 방문객들은 이제 꽤 먼 지점에서부터 경외심을 품고 대광장과 대성당을 향하여 곧장 다가갈 수 있게 되었다. 무솔리니는 처음에는 알베르트 슈페어Albert Speer의 나치 건축으로부터 이 프로젝트를 위한 영감을 받았던 모양이다. 그러나 수년 동안에 걸쳐 진행된 결과는 그것과 상당히 다른 결과를 보여주었다. 새로운 건축 프로젝트들은 오히려 현대적 느낌을 선보였다. 북로마에서는 무솔리니 광장Foro Mussolini(지금은 포로 이탈리코Foro Italico)과 마르미 스타디움Stadio dei Marmi, 남로마에서는 미래주의적인 도시 속 도시의 느낌을 주는 EURⁿEsposizione Universale di Roma과 그 안의 "사각형 콜로세움"으로 알려진 치빌타 이탈리아나 궁Palazzo della Civilta Italiana을 그 예로 들 수 있다. 1930년대에는 무솔리니의 생각과 행동에 미치는 히틀러의 영향이 증대되었다. 파시스트 철학은 인종 이론과 아무런 관련이 없었음에도 불구하고, 화해의 길 건설 2년 뒤에 뉘른베르크법▪의 로마식 버전이 도입되었다. 유태인들은 이제 법에서 정한 직업군에서 배제되었고, 시민권도 박탈당했다. 히틀러의 폴란드 침공은 2차 세계대전의 시작을 의미했고, 연합군에 대한 무솔리니의 선전포고는 이탈리아가 그 전쟁에 발을 들여놓았음을 의미했다.

▪ 1935년 나치가 만든 법이다. 독일 내 유태인의 독일국적 박탈, 유태인과 독일인의 성관계 및 결혼 금지, 유태인의 공무담임권 박탈 등의 내용이 담겼다. 유태인 학살의 법적 근거가 되었다. —옮긴이 주

로마 도로의 진회색 돌

니콜라 자발리아 거리 Via Nicola Zabaglia

파시스트 로마 역사의 어두운 부분을 가로지르는 작고 사사로운 이야기가 하나 있다. 그것은 커다란 어떤 사건의 여백에 있는 이야기이다. 당시 막 시작된 전쟁으로 인한 엄청난 죽음에 비하면 그것은 참으로 사소한 것이기에, 그다지 많이 언급되지 않는 사건이다. 그럼에도 불구하고, 1938년에 성 베드로 대성당에서 사람이 떨어진 것은 당시 목격자들에게는 끔찍한 경험이었을 터이다.

이 작은 역사의 실제 주인공은 로마의 길과 광장을 뒤덮고 있는, 짙은 회색의 현무암 포장석이다. 그 돌은 심지어 이름도 갖고 있다. 삼피에트리니^{sampietrini}이다. 로마에 온 여행자들은 종종 이 돌들에 관한 경고를 받는다. 비가 오면 이 돌은 겉보기와 달리 아주 미끄럽기 때문이다. 어떤 여행안내자는 이 삼피에트리니라는 이름이 성 베드로 광장을 포장하는 데 처음 사용된 데서 유래된 이름이라고 알려주기도 한다. 그 일은 1725년 교황 베네딕토 13세Benedict XIII가 자신의 마차에서 굴러 떨어질 뻔했던 위험을 가까스로 면한 뒤에 일어났던 일로 알려져 있다. 당시에는 돌들이 울퉁불퉁했고, 성 베드로 광장은 곳곳에 구멍이 패여 있던 시절이었다. 교황은 시에나 출신의 로도비코 세가르디Rodovico Segardi에게 광장을 다시 포장하라고 명했다. 돌은 지역에서 많이 나는 화산석을 쓸 것을 요구했다. 이것이 뒤에 전 로마의 도로를 특징짓게 될 것이었다.

삼피에트리니라는 단어의 기원은 이보다 더 오래 전으로 거슬러 올라간다. 그것은 성 베드로 대성당의 건축 및 보수 회사인 산피에트로 파브리카Fabbrica di San Pietro에 고용된 석공 및 건설 노동자들의 모임인 삼피에트리니 형제회Confraternita dei Sampietrini와 관련된다. 이 회사는 성 베드로 대성당에 관련된 모든 노동자, 예술가, 복구업자들의 고용주였다. 예를 들어, 성 베드로 광장을 재포장해야 했던 로도비코 세가르디는 1713~1726년의 산피에트로 파브리카의 감독관이었다. 파브리카는 지금도 존재하고 있는데, 불과 100년 전까지만 해도, 삼피에트리니는 종교 축일이나 기타 특별한 기념일에 베드로 광장의 모든 횃불을 켜는 업무를 맡았다. 히틀러가 로마를 방문한 해인 1938년, 삼피에트리니 형제회의 회원 중 한 명이 베드로 대성당의 돔 주변에 횃불을 켜다가 그만 아래로 떨어져 목숨을 잃고 말았다. 이 사건이 있은 뒤 교황 비오 12세Pius XII는 횃불을 모두 전기등으로 교체했다.

로마에서는 소수의 삼피에트리니 회원만이 자신의 이름을 딴 거리를 갖는 명예를 얻었다. 1686년에 니콜라 자발리아^{Nicola Zabaglia}는 산피에트로 파브리카에 처음 고용되었다. 자발리아(1664~1750)는 단순히 석공으로 출발했지만, 건물을 짓고 보수하는 데 아주 유용한 도구인 건설기계 및 비계^{飛階}를 설계하는 재능이 출중해서, 고속 승진을 하게 되었다. 발명가와 엔지니어로서 그가 구현한 기술적 독창성과 끝없는 가능성들은 17세기 초 로마에서 대단한 찬사를 받았고, 특히 1743년에 출판된《니콜라 자발리아》^{Castelli e ponti di Maestro Nicola Zabaglia}라는 책을 통해 역사에 이름을 새겨 넣었다.

자신의 뛰어난 실력 덕분에 자발리아는 베드로 대성당의 중랑 바로 위에 있는 "다락"에 사무실을 받게 되었다. 거기서 그는 그가 감독하게 된 직원들의 유지 활동을 감시할 수 있었다. 그가 주변에 너무나 많은 직원들을 모아 놓고 실용적이고 조직적인 통찰력을 보여주었기 때문에, 니콜라는 많은 사람들에게 삼피에트리니 형제회의 창시자 중 한 사람으로 간주된다. 파브리카는 적어도 한 세기 동안 존재했지만(미켈란젤로도 이곳에서 일했고, 나중에는 파트너로 일했다), 삼피에트리니에 명확하게 정의된 역할을 제공하고 그들을 단순한 직원에서 유명하고 숙련된 건축 전문가로 바꾼 것은 바로 니콜라 자발리아였다. 테스타치오^{Testacio} 구역에 그의 이름을 딴 거리가 있다.

유태인 구역의 "청소"

1943년 10월 16일 소광장 Largo 16 Ottobre 1943

무솔리니는 처음에는 히틀러의 인종 이론에 거의 관심을 두지 않았다. 파시스트 당원들 중에도 유태인이 존재했다. 그리고 일 두체는 "인종"에 대한 개념은 모두 사람이 지어낸 것이며, 유태인들은 처음부터 로마에서 살아온 사람들이라는 사실을 공개적으로 선언했다. 현재의 유태인 거주자들을 "로마의 가장 오래된 거주민"의 후손이라고 생각하는 로마인들이 지금도 있다. ― 많든 적든 그들은 현존하는 "진짜" 로마인들이다.

만약 당신이 유대 역사와 로마의 과거가 교차하는 도시의 흔적을 찾고 있다면, 당신은 아마 신성로^{Via Sacra}의 초입에 있는 포로 로마노의 티투스 개선문^{Arco di Titus} 앞에 있을 것이다. 서기 81년경 세워진 이 대리석 개선문은, 티투스와 베스피아누스 황제가 예루살렘에서 거둔 군사적 승리를 묘사하고 있다. 바로 그 무렵, 그러니까 서기 70년에 예루살렘의 성전은 완전히 파괴되고 약탈당했다. 그 예루살렘 정복은 유대 지역에서의 장기간의 전쟁을 끝내는 것이었다. 티투스 개선문의 두 기둥 중 한쪽에, 로마 군인들이 예루살렘 신전을 약탈하는 과정을 보여주는 유명한 장면이 들어 있다. 거기 그려진 메노라menorah는 지금도 선명히 남아 있다. 그것이 굴욕과 디아스포라의 상징이 되었기 때문에, 많은 유태인들은 1948년 이스라엘 국가가 세워질 때까지 그 개선문 밑으로 지나가기를 거부했다. 물론 지금은 누구도 그 아래를 걸을 수 없게 되었지만.

그로부터 약 1,500년쯤 지난 뒤, 로마에 있는 유태인 사회에 어두운 시기가 시작되었다. 1555년 7월 14일 교황 바오로 4세가 청천벽력 같은 칙령을 내렸다. 주님은 유태인들의 "죄"를 심판하시어 그들에게 "영원한 노예"의 벌을 내리셨다는 것이었다. 석 달도 되지 않아 유태인 구역Jewish ghetto에는 폐쇄를 위한 벽과 문이 설치되었다. 문은 본래 두 개가 있었고, 나중에 다섯 개가 되었는데, 유태인들에게 주간에만 출입을 허용하고 야간에는 드나들지 못하도록 하기 위한 것이었다. 기원전 27년 무렵 아우구스투스 황제의 의뢰로 그의 여동생 옥타비아 미노르Octavia Minor의 이름을 따서 만들어졌던 옥타비아 주랑Portico d'Ottavia이 그 출입문 중 하나로 다시 사용되었다. 두 번째 문은 로마에서 가장 오래된 다리로서 테베레 강과 티베리나 섬을 잇는 다리인 파브리치오 다리Ponte Fabricio 근처 산타마리아 델라 피에타 성당Santa Maria della Pieta 맞은편에 있었다. 다른 세 개의 문들은 피우마라 거리Via della Fiumara와 주데아 광장Piazza Giudea 근처에 각각 위치해 있었다. 오늘날 그 벽이나 문은 거의 남아 있지 않지만, 그렇게 한때 에워싸였던 지역에 아직도 로마의 유태인 공동체가 건재해 있다. 그곳에 가면 최고의 유태-로마^{Judeo-Roman} 음식을 즐길 수 있는 식당들이 즐비하다.

오늘날 포르티코 도타비아 거리^{Via del Protico d'Ottavia}는 당시의 유태인 구역의 중심부를 지난다. 그 거리와 카탈라나 거리^{Via Catalana}의 교차점 부근에 "1943년 10월 16일 소광장^{Largo 16 Ottobre 1943}"이라 적힌 안내판이 있다. 사람들이 이 특정한 토요일을 기리는 이유는, 이 날이 로마에 있는 유태인 사회의 역사에서 또 다른 매우 어두운 날이기 때문이다. 1943년 10월 16일 이른 아침, SS 부대가 포르티코 도타비아 거리에 들이닥쳤다. 그 전인 9월 25일, 로마의 보안경찰대장이었던 헤르베르트 카플러^{Herbert Kappler}는 베를린으로부터 이 구역을 "청소"하라는 명령을 받았다. 이상하게도 그는 즉시 명령을 실행하지 않았다. 대신 그는 우고 포아^{Ugo Foa} 로마 유태인 공동체 회장과 단테 알만시^{Dante Almansi} 전_前이탈리아 유태인 공동체 회장을 소환해 "뇌물"을 요구했다. 이미 내부적으로 독일은 그 명령을 바로 실행하지 않기로 결정했지만, 유태인 회장들은 그 사실을 알지 못했다. 유태인 회장들은 공동체를 살리기 위해 상당한 양의 금을 바쳤다.

달라는 금을 주었으므로, 유태인 공동체는 자신들이 당분간 (상대적으로) 안심할 수 있다고 느꼈다. 그러나 10월의 그날, 독일 SS 장교 테오 단네커^{Theo Dannecker}가 결국 검거 작전을 수행하기 위해 로마로 급파되었다. 단네커는 맹목적으로 명령을 따랐다. 최소 200명의 아이들이 포함된 1,024명의 사람들이 10월 16일 유태인 구역에서 검거되었다. 로마 역사의 이 가슴 아픈 장면에서, 바티칸이 침묵 속에

방관했는지 여부는 알기 어렵다. 후에 교황 비오 12세^{Pius XII}가 협박을 받았다는 사실이 밝혀졌다. 교황에 대한 협박을 통해 나치는 당시 유럽 전역의 교회와 수녀원에 은신하고 있던 약 800명 이상의 유태인들을 색출, 검거했다. 로마의 유태인 구역은 그들의 운명에 내맡겨졌다. 체포된 1,024명의 유태인들은 티부르티나^{Tiburtina} 역으로 끌려가 아우슈비츠 행 기차에 실렸고, 엿새 후 그곳에 도착했다. 그들 중 종전 뒤 살아 돌아온 사람은 열다섯 명의 남자와 한 명의 여자뿐이었다.

독일군 1명 당 이탈리아인 10명

라셀라 거리 Via Rasella

2012년 1월의 쌀쌀했던 어느 아침, 몇몇 사람들이 우르바나 거리 Via Urbana 2번지의 집 앞에 모였다. 피에트로 파파갈로 Pietro Pappagallo 신부를 기리는 의미로, 삼피에트리니 sampietrino 돌덩이가 헌정되었다. 파파갈로 신부는 이 집에서 사는 동안, 나치 점령기에 집을 필요로 하는 누구나에게 안식처를 제공했다. 그러다 독일 스파이에게 배신당했고, 68년 전인 1944년 3월 24일에 포세 아르데아티네 Fosse Ardeatine 라고 불리는 곳 근처에서 처형당했다. 삼피에트리니의 헌정은 그 악명 높은 대학살의 모든 희생자들을 기리는 프로젝트의 시작이었다.

유럽 도처에서와 마찬가지로, 1944년 3월 23일 로마의 거리는 독일군으로 가득 찼다. 트레비 분수의 북동쪽 근처에 있는 라셀라 거리^{Via Rasella}는 그날, 팽팽한 긴장감이 감돌았다. 독일군 부대가 라셀라 거리를 따라 행진하는 동안, 폭탄 하나가 터졌다. 그 공격으로 "보첸"^{Bozen} 소속의 독일군 33명이 사망했다. 예닐곱 명이 중상이었으므로, 이 사망자 수는 더 늘어날 수 있었다. 이 공격은 반反 나치즘 및 파시즘 무장투쟁 조직인 GAP^{Gruppo di Azione Patriottica}[애국행동단] 대원들에 의해 감행된 것이었다.

독일군 부대의 지휘관은 쿠르트 멜저^{Kurt Mälzer}였다. 그는 충격과 분개에 휩싸여 피해를 보고했다. 보고는 히틀러에게 전달되었고, 히틀러는 분노했다. 히틀러는 사망한 독일군 1명당 이탈리아인 100명을 24시간 내로 처형하라는 무자비한 명령을 내렸다. 보안경찰대장 헤르베르트 카플러^{Herbert Kappler}가 그 숫자를 독일군 1명당 이탈리아인 10명으로 조정했다. 라셀라 거리에 대한 습격이 실시되었다. 폭탄 공격으로 사망한 독일군 숫자의 열 배인 330명이 채워질 때까지, 유태인 및 이탈리아 행인들이 무작위로 체포되었다. 체포된 사람들 중에 피에트로 파파갈로 신부도 있었다.

사형에 처해질 335명(실수로 5명이 추가되었다)은 로마 중심부의 남쪽 외곽에 있는 복합 동굴인 포세 아르데아티네로 압송되었다. 희생자들은 다섯 명씩 무리지어 함께 묶였고, 동굴 속 처형 장소로 끌려갔다. 무릎을 꿇리었고, 목에 총알을 맞고 쓰러졌다. 다음 무리가 바로 그 뒤에 또 무릎을 꿇리었고, 총알을 맞았다. 그렇게 차례대로 열이 지어졌다. 335명에 대한 처형이 끝나자, 독일인들은 동굴 입구에 다이너마이트를 터뜨려 동굴을 덮어버렸다. 라셀라 거리의 공격 이후 이때까지 걸린 시간은 단 23시간이었다. 전쟁이 끝난 후, 포르타 산파올로^{Porta San Paolo}와 오스티엔세 역^{Stazione Ostiense}—히틀러의 로마 방문을 위해 특별히 건설되었던—을 연결했던 아돌프 히틀러 거리Via Adolfo Hitler는 아르데아티네 동굴 거리Viale delle Cave Ardeatine로 이름이 바뀌었다.

전쟁이 끝난 후인 1948년, 보안경찰대장 헤르베르트 카플러는 종신형을 선고받았다. 1970년대에 들어 그는 로마 첼리오 언덕Celio Hill의 군 병원에서 암 진단을 받았다. 이탈리아의 공휴일이었던 1977년 8월 15일, 카플러의 아내가 그의 병원 탈출을 도왔다. 그녀는 도구들이 가득 든 가방을 그의 병실로 몰래 들여보냈다. 카플러는 당시 일흔 나이의 병자였음에도, 12층짜리 병원 건물에서 탈출하는 데 성공했다.

며칠 후 카플러는 독일에 있는 그의 아내의 집에 도착했고, 거기서 그의 가족과 친구들로부터 열렬한 환영을 받았다. 카플러는 심지어 몇몇 인터뷰까지 허락했다. 이탈리아는 독일이 전범국이라는 사실을 근거로 카플러를 인도할 것을 주장했지만, 그 요구는 받아들여지지 않았다. 독일인에 따르면, 카플러는 도망의 권리가 있었다는 것이다.

6개월 뒤인 1978년 2월 28일, 카플러는 죽었다. 그는 뤼네부르크Lüneburg에 있는 지역 묘지에 묻혔다. 그의 친구들과 숭배자들이 그의 관에 나치식 경례를 했다. 2011년 카플러의 아들 에케하르트Ekehard는 한 이탈리아 언론과 인터뷰를 가졌다. 인터뷰에서 보안경찰대장의 탈출에 관한 몇 가지가 밝혀졌다.

종전 후, 국가에서 포세 아르데아티네에 희생자 추모비를 세웠다. 매년 3월 24일 이곳에서 추모행사가 열린다. 라셀라 거리와 보카치오 거리Via del Boccaccio의 교차로에 있는 어느 집의 총탄 구멍 하나가,

이 사건을 목격했던 증인으로 남아 있다.

촬영장이 된 길, 길이 된 촬영장

비토리오 베네토 거리 Via Vittorio Veneto

로마의 중심부에 마르구타 거리^{Via Margutta}만큼 보헤미안적 분위기를 풍기는 곳도 없다. 요란한 사람들 물결로부터 불과 몇 걸음 안 떨어진 곳인데도, 이곳은 놀라울 정도로 고요하고, 거의 항상 압도적으로 고요하다. 이곳에 생기를 띄우는 것은 이 화가의 거리에 차츰차츰 정착한 아틀리에와 스튜디오들이다. 마르구타 거리의 석공인 마르모라로^{er marmoraro} 스튜디오 근처에서, 이 거리를 전 세계적으로 유명하게 만든 건물을 발견할 수 있다. 51번지 집이 영화 〈로마의 휴일〉^{Vacanze Romane}의 남자주인공 조 브래들리[그레고리 펙]의 집이다. 마르구타 거리의 가장 오래된 건물 중 하나인 110번지 집은 2차 세계대전 이후 로마를 가장 유명하게 만든 사람, 페데리코 펠리니^{Federico Fellini}가 살았던 집이다.

1945년 무솔리니는 외국으로 도망가다가 공산당원들에게 붙들려 자신의 애인과 함께 처형되었다. 그들의 시신은 밀라노에서 정육점용 갈고리에 거꾸로 매달린 채 구타를 당했다. 전쟁이 끝나고, 이탈리아는 독일 점령군과 무솔리니의 파시스트 정권으로부터 놓여났다. 유럽은 다시 한번 상처를 복구하고, 치유하고, 재건할 수 있는 시간을 맞았다. 연합군의 폭격에도 불구하고, 기적적으로 로마는 역사 유산의 극히 적은 부분만을 잃은 채 탈환될 수 있었다. 파시스트가 물러간 땅에서 새로운 예술문화 운동이 싹텄다. 치네치타Cinecitta—1937년 무솔리니에 의해 설립된 무비 파크—는 1950년대와 60년대에 테베레 강의 할리우드로 자리 잡았다. 전쟁의 폐허 위에서, 완전히 대조되는 세계인 영화배우들과 제트족〔호화부유층〕이 출현했다. 20세기 중반 이탈리아 영화계의 제트족들의 중심은 바로 우아하고 세련된 거리, 비토리오 베네토 거리Via Vittorio Veneto였다.

치네치타의 로마 영화 스튜디오에서 영화를 촬영하는 것은 이탈리아인들과 미국인들(펠리니나 코폴라Coppola, 스콜세시Scorsese 등) 모두가 그곳에서 일하는 것을 좋아했을 정도로 매력적인 것이었다. 비용은 상대적으로 낮았고, 배경과 숙소로서 "영원한 도시"의 거부할 수 없는 매력도 있었다. 〈벤허〉Ben Hur(1959년), 〈클레오파트라〉Kleopatra(1963년) 등 세계적인 명화가 바로 이곳 치네치타에서 촬영되었다(최근의 흥행작으로는 BBC 시리즈 〈로마〉Rome가 있다). 스튜디오 5는 펠리니의 환상의 세계, 즉 "채워질 공간, 창조될 세계"의 중심이자 낙원이었다. 그는 이 스튜디오 5에서 〈달콤한 인생〉La Dolce Vita(1960년) 같은 유명 작품을 찍었다. 그 영화의 촬영장은 펠리니가 완벽하게 재현해낸 비토리오 베네토 거리였다.

〈달콤한 인생〉은 펠리니의 가장 "다가가기 쉬운" 영화 중 하나로 간주된다. 비토리오 베네토 거리를 배경으로 사회부 기자 마르첼로 루비니(마르첼로 마스트로얀니Marcello Mastroianni 분)와 외국 영화배우 실비아(아니타 에크버그Anita Ekberg 분)가 주연으로 등장한다. 영화에서 루비니는 문학 작가 지망생이지만 당장은 타블로이드판 신문의 저널리스트로 생계를 이어가고 있다. 그는 상류층 이탈리아인들이 카페 드 파리Cafe de Paris에서, 그리고 세속적인 미국인들이 도네이Doney의 테라스에서 만남을 갖는 곳, "멋진 인생"이 펼쳐지는 중심인 이곳 베네토 거리를 배회하며 연예인들의 가십거리를 찾는다. 치네치타에서 하루 촬영을 끝낸 배우들이 동료들과 함께 어울렸던 거리가, 그 배우들의 새로운 세계를 다룬 그의 영화의 배경이 되었다는 사실은, 기이한 펠리니적 아이러니이다.

이탈리아 및 국제 영화계에서 스타와 제트족 현상과 함께 떠오른 것이, 그 스타들의 일거수일투족을 찍는 사진사들이다. 이들을 통칭하는 이탈리아식 이름은 파파라치Paparazzi이다. 이 단어는 펠리니 영화의 한 주인공 이름에서 유래되었다. 영화 〈달콤한 인생〉에서 마르첼로 루비니가 계속해서 사진사들 무리를 헤쳐 나가는 장면을 보게 되는데, 그 중 가장 대담한 사진사 중 한 명의 이름이 바로 파파라초Paparazzo였다. 이때부터, 세계 어딜 가나 볼 수 있는 이러한 사진사들을 파파라치라고 부른다.

〈달콤한 인생〉의 가장 대표적인 장면은 치네치타 스튜디오 5의 세밀하게 복제된 거리인 비토리오 베네토 거리에서 촬영되지 않았다. 아니타 에크버그가 트레비 분수의 물속으로 걸어 들어가는(그리고 마스트로얀니가 그녀에게 넋이 빠져 따라 들어가는) 그 장면은, 그 영화에서 유일하게 로마 중심부에서 촬영된 장면이었다. 펠리니에 의해 영화필름에 새겨졌던 달콤한 인생은 오래 전에 사라졌다. 어느새 비토리오 베네토 거리—트레비 분수는 말할 것도 없고—에서 세속적 과거의 감흥을 느끼기 위해서는 엄청난 상상력이 필요한 시대가 되었다.

테러의 시대

미켈란젤로 카에타니 길 Via Michelangleo Caetani

1969년 12월 12일 오후 4시 55분, 비토리오 베네토 거리에서 폭탄이 터졌다. 30분도 채 지나지 않아, 두 개의 폭탄이 조국의 제단 근처에서 더 폭발했다. 동시에, 밀라노에서 뉴스가 들어왔다. 그곳에서 네 시 반에 일어난 두 차례의 공격으로 17명의 이탈리아인이 희생되었다. 이렇게, 이탈리아의 중요한 두 도시에서 있었던 다섯 차례의 강력한 폭파와 함께, 향후 10년 동안 이어질 "납탄 시대"Anni di Piombo ■ 가 시작되었다.

■ 1960년 말에서 1980년대 초에 걸친, 이탈리아의 사회정치적 혼란기를 말한다. 극좌 및 극우 단체들이 테러를 일삼았다. ― 옮긴이 주

2차 세계대전이 끝나고 로마가 테베레 강의 할리우드가 되어갈 무렵, 유럽은 점점 더 냉전 속으로 치닫고 있었다. 1960년대와 70년대, 미국이 공산주의와의 싸움을 주도하는 가운데 이탈리아 내에서도 그 정치적 힘겨루기가 벌어지고 있었다. 연합군이 이탈리아의 해방 이후부터 기독민주당Democrazia Cristiana, DC을 밀어주기 위해 할 수 있는 모든 것을 했음에도 불구하고, 국민들로부터 인기를 많이 얻고 있는 쪽은 공산당이었다. 기독민주당에 힘을 실어주기 위해 미국이 취한 방법은 "긴장 전략"■이었다. 한 조사위원회는 1969년의 테러를 저지른 파시스트 테러조직 뒤에는 CIA가 있었음을 확인했다. 미국의 진짜 목적은 극좌파 공산주의자들을 자극하는 것이었다.

이에 대한 반응으로 나타난 것이 1970년 창설된 "붉은여단"Brigate Rosse의 반격이었다. 그 뒤로 이어진 "납탄 시대" 동안, 이탈리아인들은 극우와 극좌 사이에 문자 그대로 "끼어" 있었다. 1969년 12월 있었던 테러리스트들의 공격, 살인, 납치로 수백 명이 희생되었다. 가장 유명한 희생자는 전 총리이자 기독민주당 대표였던 알도 모로Aldo Moro였다. 역설적이게도 그는 공산주의자들과 다시 화해하려 했던 인물이었다. 1978년 3월 16일, 로마 의회로 가던 길에 그는 납치되었다. 그의 수행원 다섯 명은 인질로 잡혀 있다가 모두 살해되었다.

알도 모로는 55일간 인질로 잡혀 있었다. 그 기간 동안 붉은여단 깃발 앞에는 그의 유명한 사진이 내걸렸다. 테러리스트들은 언론의 관심을 끌었다. 모로가 당대에 가장 중요한 정치인 중 한 명이었음

■ 정부가 테러나 살인 등의 폭력적인 투쟁을 부추기는 정책을 말한다. ─옮긴이 주

에도 불구하고, 많은 사람들은 국가가 그를 테러리스트들의 손에서 자유롭게 하기 위한 노력을 고의로 거의 하지 않았다고 의심했다. 공산당뿐 아니라 일부 기독민주당원들도 모로를 기꺼이 희생물로 삼으려 했다. 모로의 긴급한 서면요청에도 불구하고 정부는 납치범들과 협상하기를 거부했다.

1978년 5월 9일, 미켈란젤로 카에타니 길Via Michelangleo Caetani은 모로 사건의 소름끼치는 결말이 되었다. 이 길은 19세기 정치인의 이름을 따서 명명되었지만, 인질로 잡혀 있던 20세기 정치인 덕에 세계 뉴스의 헤드라인을 장식하게 되었다. 이 길목에 들어서서 마테이 디 조베 궁Palazzo Mattei di Giove을 등지고 대각선 건너편을 바라보면, 거기서 당신은 모로 얼굴의 청동 부조상을 볼 수 있을 것이다. 그 옆의 명판에는 그 부조상이 왜 여기 걸려 있는지에 대한 설명이 적혀 있다. 이 자리는, 등에 총알이 박힌 알도 모로를 태운 빨간색 르노 4 자동차가 발견된 곳이다. 모로의 시신이 놓인 장소의 상징성—기독민주당(제수 광장Piazza dle Gesu에 있는)과 공산당(보테게 오스쿠레 광장Piazza delle Botteghe Oscure에 있는) 사이의 정중앙의 장소라는 점—은 1978년 로마에 있던 사람들은 모를 수 없는 사실이었다.

카에타니 거리에 있는 알도 모로의 부조상은 아직도 그가 겪었던 끔찍한 결말을 떠올리게 한다. 그것은 납탄 시대의 종말의 시작을 의미했다. 100명 이상의 사망자가 애도된, 가장 많은 피가 흘렀던 해인 1980년은 납탄 시대의 마지막 해였다. 그 후 오래 지나지 않아, 붉은여단 간부들은 감옥으로 갔다. 수년간, 극우파들뿐 아니라 붉은여단 단원이나 말리아나Magliana 같은 갱단 조직원 등의 수감된 정보원들의 증언 덕분에, 모로 사건에 대해 점점 더 많은 세부 사항

들이 밝혀지고 있다. 하지만 어떤 돌들은, 여전히 뒤집어지지 않은
채 남아 있다.

로마 심장부의 "주유소"

아우구스투스 황제 광장 (II) Piazza Augusto Imperatore (II)

펠리니의 상상력과, 〈로마의 휴일〉 같은 1950~60년대의 그의 성공적인 영화들이 로마를 다시금 유럽인들의 동경의 대상으로 돌려놓았다. 1980년대 후반, 베를린 장벽이 무너지고 철의 장막이 걷히자, 냉탄 시대의 "긴장 전략"은 이제 과거의 것이 되었다. 대중관광 mass tourism 시대가 열렸다. 콜로세움, 성 베드로 대성당, 트레비 분수 같은 로마의 아이콘들이 모든 종류의 여행자들에게 점점 더 큰 호소력을 띠기 시작했다. 로마가 현대화되기는 했지만, 무솔리니 이후로는 로마의 옛 중심부에서는 단 한 건의 건설 프로젝트도 진행되지 않았다. 세기가 바뀌기 전까지는 그런 변화가 없었다. 새로운 시대정신에 맞추어, 그 변화는 미국으로부터 들여오게 될 터였다.

다른 도시들과 마찬가지로 로마 역시 현대의 문제들에 직면하게 되었다. 1990년대 중반, 자동차 배기가스와 도시의 기온 상승이 수십 세기가 넘은 아라파치스^Ara Pacis, 즉 아우구스투스의 평화의 제단을 심각하게 위협하고 있는 것으로 밝혀졌다. 1995년 로마 시는 아라파치스의 보호막을 대체할 (절박한) 때가 되었다고 결정했다. 1938년 이후 건축가 발리오 모르푸르고^Ballio Morpurgo가 설계한 덮개와 벽이 제단 주변에 설치되었다. 그해 6월에서 9월 사이, 그는 아라파치스의 폐허 조각들을 모아 받침대에 올리고, 주위에 주랑을 세웠다. 그러면서 그는 아우구스투스 황제의 업적을 기리는 《업적록》^Res Gestae의 전문을 한쪽 벽면에 새겼다. 상징적 의미를 더하기 위해 아라파치스의 (재)개관식은 아우구스투스 황제의 생일인 9월 23일에 열렸다. 아라파치스의 복구는 아우구스투스 황제 광장 "해방" 프로젝트의 일환이었다. 그 광장은 아우구스투스 황제의 풀이 무성하게 자란 무덤 주변에 만들어졌다. 광장을 둘러싸고 있는 세 면의 화랑들은 전형적인 파시스트 건축의 예들이다. 한 건물의 정면에는 아직도 무솔리니의 건축 프로젝트를 찬양하는 글이 벽에 새겨져 있다. 그 새김글 양 옆에는 빅토리아 여신이 파시스트의 상징인 나무막대기 묶음, 즉 파스케스^fasces를 들고 있다.

무솔리니의 노력에도 불구하고, 아우구스투스 시대의 기념물의 상태는 파시스트 시대 이후 심각하게 악화되었다. 아우구스투스 황제 광장은 쇠락했고, 해가 진 뒤에는 사람들이 꺼리는 장소가 되었다. 아우구스투스 황제가 무덤에서 깨어날 수 있었다면(그의 유해는 오래 전부터 그곳에 있지 않았지만), 그의 눈앞에는 전혀 황제답지 않은 경관, 즉 부랑자와 매춘부, 마약중독자들만이 보였을 것이다. 그러니 1990년대에 시작된 새 건설 프로젝트는 필수적인 이유에서 비롯된 것이었다. 하지만, 그것은 어쩔 수 없이 아우구스투스 황제 광장의 현혹적인 역사에서 또 하나의 충격적이고 상징적인 장이 되었다.

아라파치스의 새로운 보호물의 디자인을 담당하는 사람들이 헤이그 시청을 디자인한 미국의 유명 건축가 리처드 마이어Richard Meier를 찾아갔다. 당시 로마 시장이자 이 프로젝트 책임자였던 루텔리Rutelli는 현대적이고 매끄럽고 투명한 건축물을 선호하는 비非이탈리아인 건축가를 지명하는 것이 큰 소란을 일으킬 것임을 알고 있었을 것이다. 지난 반세기 동안 로마의 역사적 중심지에 지어진 현대식 건축물은 단 한 건도 없었던 데다, 팍스 로마나Pax Romana의 상징을 팍스 아메리카나Pax Americana의 대표에게 맡길 참이었으니 말이다. 그럼에도 불구하고 이 계획은 채택되었고, 2005년 4월 21일(로마의 2,758번째 "건립일")에 루텔리의 후임인 월터 벨트로니Walter Veltroni가 새롭게 개조된 박물관을 공식 개관하는 영광을 안았다. 그러나 많은 로마인들이 그 건물을 흉하다고 생각했다. 건축학 교수 조르조 무라토레Giorgio Muratore와 도시설계사 안토니오 탐부리노Antonio Tamburino 등 지식인들은 이 프로젝트 전체에 대해 "있을 수 있는 개입 중 최악"이라고 평가했다. 정치권에서도 비슷한 얘기가 나왔다. "프로젝트 마이어" 구상이 로마의 좌파 정부로부터 나온 이상, 우파 정당들이 볼 때 이 정책은 시작부터 가망 없는 계획이었다는 것이다. 실비오 베를루스코니Silvio Berlusconi는 이 박물관을 "기괴한 흉물"이라 불렀다.

새로운 아라파치스 박물관의 건설은 네 번이나 중단되었다. 한 고위 공무원이 이 프로젝트를 중단하라며 단식 투쟁을 벌였고, 2005년 10월 이탈리아 신문인 《코리에레 델라 세라》Corriere della Sera에 여러명의 건축가들이 공개서한을 보내 "외국 건축가들의 침략"에 대해 경고했다. 이제 논란은 가라앉았지만, 반대파들은 아우구스투스 황제 광장에 있는 아라파치스 박물관에 대해 이야기할 때 아직도 "주유소"라며 맹비난하고 있다.

미래로 가는 길

로마에서 발견할 수 있는 것이라곤 오래된 돌무더기뿐이라고 말하는 사람은 분명 장님일 것이다. 로마는 영원하고, 또 영원히 움직일 것이다. 2014년에 아우구스투스 황제 서거 2,000주기 행사가 화려하게 열렸다. 아우구스투스 광장의 눈부신 레이저 쇼가 많은 관중들을 끌어 모았고, 팔라티노 언덕의 황제 거주지가 처음으로 대중에게 공개되었다. 현재 이탈리아 정부는 문화유산을 보호해야 한다는 과제와 그것을 생산적으로 이용해야 한다는 두 가지 과제의 압박 속에 놓여 있다. 최근에는 콜로세움의 아레나 층을 재건하여 그곳에서 각종 공연이 이루어질 수 있도록 한다는 계획이 승인되기도 했다. 2015년 12월, 프란치스코 교황은 "자비의 문"으로 지정된 성 베드로 대성당의 거룩한 문Holy Door을 열어 2016년 "자비의 특별 희년禧年" 개막을 선포하기도 했다. 로마는 수백만 명의 순례자들의 도착을 준비했다.

우리가 살아가는 이 21세기에도 이렇게 로마를 미래로 이끌어가고 있는 교황들이 있고 황제들이 있다. 아우구스투스 탄생일과 서거

일 같은 로마의 기념일 축제는 언제나 도시의 고대 유산에 대한 새로운 관심에 불을 지핀다. 지난 2,000년 동안 "희년"은 로마의 거리 보수 및 확대의 계기였고, 2016년의 축제도 예외는 아니었다.

하지만 이 책에 서술된 거리들이 100년 후에도 여전히 그 자리에 있을 것인지 누가 장담할 수 있을까? 로마의 거리는 굽이굽이 흘러가는 역사를 따라 항상 변하고 있는데 말이다. 내가 이 "영원한 도시"에 대해 아무리 익숙해졌어도, 로마의 거리와 그 역사 속을 거니는 건 결코 지루함을 모른다. 광대한 로마 제국과 로마를 잇는 모든 길의 종착점(혹은 시작점)은 포로 로마노 한 가운데 금으로 입힌 높다란 기둥, "황금 이정표"Miliarium Aureum였다. 로마 제국의 모든 길들이 그 빛나는 이정표를 향하도록 만들었다. 지금은 이 말이, 문자적 의미로는 사실이 아닐 것이다. 하지만 내게는, 비유적인 의미로 여전히 사실이다. ―"모든 길은 로마로 통한다."

Roman-tic Roma

고백컨대, 판 데이크^{Willemijn van Dijk}의 이야기를 하나씩 옮길 때마다 나는 나 스스로에게 적잖이 화가 났다. 수년 전에 로마를 다녀왔는데, 어쩌면 이런 얘기를 하나도 모르는(일자무식인) 채로 다녀올 수 있었던가 싶었기 때문이다. 물론 그때는 로마 자체보다 바티칸 박물관이 주된 목적지이긴 했다. 아무리 그래도 그렇지, 로마에 대해 어떻게 이다지도 무지할 수가 있었을까. 정일근 시인의 '쑥부쟁이'가, 그래서 더욱 상처의 기억처럼 떠오른다.

> 가을 들어 쑥부쟁이 꽃과 처음 인사했을 때
> 드문드문 보이던 보랏빛 꽃들이
> 가을 내내 눈길 맞추다 보니
> 은현리 들길 산길에도 쑥부쟁이가 지천이다
> 이름 몰랐을 때 보이지도 않던 쑥부쟁이 꽃이다
> 발길 옮길 때마다 눈 속으로 찾아와 인사를 한다
> 이름 알면 보이고 이름 부르다 보면 사랑하느니

〔……〕

사랑하면 보인다 숨어 있어도 보인다

― 정일근, 〈쑥부쟁이 사랑〉 중에서

모르면 안 보이고, 알아야 보인다는 말, 참으로 다시 새기게 되는 말이다. 어느 곳이든 (특히 로마 같은 곳에서) 눈 뜬 채로 장님처럼 있다 오지 않으려면 과연 '알아야' 한다. 그 점에서, 이 책 《비아 로마》 Via Roma는 '실패 없는 로마 여행을 위한 최소한의 준비'라고 말하고 싶다.

이 책은 로마의 50개 도로를 소재로 재미있게 로마를 소개하는 책이다. 그러나 판 데이크가 우리를 데리고 가는 곳은 단순한 물리적 장소로서의 도로가 아니라 '이야기의 공간'이다. 그녀의 발길에 이끌려 도착한 곳에서는 어김없이 로마인들의 드라마가 펼쳐진다. 그녀가 들려주는 이야기를 듣다 보면, 쿵쾅거리며 도로와 수로와 분수를 건설하던 로마인들이 보이고, 2륜 전차를 몰고 그 도로 위를 달리던 장군들과 그 뒤의 병사들이 보이며, 원로원에서 연설하던 호민관이 보인다. 로마를 바꿔놓겠다던 야심찬 혁명가, 신神에 대한 생각이 다르다는 이유로 군중 앞에서 화형에 처해졌던 이단자, 교양교육 프로그램의 마지막 코스로 마차를 타고 스페인 계단 앞에 온 영국인 그랜드 투어리스트도 보인다. 고대 로마 시내에 있었다는 5층짜리 아파트에서 이웃끼리 말다툼하는 장면이 보이는가 하면, 여인들의 산드러진 목소리가 들려오는 홍등가도 눈앞에 생생하게 그려진다. 물론 미친 황제와 교황 이야기, 그들이 쏟아내는 온갖 암투와 시기와 흉악한 암살 이야기도 빠지지 않는다. 특히 그들이 도시를 개조하고 장식하고 다듬어온 이야기, 그 과정에서 화가와 조각가와 건축가들을 후원하고 길러낸 이야기는 아무리 들어도 지루하지 않고 재미가 있다. 그 점에서 판 데이크는 역사가historian와 스토리텔러storyteller의 절묘한 한몸, 히스토리텔러historyteller라 부를 만하다.

우리가 일상에서 흔히 쓰는 말들의 어원을 알게 되는 것도 이 책에서 얻는 소소한 즐거움 중의 하나다. 샐러리salary는 과거에 소금sale을 월급으로 받았다는 데서 생겨난 말이고, 클라이언트client는 귀족이 자신을 지지하는 평민들을 지지자cliente로 끌어들여야 했던 데서 온 말이며, 서커스circus는 콜로세움 같은 원형경기장circus에서 온 말이다. 공화국이라는 뜻의 리퍼블릭republic은 공공의 일res publica에서 온 말이고, 로맨티시즘Romanticism의 번역어인 낭만주의浪漫主義는 중세 시대에 라틴어가 아닌 속어俗語로 쓰인 설화를 가리키던 '로망roman'이라는 말을 일본인들이 '낭만'이라는 말로 음역한 데서 생겨난 말이다.

성 베드로 대광장에서 산탄젤로 다리에 이르는 널따란 길을 왜 '화해의 길'이라고 부르는지, 로마 시내를 개선행진한 사람 중에 혹시 여성은 없는지, 나보나 광장은 왜 대전차 경기장 비슷하게 생겼는지, 아우구스투스 황제 광장에 있는 아라파치스 박물관을 로마 시민들은 왜 '주유소'라며 비난하는지, 로마 여행자들이 트레비 분수에 동전을 던지기 시작한 건 언제부터인지…… 이런 질문을 던지며 읽으면 훨씬 재미있는 독서 경험을 얻을 수 있을 듯하다.

독자들이 《비아 로마》를 통해 로마를 이해하고 사랑할 수 있는 실마리를 얻게 된다면 더 바랄 것이 없겠다. 과거가 그냥 흘러가지도 않았고, 무의미하게 고여 있지도 않은 도시, 과거가 생생하게 살아 지금도 현재와 살을 맞대고 있다는 점에서 정말 로맨틱(roman-tic)한 도시, 로마를 만나게 되길 바란다.

2019년 새 봄볕 아래
별보배 적음

주요 참고 문헌

Debra Birch, *Pilgrimage to Rome: Continuity and Change*, Woodbridge, 1998.

Luuk Blois & Ber Van Der Spek, *Een kennismaking met de oude wereld*, Rev. ed. Bussum, 2017.

Andrea Carandini, *La Roma di Augusto in 100 monumenti*, Rome, 2014.

Filippo Coarelli, *Roma, Guida Archeologica Laterza*, 2008.

Tim Cornell, *The Beginnings of Rome: Italy and Rome from the Bronze Age to the Punic Wars* [C.1000 – 264 BC], New York, 1995.

Jon Coulston & Dodge Hazel, eds. *Ancient Rome: The Archaeology of the Eternal City*, Oxford, 2000. See especially pp. 42 – 60.

Louis Couperus, *Reis-impressies*, Stichting Volledige Werken Louis Couperus, Utrecht/Antwerpen, 1990.

Michele D'Innella, ed. *Roma, Guida d'Italia del Touring Club Italiano*, 9th ed. Milan, 1999.

Karl Galinsky, *Augustus: Introduction to the Life of an Emperor*, Cambridge, 2012.

Lauren Hackworth Petersen, "The Baker, His Tomb, His Wife, and Her Breadbasket: The Monument of Eurysaces in Rome", *The Art Bulletin*, 85, no. 2 (2003): 230 – 57.

Robert Hughes, *Rome*, London, 2011. Dutch edition: *Hughes, Robert. De zeven levens van Rome*, Translated by Frans Van Delft, Amsterdam, 2011.

Charles Hupperts & Jans Elly, eds. *Laus Romae. Hoofdstukken uit de geschiedenis van Rome*, Leeuwarden, 2010.

Jona Lendering, *Stad in marmer. Gids voor het antieke Rome aan de hand van tijdgenoten*, Amsterdam, 2002.

Livy, *The Rise of Rome*, Books 1 – 5, Trans. T. J. Luce. Oxford World's Classics, New York, 2008.

Magistri Gregorii, *The Marvels of Rome(Mirabilia Urbis Romae)*, Edited and translated by Francis Morgan Nichols, 2nd ed. with new introduction, gazetteer, and bibliography by Eileen Gardiner, New York, 1986.

Borden Painter, *Mussolini's Rome: Rebuilding the Eternal City*, New York, 2005.

John Stambaugh, *The Ancient Roman City*, Baltimore, 1988.

Charles Stinger, *The Renaissance in Rome*, Bloomington, 1985.

Suetonius, *The Lives of the Caesars*, Translated by J. C. Rolfe, 2 vols. Loeb Classical Library. Cambridge, Mass., 1950.

Bert Treffers, *Een hemel op aarde. Extase in de Romeinse Barok*, Nijmegen, 1995.

Henk Van Gessel, *Pasquino. Spot en satire in Rome*, Amsterdam, 2006.

Andrew Wallace-Hadrill, *Rome's Cultural Revolution*, Cambridge, 2008.

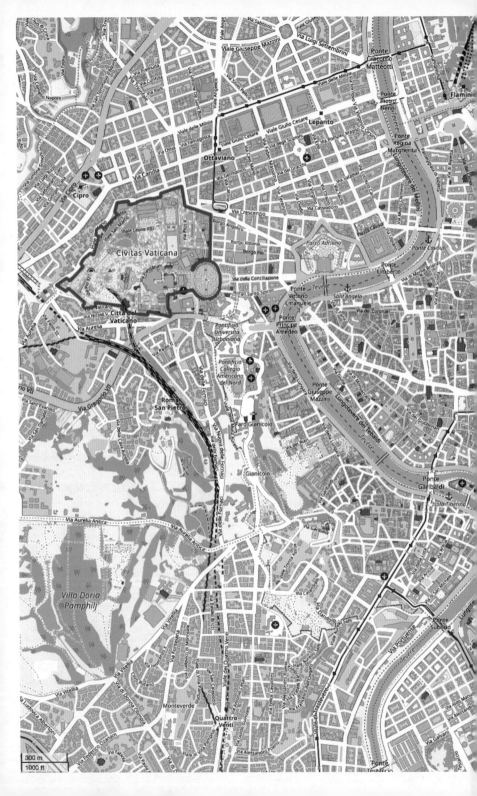

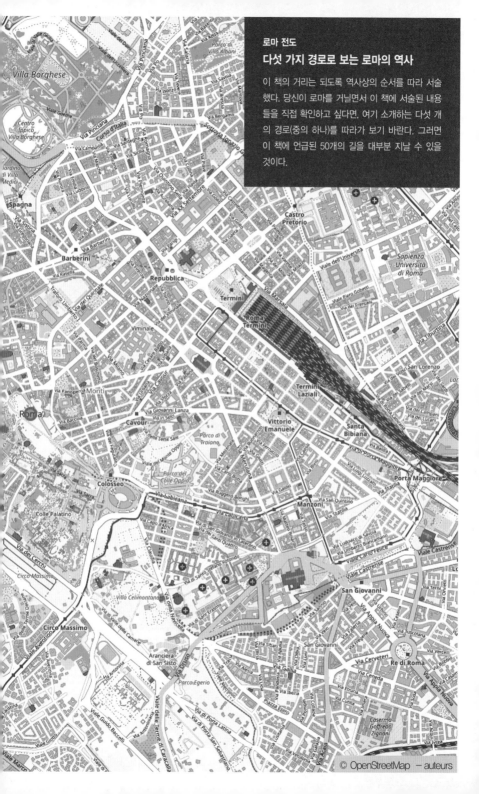

로마 전도
다섯 가지 경로로 보는 로마의 역사

이 책의 거리는 되도록 역사상의 순서를 따라 서술했다. 당신이 로마를 거닐면서 이 책에 서술된 내용들을 직접 확인하고 싶다면, 여기 소개하는 다섯 개의 경로(중의 하나)를 따라가 보기 바란다. 그러면 이 책에 언급된 50개의 길을 대부분 지날 수 있을 것이다.

로마 걷기 1
고대 로마의 흔적을 만나다

❶ 수부라 광장 Piazza della Suburra (X)
❷ 도무스 아우레아 거리 Viale della Domus Aurea (XVI)
❸ 신성로 Via Sacra (XVIII)
❹ 카라칼라 목욕장 거리 Via delle Terme di Caracalla (XIX)
❺ 발레브로 거리 Via del Valebro (III)
❻ 테베레 강 De Tiber (I)
❼ 타르페오 언덕길 Via Monte Tarpeo (II)
❽ 템피오 디 조베 거리 Via del Tempio di Giove (IV)
❾ 피에 디 마르모 거리 Via del Pie di Marmo (XII)

■ 이 경로에서 볼 수 있는 것

콜로세움 Colosseum
포로 로마노 Foro Romano
카라칼라 목욕장 Thermae di Caracalla
카피톨리노 언덕 Capitoline Hill
카피톨리노 박물관 Capitoline Museums
티베리스 섬 Tiber Island

■ 이 경로 주변에서 찾아볼 만한 것

메체나테 거리 Via Mecenate (XIV)
제7대대 길 Via della VII Coorte (XV)
몰타 기사단 광장 Piazza dei Cavalieri di Malta (XXIII)
캄피돌리오 광장 Piazza del Campidoglio (XXVIII)

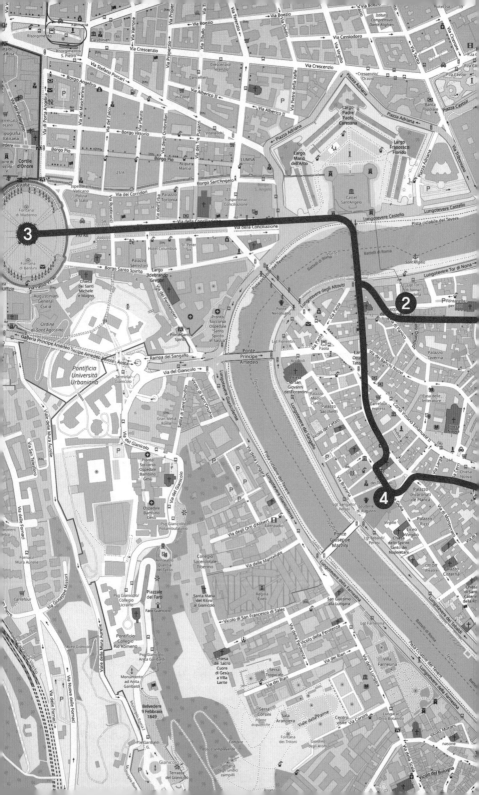

로마 걷기 2

교황과 르네상스의 발자국을 따라 걷다

❶ 로톤다 광장 Piazza della Rotonda (XXXI)
❷ 코로나리 거리 Via dei Coronari (XXVI)
❸ 성 베드로 광장 Piazza San Pietro (XXXIV)
❹ 줄리아 거리 Via Giulia (XXVII)
❺ 캄포 데 피오리 Campo de' Fiori (XXIX)

■ 이 경로에서 볼 수 있는 것

판테온 Pantheon
카스텔 산탄젤로 Catel Sant'Angelo
바티칸 대성당 The Vatican
바티칸 박물관 Vatican Museums
캄포 데 피오리 Campo de' Fiori

■ 이 경로 주변에서 찾아볼 만한 것

코르소 가도 Via del Corso (XXV)
폼페오 극장 거리 Piazza del Teatro di Pompeo (IX)
콜라 디 리엔조 거리 Via Cola di Rirenzo (XXIV)
나보나 광장 Piazza Navona (XXXIII)
화해의 길 Via della Conciliazione (XLIV)
보르고 비밀통로 Passetto di Borgo (XXII)
프로토마르티리 광장 Piazza dei Protomartiri (XVII)

로마 걷기 3
베르니니와 바로크를 만나다

❶ 콰트로 폰타네 거리 Via delle Quattro Fontane (XXX)
❷ 트레비 광장 Piazza di Trevi (XXXVII)
❸ 바부이노 거리 Via del Babuino (XXXII)
❹ 포폴로 광장 Piazza del Popolo (XXXVI)
❺ 디비노 아모레 골목 Vicolo del Divino Amore (XXXV)
❻ 나보나 광장 Piazza Navona (XXXIII)

■ 이 경로에서 볼 수 있는 것

트레비 분수 Fontane di Trevi
스페인 계단 Scalinata della Spagna
바르카차 분수 Fontana della Barcaccia
포폴로 광장 Piazza di Popolo
아우구스투스 영묘 Mausoleum di Augusto
아라파치스 Ara Pacis
나보나 광장 Piazza di Navona

■ 이 경로 주변에서 찾아볼 만한 것

성 베드로 광장 Piazza San Pietro (XXXIV)
스페인 광장 Piazza di Spagna (XXXIX)
코르소 가도 Via del Corso (XXV)
라셀라 거리 Vai Rasella (XLVII)
아우구스투스 황제 광장
　　　　　　Piazza Augusto Imperatore (XIII, L)

로마 걷기 4

그랜드 투어와 벨 에포크를 다시 만나다

❶ 스페인 광장 Piazza di Spagna (XXXIX)
❷ 카로체 거리 Via delle Carrozze (XXXVIII)
❸ 콜론나 광장 Piazza Colonna (XLII)
❹ 칸첼레리아 광장 Piazza della Cancelleria (XL)

■ 이 경로에서 볼 수 있는 것

스페인 계단 Scalinata della Spagna
마르쿠스 아우렐리우스 원주 Column of Marcus Aurelius
판테온 Pantheon
캄포 데 피오리 Campo de' Fiori

■ 이 경로 주변에서 찾아볼 만한 것

테아트로 폼페오 광장 Piazza del Tratro di Pomeo (IX)
살루스티우스 광장 Piazza Sallustio (XI)
코르소 거리 Via del Corso (XXV)
캄포 데 피오리 Campo de' Fiori (XXIX)
로톤다 광장 Piazza della Rotonda (XXXI)
바부이노 거리 Via del Babuino (XXXII)
나보나 광장 Piazza Navona (XXXIII)
비토리오 베네토 거리 Via Vittorio Veneto (XLVIII)

로마 걷기 5
파시즘과 2차대전의 흔적을 돌아보다

❶ 1943년 10월 16일 소광장
  Largo 16 Ottobre 1943 (XLVI)
❷ 제국의 광장 거리 Via dei Fori Imperiali (XLIII)
❸ 라셀라 길 Via Rasella (XLVII)
❹ 아우구스투스 황제 광장
  Piazza Augusto Imperatore (XIII, L)

■ 이 경로에서 볼 수 있는 것

유태인 구역 Jewish Ghetto
제국 광장 Imperial Fora
아우구스투스 영묘 Mausoleum of Augustus
아라파치스 박물관 Ara Pacis Museum

■ 이 경로 주변에서 찾아볼 만한 것

테아트로 디 폼페오 광장 Piazza del Teatro di Pompeo (IX)
캄피돌리오 광장 Piazza del Campidoglio (XXVIII)
캄포 데 피오리 Campo de' Fiori (XXIX)
콰트로 폰타네 거리 Via delle Quattro Fontane (XXX)
카로체 거리 Via dele Carrozze (XXXVIII)
스페인 광장 Piazza di Spagna (XXIX)

비아 로마

지은이 | 빌레메인 판 데이크
옮긴이 | 별보배

펴낸곳 | 마인드큐브
펴낸이 | 이상용
편집부 | 김인수, 김서연, 현윤식, 황순국
디자인 | 서경아, 남선미, 서보성

출판등록 | 제2018-000063호
이메일 | mind@mindcube.kr
전화 | 편집 070-4086-2665
     | 마케팅 031-945-8046 (팩스 031-945-8047)

초판 1쇄 발행 | 2019년 4월 1일
초판 2쇄 발행 | 2019년 4월 26일
ISBN | 979-11-88434-09-1 (03920)